북청 일대의 발해유적

2014~2015년 발굴조사 보고서

북청 일대의 발해유적
2014~2015년 발굴조사 보고서

2020년 5월 20일 초판 인쇄
2020년 5월 30일 초판 발행

엮은이   동북아역사재단
펴낸이   김도형
펴낸곳   동북아역사재단

등 록   제312-2004-050호(2004년 10월 18일)
주 소   서울시 서대문구 통일로 81, NH농협생명빌딩
전 화   02-2012-6065
팩 스   02-2012-6189
홈페이지 www.nahf.or.kr
제작·인쇄 청아출판사

ⓒ동북아역사재단, 2020

ISBN 978-89-6187-536-3 93910

※ 이 책의 출판권 및 저작권은 동북아역사재단이 가지고 있습니다.
  저작권법에 의해 보호를 받는 저작물이므로 어떤 형태나 어떤 방법으로도
  무단전재와 무단복제를 금합니다. 이 도서의 국립중앙도서관 출판예정도서목록(CIP)은
  서지정보유통지원시스템 홈페이지(http://seoji.nl.go.kr)와 국가자료종합목록 구축시스템
  (http://kolis-net.nl.go.kr)에서 이용하실 수 있습니다. (CIP제어번호 : CIP2020020117)
※ 책 값은 뒤표지에 있습니다. 잘못된 책은 바꾸어 드립니다.

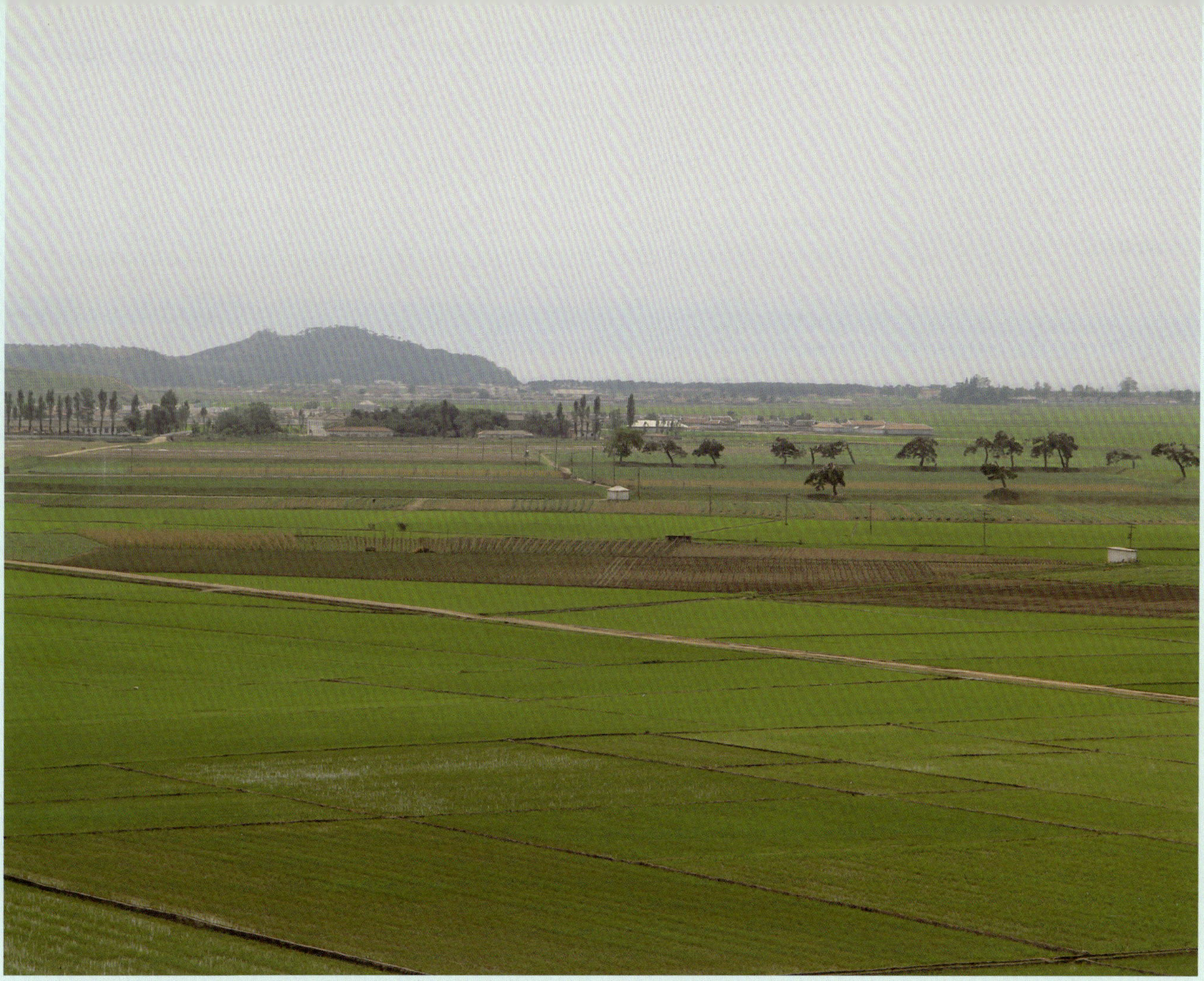

북청 일대의 발해유적

2014~2015년 발굴조사 보고서

동북아역사재단 편

| 일러두기 |

1. 이 책은 동북아역사재단 지원과제로 연변대학교 발해사연구소와 북한 조선사회과학원 고고학연구소가 2014~2015년까지 2년간 실시한 함경남도 북청군 일대의 발해유적 발굴 결과를 수록한 것이다.

2. 이 발굴 조사 범위는 청해토성, 안곡산성, 용전리산성, 거산성, 오매리절터, 금산건축지, 평리 고분군 등이다.

북청일대의발해유적

차 례

I. 머리말 16

II. 북청 일대의 지리 환경과 유적 분포 현황 18

III. 성지 21
    1. 청해토성 21
    2. 안곡산성 35
    3. 용전리산성 39
    4. 거산성 43

IV. 건축지 46
    1. 오매리절터 46
    2. 금산 1건축지 59
    2. 금산 2건축지 74

V. 고분 78
    1. 평리고분군 78

VI. 맺음말 152
    1. 청해토성의 규모와 형식 152
    2. 청해토성의 연대와 성격 154
    3. 용전리, 안곡, 거산성의 연대와 성격 156
    4. 오매리절터, 금산 1건축지, 금산 2건축지의 연대와 성격 157
    5. 평리고분군의 연대와 성격 159

부록 160
    1. 지름골 고려시대 고분 160
    2. 비석골 고려시대 고분 165

북청 일대의 발해유적 사진 175

그림 차례

그림 1 • 북청의 지리위치 19
그림 2 • 북청 일대의 유적 분포도 20
그림 3 • 청해토성 평면도 23
그림 4 • 청해토성에서 출토된 건축부재 27
그림 5 • 청해토성에서 출토된 생산도구 29
그림 6 • 청해토성에서 출토된 철기 31
그림 7 • 청해토성에서 출토된 유물 34
그림 8 • 안곡산성 평면도 37
그림 9 • 용전리산성 평면도 41
그림 10 • 거산성 평면도 45
그림 11 • 오매리탑터 북쪽 1건축지 평면도 48
그림 12 • 오매리탑터 1건축지에서 출토된 유물 51
그림 13 • 오매리탑터 2건축지에서 출토된 유물 54
그림 14 • 오매리탑터 2건축지에서 출토된 유물 56
그림 15 • 오매리탑터 평면도 57
그림 16 • 금산 1건축지 평면도 61
그림 17 • 금산 1건축지에서 출토된 막새기와(1) 65
그림 18 • 금산 1건축지에서 출토된 막새기와(2) 66
그림 19 • 금산 1건축지에서 출토된 수키와 67
그림 20 • 금산 1건축지에서 출토된 암키와 68
그림 21 • 금산 1건축지에서 출토된 토기 71
그림 22 • 금산 1건축지에서 출토된 철기(1) 72
그림 23 • 금산 1건축지에서 출토된 철기(2) 73
그림 24 • 금산 2건축지 평면도 75
그림 25 • 금산 2건축지에서 출토된 유물 77
그림 26 • 평리고분군 고분 분포도 79
그림 27 • 평리1호분 봉분 평면도 81
그림 28 • 평리1호분 평단면도 82
그림 29 • 평리1호분 출토 토기 파편 83
그림 30 • 평리2호분 평단면도 84
그림 31 • 평리3호분 봉분 평면도 86
그림 32 • 평리3호분 평단면도 88
그림 33 • 평리4호분 봉분 평면도 89
그림 34 • 평리4호분 평단면도 91
그림 35 • 평리4호분 출토 토기 파편 92
그림 36 • 평리5호분 봉분 평면도 93

그림 37 • 평리5호분 평단면도 94
그림 38 • 평리5호분 출토 유물 96
그림 39 • 평리6호분 봉분 평면도 97
그림 40 • 평리6호분 평단면도 98
그림 41 • 평리7호분 봉분 평면도 100
그림 42 • 평리7호분 평단면도 101
그림 43 • 평리8호분 봉분 평면도 102
그림 44 • 평리8호분 평단면도 103
그림 45 • 평리9호분 봉분 평면도 104
그림 46 • 평리9호분 평단면도 106
그림 47 • 평리10호분 평단면도 108
그림 48 • 평리11호분 봉분 평면도 109
그림 49 • 평리11호분 평단면도 110
그림 50 • 평리12호분 봉분 평면도 111
그림 51 • 평리12호분 평단면도 112
그림 52 • 평리13호분 봉분 평면도 114
그림 53 • 평리13호분 평단면도 115
그림 54 • 평리14호분 평단면도 117
그림 55 • 평리15호분 평단면도 119
그림 56 • 평리16호분 평단면도 120
그림 57 • 평리16호분 출토 단지 121
그림 58 • 평리17호분 평단면도 122
그림 59 • 평리18호분 평단면도 124
그림 60 • 평리19호분 평단면도 127
그림 61 • 평리20호분 평단면도 129
그림 62 • 평리21호분 평단면도 131
그림 63 • 평리22호분 평단면도 133
그림 64 • 평리23호분 평단면도 135
그림 65 • 평리24호분 평단면도 137
그림 66 • 평리25호분 평단면도 138
그림 67 • 평리26호분 평단면도 140
그림 68 • 평리27호분 평단면도 142
그림 69 • 평리28호분 평단면도 144
그림 70 • 평리29호분 평단면도 147
그림 71 • 평리30호분 평단면도 150
그림 72 • 평리31호분 평단면도 151

그림 73 • 평리 2015년도 발굴 출토 유물 125

그림 73-1 • 평리 2015년도 발굴 출토 유물(18호분) 125

그림 73-2 • 평리 2015년도 발굴 출토 유물(22호분) 134

그림 73-3 • 평리 2015년도 발굴 출토 유물(23호분) 136

그림 73-4 • 평리 2015년도 발굴 출토 유물(24호분) 137

그림 73-5 • 평리 2015년도 발굴 출토 유물(29호분) 148

그림 74 • 복원된 청해토성 평면도 153

그림 75 • 지름골1호분 평단면도 161

그림 76 • 지름골1호분 출토 유물 162

그림 77 • 지름골2호분 평단면도 163

그림 78 • 지름골2호분 출토 유물 164

그림 79 • 비석골1호분 무덤구역 시설 평면도 166

그림 80 • 비석골1호분 비석, 망주석 실측도 168

그림 81 • 비석골1호분 평단면도 169

그림 82 • 비석골1호분 출토 관고리 170

그림 83 • 비석골2호분 평단면도 171

그림 84 • 비석골3호분 평단면도 173

사진 차례

사진 1 • 청해토성 전경(북-남) 176
사진 2 • 청해토성 전경(동북-서남) 178
사진 3 • 청해토성 서쪽 부분 전경 180
사진 4 • 청해토성 표시비 181
사진 5 • 청해토성 조사에 참가한 전체 인원(2014년) 181
사진 6 • 청해토성 설명문 181
사진 7 • 청해토성 동벽 182
사진 8 • 청해토성 동벽 남쪽 부분 183
사진 9 • 청해토성 동벽 남쪽 일부(안쪽 면) 183
사진 10 • 청해토성 동벽 남쪽 일부(바깥 면) 183
사진 11 • 청해토성 동북 모퉁이 184
사진 12 • 청해토성 동문 자리 184
사진 13 • 청해토성 동벽 안쪽 면 185
사진 14 • 청해토성 동남 모퉁이 185
사진 15 • 청해토성 서벽 186
사진 16 • 청해토성 서벽 안쪽 면 187
사진 17 • 청해토성 서벽 바깥 면 187
사진 18 • 청해토성 서벽 북쪽 일부 187
사진 19 • 청해토성 서남 모퉁이 188
사진 20 • 청해토성 서문 자리 188
사진 21 • 청해토성 서문 자리(서-동) 189
사진 22 • 청해토성 서문 자리(북-남) 189
사진 23 • 청해토성 서벽 남쪽 일부 190
사진 24 • 청해토성 서벽(안쪽 면) 190
사진 25 • 청해토성 남벽 191
사진 26 • 청해토성 남벽 동쪽 부분 192
사진 27 • 청해토성 남문 자리 192
사진 28 • 청해토성 남벽 서쪽 부분 193
사진 29 • 청해토성 동남 모퉁이 193
사진 30 • 청해토성 북벽 194
사진 31 • 청해토성 북벽 동쪽 부분 194
사진 32 • 청해토성 북벽(바깥 면) 195
사진 33 • 청해토성 북벽 치 195
사진 34 • 청해토성 북문 자리(북-남) 196
사진 35 • 청해토성 북문 자리(남-북) 196
사진 36 • 청해토성 북벽(안쪽 면) 197

사진 37 • 청해토성 동북 모퉁이 197
사진 38 • 청해토성에서 출토된 삽 198
사진 39 • 청해토성에서 출토된 낫 198
사진 40 • 청해토성에서 출토된 작두, 도끼 198
사진 41 • 청해토성에서 출토된 도끼 198
사진 42 • 청해토성에서 출토된 칼, 송곳 199
사진 43 • 청해토성에서 출토된 칼 199
사진 44 • 청해토성에서 출토된 갑옷 파편 199
사진 45 • 청해토성에서 출토된 마구 200
사진 46 • 청해토성에서 출토된 수레 굴통쇠 200
사진 47 • 청해토성에서 출토된 활촉 201
사진 48 • 청해토성에서 출토된 기타 유물 201
사진 49 • 안곡산성 전경 202
사진 50 • 안곡산성 근경 204
사진 51 • 안곡산성 표시비 205
사진 52 • 안곡산성조사에 참가한 전체 인원(2015년) 205
사진 53 • 안곡산성 동북 모퉁이 부분 206
사진 54 • 안곡산성 동벽 일부 206
사진 55 • 안곡산성 동벽 축조 상태 207
사진 56 • 안곡산성 동벽 축조 상태 207
사진 57 • 안곡산성 동벽 자리 207
사진 58 • 안곡산성 서남 모퉁이 부분 208
사진 59 • 안곡산성 서벽 자리 흔적 208
사진 60 • 안곡산성 서벽 자리 흔적 208
사진 61 • 안곡산성 서벽 축조 상태 209
사진 62 • 안곡산성 서벽 축조 상태 209
사진 63 • 안곡산성 남벽 일부 210
사진 64 • 안곡산성 남벽 기초 부분 210
사진 65 • 안곡산성 남벽 일부 210
사진 66 • 안곡산성 남벽 비탈면 210
사진 67 • 안곡산성 남벽 벽체 흔적 210
사진 68 • 안곡산성 서북 모퉁이 210
사진 69 • 안곡산성 북벽 일부 211
사진 70 • 안곡산성 북벽 축조 상태 211
사진 71 • 안곡산성 동남 모퉁이 211
사진 72 • 용전리산성 전경 212

사진 73 • 용전리산성 근경 214
사진 74 • 용전리산성 표시비 215
사진 75 • 용전리산성 해설문 215
사진 76 • 용전리산성 조사에 참가한 연구소 인원들(2014년) 215
사진 77 • 용전리산성 동벽 절벽 부분 216
사진 78 • 용전리산성 서벽 일부 216
사진 79 • 용전리산성 서벽 남쪽 부분 일부 217
사진 80 • 용전리산성 서벽 남쪽 부분 일부 217
사진 81 • 용전리산성 서벽 축조 상태 218
사진 82 • 용전리산성 서벽 축조 상태 218
사진 83 • 용전리산성 서벽 북쪽 부분 219
사진 84 • 용전리산성 서남 모퉁이 부분 219
사진 85 • 용전리산성 남벽 동쪽 부분 일부 220
사진 86 • 용전리산성 남벽 동쪽 부분 축조 상태 220
사진 87 • 용전리산성 북문 자리(북-남) 221
사진 88 • 용전리산성 북문 자리(남-북) 221
사진 89 • 용전리산성 북벽 서쪽 부분 일부 222
사진 90 • 용전리산성 북벽 동쪽 부분 일부 223
사진 91 • 용전리산성 북벽 중간 부분 성벽 223
사진 92 • 용전리산성 북벽 중간 부분 성벽 축조 상태 224
사진 93 • 용전리산성 북벽 동쪽 부분 성벽 224
사진 94 • 용전리산성 북벽 서쪽 부분 성벽 225
사진 95 • 용전리산성 북벽 서쪽 부분 성벽 축조 상태 225
사진 96 • 거산성 서쪽 부분 성벽 226
사진 97 • 거산성 전경(동-서) 228
사진 98 • 거산성 표시비 229
사진 99 • 거산성 조사에 참가한 전체 인원(2014년) 229
사진 100 • 거산성 설명문 229
사진 101 • 거산성 남쪽 부분 성벽 230
사진 102 • 거산성 남쪽 부분 성벽 기초 부분 230
사진 103 • 거산성 서벽 남쪽 부분 성벽 231
사진 104 • 거산성 서벽 남쪽 부분 성벽 231
사진 105 • 거산성 서벽 남쪽 부분 성벽 안쪽 면 231
사진 106 • 거산성 서벽 중간 부분 성벽 232
사진 107 • 거산성 서벽 중간 부분 성벽 축조 상태 232
사진 108 • 거산성 서벽 북쪽 부분 성벽 232
사진 109 • 거산성 북벽 일부 233
사진 110 • 거산성 북벽 장대 233

사진 111 • 거산성 북벽 축조 상태 233
사진 112 • 거산성 동북 모퉁이 234
사진 113 • 거산성 동벽 일부 234
사진 114 • 거산성 동벽 일부 234
사진 115 • 거산성 동벽 축조 상태 235
사진 116 • 거산성 동벽 절벽에 쌓은 성벽 235
사진 117 • 거산성 동벽 절벽에 쌓은 성벽 235
사진 118 • 거산성 동북 모퉁이 부분 235
사진 119 • 오매리절골 전경(남-북) 236
사진 120 • 오매리절터 축대석 238
사진 121 • 오매리절터 주춧돌 자리 238
사진 122 • 오매리절터 문확 238
사진 123 • 오매리절터 우물 자리 238
사진 124 • 오매리절터 본전 앞 도랑 239
사진 125 • 오매리절터 북쪽 1건물터 240
사진 126 • 오매리절터 북쪽 1건물터 241
사진 127 • 오매리절터 북쪽 1건물터 기와 출토 상태 242
사진 128 • 오매리절터 북쪽 1건물터 기와, 괴면 출토 상태 243
사진 129 • 오매리절터 북쪽 1건물터 기와, 부처 출토 상태 243
사진 130 • 오매리절터에서 출토된 막새기와 244
사진 131 • 오매리절터에서 출토된 암키와 244
사진 132 • 오매리절터에서 출토된 기와 244
사진 133 • 오매리절터에서 출토된 수키와 245
사진 134 • 오매리절터에서 출토된 암키와 파편 245
사진 135 • 오매리절터에서 출토된 독 245
사진 136 • 오매리절터에서 출토된 사발 246
사진 137 • 오매리절터에서 출토된 철그릇 246
사진 138 • 오매리절터에서 출토된 수레 굴통쇠 247
사진 139 • 오매리절터에서 출토된 금동판에 새긴 원문 247
사진 140 • 금산 1건축지 발굴 당시 전경 248
사진 141 • 금산 1건축지 발굴 후의 전경 250
사진 142 • 금산 1건축지 동남 모퉁이 251
사진 143 • 금산 1건축지 온돌 시설 251
사진 144 • 금산 1건축지 온돌 고래 251
사진 145 • 금산 1건축지 서쪽칸 온돌 고래 축조 상태 252
사진 146 • 금산 1건축지 동쪽칸 온돌 고래 축조 상태 252
사진 147 • 금산건축지에서 출토된 이형기와 253

사진 148 • 금산건축지에서 출토된 막새기와 253
사진 149 • 금산건축지에서 출토된 수키와 254
사진 150 • 금산건축지에서 출토된 투구 254
사진 151 • 금산건축지에서 출토된 자물쇠 255
사진 152 • 금산건축지에서 출토된 기와막새 255
사진 153 • 평리고분군 전경 256
사진 154 • 평리고분군 근경 258
사진 155 • 평리고분군 표시비 259
사진 156 • 평리고분군 발굴에 참가한 전체 인원(2015년) 259
사진 157 • 평리고분군 설명문 259
사진 158 • 평리1호분 봉분 260
사진 159 • 평리1호분(남—북) 260
사진 160 • 평리1호분(북—남) 260
사진 161 • 평리1호분 묘도 261
사진 162 • 평리1호분 묘실 261
사진 163 • 평리1호분 묘실 북벽 262
사진 164 • 평리1호분 묘실 동벽 262
사진 165 • 평리1호분 묘실 남벽 263
사진 166 • 평리1호분 묘실 서벽 263
사진 167 • 평리2호분 봉분 264
사진 168 • 평리2호분(남—북) 265
사진 169 • 평리2호분(북—남) 265
사진 170 • 평리2호분 묘도 265
사진 171 • 평리2호분 묘실 북벽 266
사진 172 • 평리2호분 묘실 동벽 266
사진 173 • 평리2호분 묘실 남벽 266
사진 174 • 평리2호분 묘실 서벽 267
사진 175 • 평리2호분 묘도 동벽 267
사진 176 • 평리2호분 묘도 서벽 267
사진 177 • 평리3호분 봉분 268
사진 178 • 평리3호분(남—북) 269
사진 179 • 평리3호분(북—남) 269
사진 180 • 평리3호분 묘도 269
사진 181 • 평리3호분 묘도 동벽 270
사진 182 • 평리3호분 묘도 서벽 270
사진 183 • 평리3호분 묘실 북벽 270
사진 184 • 평리3호분 묘실 동벽 271
사진 185 • 평리3호분 묘실 남벽 271

사진 186 • 평리3호분 묘실 서벽 271
사진 187 • 평리4호분 봉분 272
사진 188 • 평리4호분 천정돌 273
사진 189 • 평리4호분(남—북) 274
사진 190 • 평리4호분(북—남) 274
사진 191 • 평리4호분 묘실 275
사진 192 • 평리4호분 묘실 동벽 275
사진 193 • 평리4호분 묘실 북벽 276
사진 194 • 평리4호분 묘실 서벽 276
사진 195 • 평리4호분 인골 출토 상태 277
사진 196 • 평리4호분 유물 출토 상태 277
사진 197 • 평리5호분 봉분 278
사진 198 • 평리5호분(남—북) 279
사진 199 • 평리5호분(북—남) 279
사진 200 • 평리5호분 묘도 280
사진 201 • 평리5호분 묘도 폐쇄 상태 280
사진 202 • 평리5호분 묘실 281
사진 203 • 평리5호분 묘실 북벽 281
사진 204 • 평리5호분 묘실 동벽 282
사진 205 • 평리5호분 남벽 폐쇄 상태 282
사진 206 • 평리5호분 묘실 남벽 283
사진 207 • 평리5호분 묘실 서벽 283
사진 208 • 평리6호분 봉분 284
사진 209 • 평리6호분(남—북) 284
사진 210 • 평리6호분(북—남) 285
사진 211 • 평리6호분 묘도 285
사진 212 • 평리6호분 묘실 286
사진 213 • 평리6호분 묘실 북벽 286
사진 214 • 평리6호분 묘실 동벽 287
사진 215 • 평리6호분 묘실 남벽 287
사진 216 • 평리6호분 묘실 서벽 288
사진 217 • 평리6호분 묘도 동벽 288
사진 218 • 평리6호분 묘도 서벽 289
사진 219 • 평리6호분 묘도 폐쇄 상태 289
사진 220 • 평리7호분 봉분 290
사진 221 • 평리7호분(남—북) 291
사진 222 • 평리7호분(북—남) 291
사진 223 • 평리7호분 묘실 북벽 292
사진 224 • 평리7호분 묘실 동벽 292

사진 225 • 평리7호분 묘실 남벽 293
사진 226 • 평리7호분 묘실 서벽 293
사진 227 • 평리8호분 봉분 294
사진 228 • 평리8호분(남-북) 295
사진 229 • 평리8호분(북-남) 295
사진 230 • 평리8호분 묘실 북벽 296
사진 231 • 평리8호분 묘실 동벽 296
사진 232 • 평리8호분 묘실 남벽 297
사진 233 • 평리8호분 묘실 서벽 297
사진 234 • 평리9호분 봉분 298
사진 235 • 평리9호분(남-북) 299
사진 236 • 평리9호분(북-남) 299
사진 237 • 평리9호분 묘도 300
사진 238 • 평리9호분 묘실 300
사진 239 • 평리9호분 묘실 관대 시설 301
사진 240 • 평리9호분 묘실 북벽 302
사진 241 • 평리9호분 묘실 동벽 302
사진 242 • 평리9호분 묘실 남벽 302
사진 243 • 평리9호분 묘실 서벽 303
사진 244 • 평리9호분 묘도 동벽 303
사진 245 • 평리9호분 묘도 서벽 303
사진 246 • 평리10호분 봉분 304
사진 247 • 평리10호분(남-북) 304
사진 248 • 평리10호분(북-남) 304
사진 249 • 평리10호분 묘실 북벽 305
사진 250 • 평리10호분 묘실 동벽 305
사진 251 • 평리10호분 묘실 서벽 305
사진 252 • 평리11호분 봉분 306
사진 253 • 평리11호분(남-북) 307
사진 254 • 평리11호분(북-남) 307
사진 255 • 평리11호분 묘실 북벽 308
사진 256 • 평리11호분 묘실 동벽 308
사진 257 • 평리11호분 묘실 남벽 309
사진 258 • 평리11호분 묘실 서벽 309
사진 259 • 평리12호분 봉분 310
사진 260 • 평리12호분(남-북) 311
사진 261 • 평리12호분(북-남) 311
사진 262 • 평리12호분 묘실 북벽 312
사진 263 • 평리12호분 묘실 동벽 312

사진 264 • 평리12호분 묘실 남벽 313
사진 265 • 평리12호분 묘실 서벽 313
사진 266 • 평리13호분 봉분 314
사진 267 • 평리13호분(남-북) 315
사진 268 • 평리13호분(북-남) 315
사진 269 • 평리13호분 묘실 북벽 316
사진 270 • 평리13호분 묘실 동벽 316
사진 271 • 평리13호분 묘실 남벽 317
사진 272 • 평리13호분 묘실 서벽 317
사진 273 • 평리14호분 봉분 318
사진 274 • 평리14호분(남-북) 319
사진 275 • 평리14호분(북-남) 319
사진 276 • 평리14호분 묘도 320
사진 277 • 평리14호분 묘실 320
사진 278 • 평리14호분 묘실 북벽 320
사진 279 • 평리14호분 묘실 동벽 321
사진 280 • 평리14호분 묘실 남벽 321
사진 281 • 평리14호분 묘실 서벽 321
사진 282 • 평리15호분 봉분 322
사진 283 • 평리15호분(남-북) 323
사진 284 • 평리15호분(북-남) 323
사진 285 • 평리15호분 묘실 북벽 324
사진 286 • 평리15호분 묘실 동벽 324
사진 287 • 평리15호분 묘실 남벽 325
사진 288 • 평리15호분 묘실 서벽 325
사진 289 • 평리16호분 봉분 326
사진 290 • 평리16호분(남-북) 327
사진 291 • 평리16호분(북-남) 327
사진 292 • 평리16호분 묘실 북벽 328
사진 293 • 평리16호분 묘실 동벽 328
사진 294 • 평리16호분 묘실 남벽 329
사진 295 • 평리16호분 유물 출토 상태 329
사진 296 • 평리17호분(남-북) 330
사진 297 • 평리17호분(북-남) 330
사진 298 • 평리17호분 묘실 북벽 331
사진 299 • 평리17호분 묘실 동벽 331
사진 300 • 평리17호분 묘실 남벽 331
사진 301 • 평리18호분 봉분 332
사진 302 • 평리18호분(남-북) 333

사진 303 • 평리18호분(북-남) 333
사진 304 • 평리18호분 묘실 남벽 334
사진 305 • 평리18호분 묘실 북벽 334
사진 306 • 평리18호분 묘실 동벽 335
사진 307 • 평리18호분 묘실 서벽 335
사진 308 • 평리19호분 봉분 336
사진 309 • 평리19호분(남-북) 337
사진 310 • 평리19호분(북-남) 337
사진 311 • 평리19호분 묘실 337
사진 312 • 평리19호분 묘실 남벽 338
사진 313 • 평리19호분 묘실 북벽 338
사진 314 • 평리19호분 묘실 동벽 338
사진 315 • 평리19호분 묘실 서벽 339
사진 316 • 평리19호분 묘도 동벽 339
사진 317 • 평리19호분 묘도 서벽 339
사진 318 • 평리20호분 봉분 340
사진 319 • 평리20호분(남-북) 341
사진 320 • 평리20호분(북-남) 341
사진 321 • 평리20호분 묘도 342
사진 322 • 평리20호분 묘실 남벽 342
사진 323 • 평리20호분 묘실 북벽 343
사진 324 • 평리20호분 묘실 동벽 343
사진 325 • 평리20호분 묘실 서벽 344
사진 326 • 평리20호분 묘도 서벽 344
사진 327 • 평리20호분 묘도 동벽 345
사진 328 • 평리20호분 묘도 폐쇄 상태 345
사진 329 • 평리21호분 봉분 346
사진 330 • 평리21호분(남-북) 347
사진 331 • 평리21호분(북-남) 347
사진 332 • 평리21호분 묘실 남벽 348
사진 333 • 평리21호분 묘실 북벽 348
사진 334 • 평리21호분 묘실 동벽 349
사진 335 • 평리21호분 묘실 서벽 349
사진 336 • 평리22호분 봉분 350
사진 337 • 평리22호분(남-북) 351
사진 338 • 평리22호분(북-남) 351
사진 339 • 평리22호분 묘실 남벽 352
사진 340 • 평리22호분 묘실 북벽 352
사진 341 • 평리22호분 묘실 서벽 353

사진 342 • 평리22호분 묘실 동벽 353
사진 343 • 평리23호분 봉분 354
사진 344 • 평리23호분(남-북) 355
사진 345 • 평리23호분(북-남) 355
사진 346 • 평리23호분 묘실 남벽 356
사진 347 • 평리23호분 묘실 북벽 356
사진 348 • 평리23호분 묘실 동벽 357
사진 349 • 평리23호분 묘실 서벽 357
사진 350 • 평리24호분 봉분 358
사진 351 • 평리24호분(남-북) 359
사진 352 • 평리24호분(북-남) 359
사진 353 • 평리25호분 봉분 360
사진 354 • 평리25호분(남-북) 361
사진 355 • 평리25호분(북-남) 361
사진 356 • 평리25호분 묘실 북벽 361
사진 357 • 평리25호분 묘실 동벽 361
사진 358 • 평리25호분 묘실 서벽 361
사진 359 • 평리26호분 봉분 362
사진 360 • 평리26호분(남-북) 363
사진 361 • 평리26호분(북-남) 363
사진 362 • 평리27호분 봉분 364
사진 363 • 평리27호분(남-북) 365
사진 364 • 평리27호분(북-남) 365
사진 365 • 평리27호분 묘실 남벽 366
사진 366 • 평리27호분 묘실 북벽 366
사진 367 • 평리27호분 묘실 동벽 367
사진 368 • 평리27호분 묘실 서벽 367
사진 369 • 평리28호분 봉분 368
사진 370 • 평리28호분(남-북) 369
사진 371 • 평리28호분(북-남) 369
사진 372 • 평리28호분 묘도 폐쇄 상태 369
사진 373 • 평리28호분 묘실 북벽 370
사진 374 • 평리28호분 묘실 동벽 370
사진 375 • 평리28호분 묘실 서벽 371
사진 376 • 평리28호분 묘실 남벽 371
사진 377 • 평리29호분 봉분 372
사진 378 • 평리29호분(남-북) 373
사진 379 • 평리29호분(북-남) 373
사진 380 • 평리29호분 묘실 남벽 374

사진 381 • 평리29호분 묘실 북벽 374
사진 382 • 평리29호분 묘실 서벽 375
사진 383 • 평리29호분 묘실 동벽 375
사진 384 • 평리30호분 봉분 376
사진 385 • 평리30호분(남-북) 377
사진 386 • 평리30호분(북-남) 377
사진 387 • 평리30호분 묘실 남벽 378
사진 388 • 평리30호분 묘실 북벽 378
사진 389 • 평리30호분 묘실 동벽 379
사진 390 • 평리30호분 묘실 서벽 379
사진 391 • 평리31호분 봉분 380
사진 392 • 평리31호분(남-북) 381
사진 393 • 평리31호분(북-남) 381
사진 394 • 평리4호분에서 출토된 토기 파편 382
사진 395 • 평리5호분에서 출토된 유물 382
사진 396 • 평리16호분에서 출토된 단지 383
사진 397 • 평리18호분에서 출토된 토기 파편 383
사진 398 • 평리22호분에서 출토된 토기 파편 384
사진 399 • 평리23호분에서 출토된 토기 파편 384
사진 400 • 평리24호분에서 출토된 유물 385
사진 401 • 평리29호분에서 출토된 토기 파편 385
사진 402 • 지름골 고려시대 고분군 전경 386
사진 403 • 지름골1호분 봉분 388
사진 404 • 지름골1호분(남-북) 389
사진 405 • 지름골1호분 묘실 389
사진 406 • 지름골1호분 묘실 북벽 390
사진 407 • 지름골1호분 묘실 동벽 390
사진 408 • 지름골1호분 묘실 서벽 391
사진 409 • 지름골1호분 묘실 천정 391
사진 410 • 지름골2호분 봉분 392
사진 411 • 지름골2호분(동남-서북) 393
사진 412 • 지름골2호분(서북-동남) 393
사진 413 • 지름골1호분에서 출토된 유물 394
사진 414 • 지름골2호분에서 출토된 유물 394
사진 415 • 지름골2호분에서 출토된 유물 395
사진 416 • 지름골2호분에서 출토된 유물 395
사진 417 • 비석골 고려시대 고분군 전경 396
사진 418 • 비석골1호분 봉분 398
사진 419 • 비석골1호분 묘실 입구 폐쇄 상태(남쪽) 399

사진 420 • 비석골1호분 묘실 남벽 399
사진 421 • 비석골1호분 묘실 북벽 399
사진 422 • 비석골1호분 묘실 서벽 399
사진 423 • 비석골1호분 묘실 동벽 399
사진 424 • 비석골1호분 묘실 천정 399
사진 425 • 비석골1호분 비석(앞면) 400
사진 426 • 비석골1호분 비석(뒷면) 400
사진 427 • 비석골1호분 비석(측면) 400
사진 428 • 비석골1호분 비석(측면) 400
사진 429 • 비석골1호분 비석 지붕돌 401
사진 430 • 비석골1호분 망주석 401
사진 431 • 비석골1호분 망주석 머리 장식 401
사진 432 • 비석골2호분 402
사진 433 • 비석골2호분 입구 폐쇄 상태 402
사진 434 • 비석골2호분 천정 403
사진 435 • 비석골2호분 묘실 입구 403
사진 436 • 비석골2호분 묘실 403
사진 437 • 비석골2호분 묘실 북벽 403
사진 438 • 비석골2호분 묘실 동벽 403
사진 439 • 비석골3호분 봉분 404
사진 440 • 비석골3호분(남-북) 405
사진 441 • 비석골3호분 묘실 405
사진 442 • 비석골1호분에서 출토된 관고리 406
사진 443 • 비석골3호분에서 출토된 관못 406

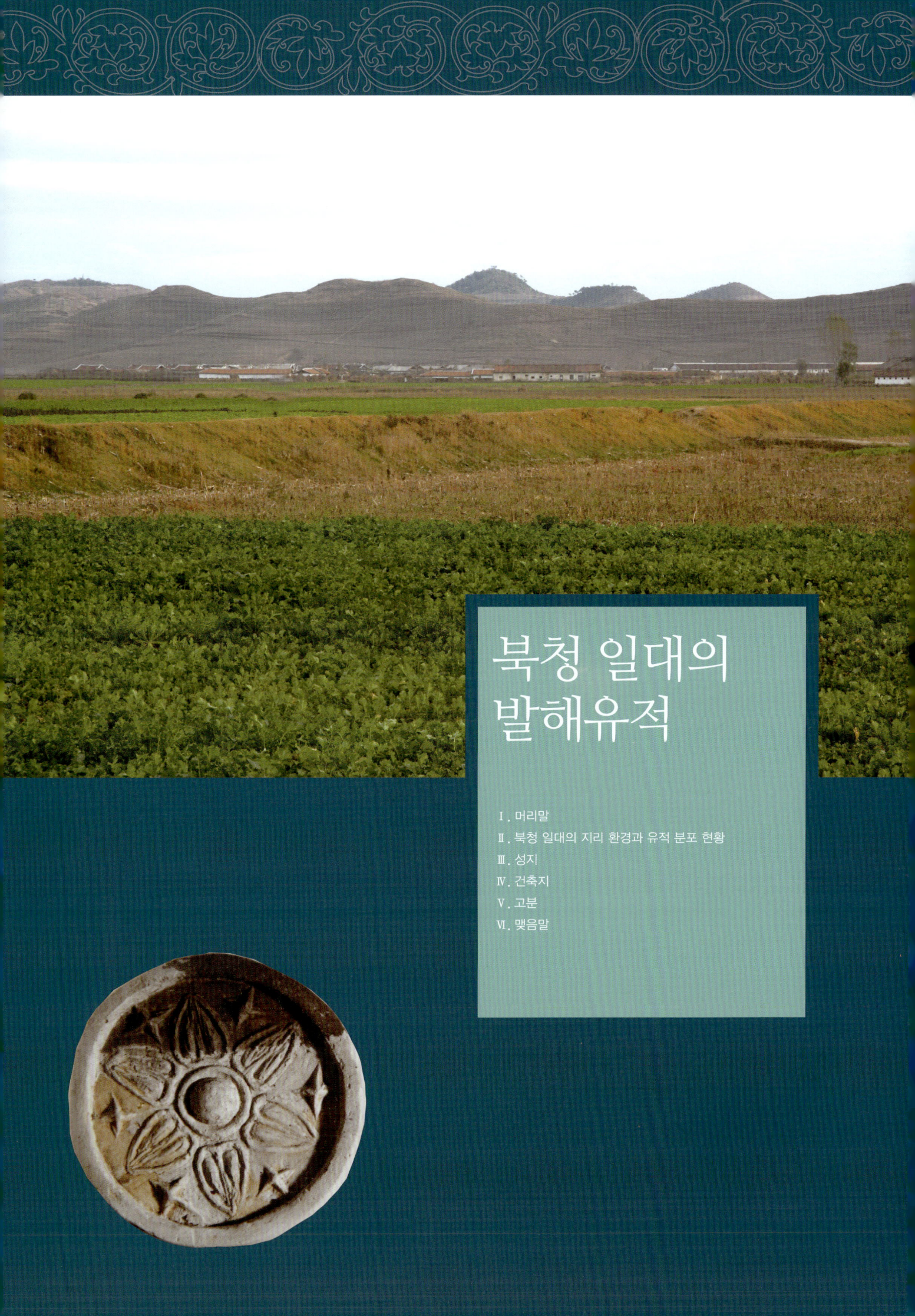

북청 일대의 발해유적

Ⅰ. 머리말
Ⅱ. 북청 일대의 지리 환경과 유적 분포 현황
Ⅲ. 성지
Ⅳ. 건축지
Ⅴ. 고분
Ⅵ. 맺음말

I 북청일대의발해유적

머리말

발해는 698년에 건국되어 926년 거란에게 멸망될 때까지 228년간 존속하였다. 건국자인 대조영으로부터 15대에 걸쳐 왕통을 이었으며, 강역에는 5경 15부 62주를 두어 전성기에는 '해동성국'이라 불렸다.

발해의 강역은 지금의 중국 동북 지역(길림성 대부분, 흑룡강성 대부분, 요녕성 일부분), 한반도 북부(대동강 이북), 러시아 연해주 등으로 이 지역에는 많은 발해유적이 분포되어 있다. 북한의 주요 발해유적은 함경북도 청진시 일대, 회령시 일대, 김책시 일대, 화대군 일대 및 함경남도 북청군 일대 등 동해안에 분포되어 있다. 북한 학자들은 이전부터 진행해 오던 동해안 일대의 발해유적 조사를 1980년대에 더욱 폭넓게 실시하였고, 일부 중요한 유적에 대한 발굴도 진행하여 많은 성과를 거두었다.

연변대학교 발해사연구소에서는 그동안 동북아역사재단의 지원을 받아 북한 사회과학원 고고학연구소와 함께 2008~2010년까지 함경북도 청진시 청암 구역 부거리 일대의 발해유적을 발굴조사 하였으며, 그 결과물로 동북아역사재단에서 『부거리 일대의 발해유적』 발굴조사보고서를 출간하였다.

그리고 두 번째로 북한 사회과학원 고고학연구소와 함께 2012~2013년까지 함경북도 회령시 일대를 조사하였다. 인계리토성, 운두산성, 동건산성, 궁심고분군 등을 중점적으로 조사하였다. 궁심고분군에서는 62기의 고분을 발굴하였으며, 그 결과물로 동북아역사재단에서 『회령 일대의 발해유적』을 출간하였다.

이번 세 번째 조사도 북한 사회과학원 고고학연구소와 함께 2014~2015년까지 함경남도 북청군 일대에서 이루어졌다. 청해토성, 안곡산성, 용전리산성, 거산성, 오매리절터, 금산건축지, 평리고분군 등을 중점적으로 조사하여 평리고분군에서 31기의 고분을 발굴하고, 평리 지름골과 비석골에서는 고려시대 고분군을 새로 발견하고 5기의 고분을 발굴하였다.

2014년 5월 26일~6월 30일까지 실시한 발굴조사에서는 청해토성, 거산성, 용전리산성 등을 조사하고, 평리고분군 조사와 함께 14기의 고분을 발굴하고, 평리 지름골에서 고려시대 고분 2기를 발굴하였다. 이때 연변대학교 발해사연구소의 정영진, 이동휘, 정경일, 윤현철 등과 연변대학교대학원 박찬규 원장, 연변대학교 동방철학연구소 김철수 소장 등이 2014년 6월 10~19일까지 참가하였다.

2015년 발굴조사는 5월 초~6월 말까지 이루어졌다. 이 기간에는 안곡산성, 오매리절터, 금산건축지를 조사하고, 평리고분군에서 17기의 고분과 평리 비석골에서 고려시내 고분 3기 등을 발굴하였다. 이때 연변대학교 발해사연구소의 정영진, 이동휘, 정경일 등이 2015년 5월 18~27일까지 참가하였다.

이 보고시는 2014~2015년도 발굴조사보고서로, 문자 설명과 함께 실측도와 사진을 첨부하여 2년간 발굴조사 성과를 학계에 전면 공개하여 심층적인 발해사 연구에 중요한 실물 자료를 제공하는 데 그 목적을 두었다. 참여자들의 수준 제한으로 인하여 적지 않은 오류들이 있으리라 생각하면서 학자 여러분의 조언을 바라는 바이다.

이번 『북청 일대의 발해유적』 출간은 앞서 출간된 보고서와 마찬가지로 동북아역사재단이 향후 남북 교류의 중추적 역할을 할 수 있는 학술적 기초를 마련해 줄 것으로 기대한다.

II 북청 일대의 발해 유적

북청 일대의 지리 환경과 유적 분포 현황

    북청군은 함경남도 동남부에 있으며 북부는 덕성군, 서부는 홍원군, 남부는 신포시와 동해, 동부는 리원군과 접해 있다. 동서(건자리–남흥리) 길이는 44km, 남북(문동리–죽당리) 길이는 18km이며, 총면적은 592.9㎢로서 함경남도 면적의 3%를 차지한다.

    북청군 일대는 북쪽으로 산지가 많고, 남쪽으로는 동해와 잇닿은 비교적 넓은 벌을 가지고 있다. 군의 서부와 남서부, 북동부, 동부 방향으로는 높은 산줄기들이 뻗어 있다. 군의 서부에는 부전령 산줄기의 하나인 거두봉 산줄기가 서북에서 남동 방향으로 동해안까지 뻗어 있으며, 동북쪽에는 부전령 산줄기의 대덕산(해발 1,461m), 매봉(해발 931m) 등이 있고, 동쪽에는 복두봉(해발 784m), 삼봉(해발 694m) 등이 솟아 있다.

    군에는 여러 개의 지류가 동해로 흘러드는 북청강과 군 동쪽에서 평리를 사이에 두고 서쪽 독술봉(해발 912m)과 동쪽 대덕산에서부터 각각 동해로 흘러드는 서대천과 동대천(거산천)이 있다. 그리하여 북청강을 경계로 동북부는 1,000개가 넘는 산지가 우세하고, 남서부는 압해산(해발 482m)이 있는 일부 지역을 제외한다면 대체로 높지 않은 언덕과 벌로 되어 있다.

    북청군의 기후는 바다의 영향을 받아 해양성기후의 특징을 나타내고 있다. 북쪽에 있는 덕성군의 북부에 거의 동서 방향으로 가로놓인 부전령 산줄기는 기후 형성에 많은 영향을 주고 있으며, 앞바다에는 태평양으로부터 흘러들어오는 더운 해류가 겨울에도 미치기 때문에 특히 겨울기온은 같은 위도상의 서해안 지역보다 2~3℃ 높다. 북청군의 연평균 기온은 9.1℃, 1월 평균 기온은 −5.5℃, 8월 평균 기온은 22.5℃이다(그림 1).

그림 1 • 북청의 지리 위치

북청군 지역은 예로부터 우리 선조들이 뿌리를 내리고 삶의 터전을 마련한 곳들 중 하나이다. 고대에는 고조선의 영역이었고, 고구려시대에는 고구려에 종속되어 있는 한민족의 구성원인 동옥저의 영역이었으며, 발해시대에는 발해 5경 15부 중 하나인 남경남해부의 영역이었다. 고려시대에는 공민왕 5년(1356)에 안북으로, 1372년에는 청주로 불렸다. 조선시대인 1398년에는 청주부로 승격되었다. 1417년에는 충청도 청주와 구별하기 위하여 북쪽 고을이라는 뜻에서 종래의 안북에서 푸른바다를 끼고 있는 고장이라는 뜻으로 '청'자를 넣어 북청이라고 하였다.

북청의 다른 이름은 푸른 바닷가 고을이라는 뜻에서 청해라고도 하였는데 전하는 말에 의하면 조선시대 개국공신 중 한 사람이었던 이지란에게 청해군을 봉하였는데 그때 받은 지역을 '청해'라 하였다고 한다. 청해토성에서 발해시대 유적과 유물이 발굴되고, 북청이 남경남해부 지역인 만큼 청해란 말은 그 이전, 즉 발해시대의 이름으로 추정된다.

북청군은 1427년에 도호부로 되었다가 1896년에 군으로 되었다. 당시 북청군은 영역상 오늘의 북청군, 덕성군, 신포시 일부를 포괄함으로써 광복 전에는 4개 읍, 14개 면, 204개 리로 되어 있었다.

1952년 12월에는 면이 없어지면서 북청면, 가화면, 후창면과 속후면의 1개 리, 신북청면의 5개 리, 덕성면 동창내리 일부가 남고 나머지 지역은 새로 생긴 신포군, 덕성군, 신창군으로 이관되어 갈라져 나갔다.

1974년 1월에는 신창군이 없어지면서 신창읍과 17개 리가 북청군에 편입되었다. 행정구역은 1개 읍(북청), 40개 리 및 노동자구로 되어 있다. 소재지는 북청이다.

북청군 일대에는 우리 선조들이 남겨 놓은 역사 유적들이 수없이 많다. 죽상리에는 고조선시대의 대형 고인돌이 있고, 지만리와 평리에는 고구려시대에 쌓고 발해시대에도 이용한 용전리산성과 거산성이 있고, 안곡리에는 발해시대의 안곡산성이 있다. 하호리에는 발해 5경 중 하나인 남경의 청해토성이 있고, 평리에는 발해시대 고분군과 고려시대 고분군이 있다. 그리고 청해토성에서 멀지 않은 금호 구역에는 고구려시대부터 발해시대까지 사용된 오매리절터와 금산건축지 및 고분군이 있다.

북청읍에는 1517년에 쌓은 북청읍성이 있고, 죽상리에는 1467년에 세웠다가 1735년에 증축한 광제사(廣濟寺)가 있다. 안곡리에는 조선시대 개국공신 중 한 사람이었던 이지란(1331~1402)의 신도비와 부도가 있다. 이 밖에 라하대리와 중평리에는 용의동산성과 창창동산성이 있다(그림 2).

그림 2 • 북청 일대의 유적 분포도

III 북청일대의발해유적

성지

1. 청해토성

청해토성은 함경남도 북청군 하호리에 위치하고 있다. 토성은 북청군 소재지에서 동남쪽으로 14km 떨어진 북청강 좌안의 넓은 벌 가운데 쌓았다.

비옥한 땅과 풍부한 수산자원, 수륙교통이 편리한 곳에 자리한 청해토성은 북쪽과 동쪽에 낮은 능선들이 병풍처럼 둘러싸고 있으며, 서쪽으로는 북청강이 동해로 흘러들고, 남쪽으로는 동해가 있다. 옛날에는 북청강 본류가 청해토성 서쪽에서 북으로부터 남쪽으로 감돌아 흘러 신창항에서 동해로 들어갔다고 한다. 그리고 북청강의 한 지류가 토성 북쪽과 동쪽을 감돌아 남쪽으로 흘러 북청강에 합류되었다고 한다.

청해토성에서 북쪽으로 약 6km 떨어진 북청강 좌안에는 안곡산성이 있고, 서쪽으로 약 9.5km 떨어진 북청강 우안에는 용전리산성(성동산성)이 있으며, 동북쪽으로 약 8km 떨어진 곳에는 거산성과 평리고분군이 있다.

청해토성이란 이름은 푸른 바다 옆에 있는 성이라는 의미와 함께 북청지구의 옛 지명인 청해군에서 유래된 청해리에 위치하여 불렸음을 짐작할 수 있다.

청해토성에 관한 자료는 옛 문헌기록들과 일부 논문들에 적지 않게 전해지고 있다. 『신증동국여지승람』 권49 「북청조」에는 '허천평성'으로, 『문화유산』 1957년 1호와 『조선고고연구』 1986년 1호에서는

III. 성지　21

'북청토성'으로 발표되었다. 청해토성이란 이름은 추사 김정희(1786~1856)가 청해토성에서 드러난 석기(돌활촉, 돌도끼)를 보고 지은 〈석노가〉에서도 볼 수 있다.

청해토성의 규모에 대하여 『신증동국여지승람』 권49 「북청조」에는 둘레가 3,497척으로, 『문화유산』 1961년 4호에는 둘레가 1,289m로 기록되어 있다. 이와는 다르게 1967년에 조사한 자료에는 토성 남벽의 길이는 506m, 서벽의 길이는 343m로 기록되어 있는데 토성 동쪽 부분이 많이 파괴되었기 때문에 여기서 말하는 남벽의 길이는 정확하다고 말할 수 없다.

1986년부터 청해토성에 대한 전반적인 조사와 발굴이 진행되면서 구체적인 자료가 등장하였다. 조사 당시 토성의 서쪽 부분은 옛 모습이 그대로 남아 있었지만 동쪽 부분은 성벽이 다 없어지고 평지 상태였다. 토성에는 동서남북으로 뻗은 도로가 남아 있었는데, 동서 도로는 565m, 남북 도로는 343m였다. 그리고 서벽에서 동쪽으로 625m 떨어진 곳에 '동경수'라고 전해지는 발해시대 우물이 있었다. 이러한 사실은 청해토성의 평면 형태가 동서로 긴 장방형임을 말해 주며, 이를 근거로 하여 새롭게 조사한 결과 동벽과 서벽의 길이는 342m, 남벽과 북벽의 길이는 724m 정도라는 것을 확인하였다. 따라서 성벽의 둘레는 2,132m이다.

성벽은 기본적으로 흙을 다져 쌓았지만 일부 구간은 성벽 밑 부분을 돌과 흙을 섞어 쌓았다. 지금 남아 있는 성벽 높이는 2~3m이고, 밑 너비는 8~10m, 위 너비는 1m정도이다.

성문은 동서남북 네 벽 중간에 각각 하나씩 설치되어 있다. 지금은 끊어진 성벽처럼 문 터자리만 남아 있을 뿐이다.

성벽 모서리에는 각루가 있었는데 지금은 서남모서리의 터만 남아 있다. 성벽 곳곳에는 치가 있었는데, 성벽 밖으로 돌출되어 일정한 거리를 두고 설치되었다. 남아 있는 치는 남벽의 서쪽에서 찾아볼 수 있으며, 길이가 6m, 높이는 현재 남은 성벽 높이와 같은 2m이다. 북문 서쪽에는 망루자리로 보이는 높은 곳이 있다(그림 3, 사진 1~37).

청해토성 안에는 발해시대 관청터, 살림집터 등의 건축지와 못 자리, 우물 등이 있다. 관청 자리로 추측되는 건물 자리들이 여러 곳에서 드러났는데 성 북쪽에 있다. 북문에서 남쪽으로 90m 떨어진 곳에서는 길이 40m, 너비 10m인 건물 자리가, 서문에서 동서로 통하는 도로 북쪽에는 길이 30m, 너비 10m인 건물 자리가, 정미소 부근의 서남모서리에서 50m 떨어진 곳에는 길이 40m, 너비 9m인 건물 자리가 드러났다.

북문 남쪽의 건축지는 동서로 길게 놓여 있는데 기둥을 세웠던 주춧돌이 4m 간격으로 여러 개 드러났다. 주춧돌 크기는 직경 1.2~1.3m 정도이다. 이 건축지에서는 암키와, 수키와, 기와막새, 벽돌 등 건축부재들과 청동방울, 옥으로 만든 사각도장이 출토되었다.

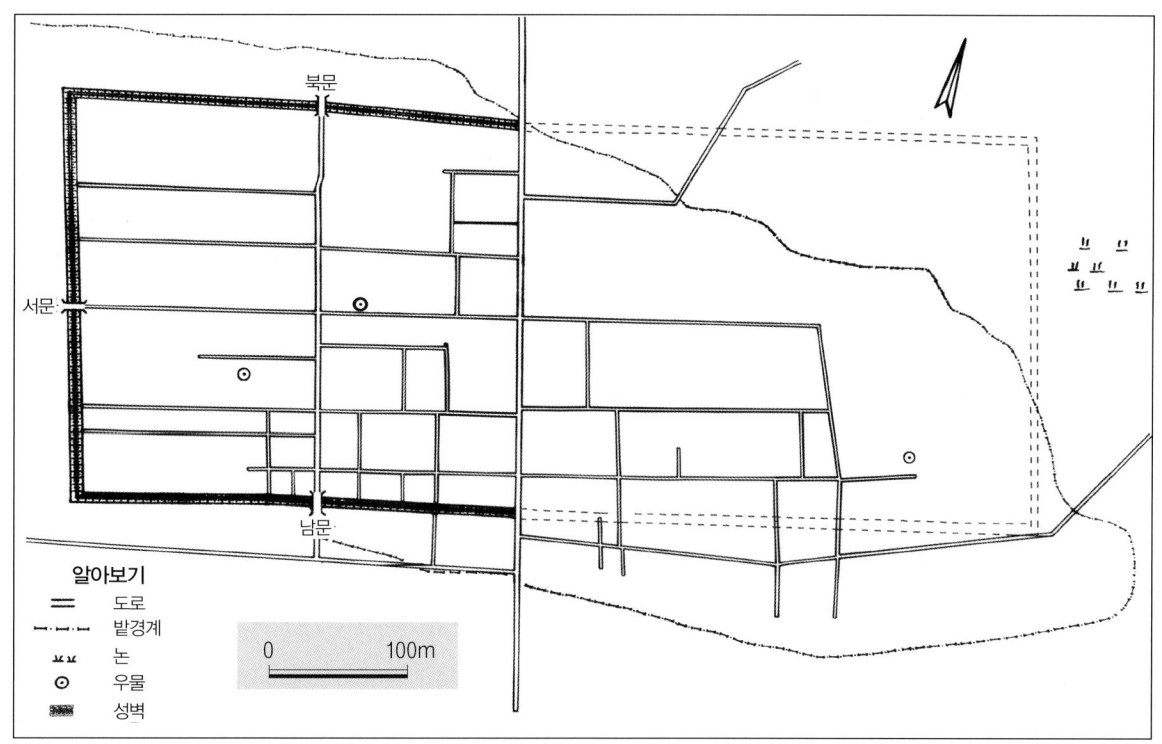

그림 3 · 청해토성 평면도

서문 동쪽에 드러난 건축지에서는 암키와, 수키와, 기와막새, 괴면을 비롯한 건축부재들이 많이 나왔는데 특히 주목되는 것은 치미 파편이다. 그리고 이 건축지에서는 온돌시설과 토기 가마를 비롯한 토기, 자기들과 청동팔찌가 출토되었다.

정미소 남쪽에 동서로 길게 놓인 건축지에서는 'ㄱ'자 형으로 생긴 두 고래 온돌시설이 2개 드러났다. 온돌시설은 서로 대칭되게 놓였으며, 2개 온돌의 아궁이시설은 동서로 나란히 놓여 있다. 동쪽 온돌시설은 동서 길이 10m, 남북 너비 6.8m이다. 아궁이는 동쪽에, 굴뚝은 북쪽에 있다. 건물 서쪽에 있는 온돌시설은 동쪽의 것보다 조금 작으며, 아궁이는 서쪽, 굴뚝은 북쪽에 있다. 이 건축지는 동쪽과 서쪽에 방이 있고, 가운데 통로가 있는 건물로 인정된다. 이곳에서는 발해의 특징을 보이는 암키와를 비롯해 수키와, 기와막새, 벽돌들 등이 출토되었다. 암키와 가운데는 기와 끝을 공작새무늬로 장식한 것들과 착고기와도 있다.

살림집터는 여러 곳에서 드러났는데 규모가 작다. 토성 동북모서리에서 드러난 건축지는 길이 10m, 너비 4m로서 이곳에서는 세 고래 온돌시설이 드러났는데 길이 6m, 너비 2m이다. 아궁이시설은 서쪽에 있으며, 온돌보다 50cm 낮다. 이곳에서는 버치, 동이, 쌀 함박, 칼 등의 유물들이 출토되었다.

정미소 서남모서리에서 50m 지점에 있는 건축지로부터 동쪽으로 30m 떨어진 곳에 부엌시설이 드러났다. 이곳에는 돌로 축조한 부뚜막시설이 북쪽에 있다. 생김새는 원형으로 되어 있으며, 위가 넓고 아래는 좁게 되었다. 돌 시설 위의 직경은 동서 135cm, 남북 145cm, 깊이 80cm이다. 아궁이시설은 동서 두 벽을 돌로 쌓고 이맛돌을 올려놓았다. 아궁이의 크기는 높이 40cm, 너비 35cm이다. 아궁이에는 25cm 두께로 재가 쌓여 있었고, 그 속에는 타다 남은 통나무가 있었다. 북쪽에는 굴뚝시설이 있었다. 부엌시설 주위에서는 식칼, 쌀 함박을 비롯한 토기들과 자기 등이 출토되었다. 부엌시설 남쪽에서는 수십 점의 자기와 토기, 그리고 쇠활촉, 갑옷 파편들도 출토되었다. 이러한 유물들로 미루어 병영터로 추측된다.

토성 안 동북쪽에 치우친 곳에서는 동서로 길게 놓인 건물터가 발굴되었다. 크기는 동서 길이 30m, 남북 너비 9m이며, 'ㄱ'자 형으로 생긴 두 고래 온돌시설이 6개 드러났다. 온돌시설은 7m 거리를 두고 동쪽과 서쪽에 각각 3개씩 자리하고 있으며, 각 온돌 사이의 거리는 약 3~4m 정도이다. 이 건물은 가운데 통로를 두고 동쪽과 서쪽에 방이 있었던 것으로 볼 수 있다. 6개 온돌시설의 아궁이에서는 모두 활촉이 발견되었으며, 2개의 아궁이에서도 쇠칼 또는 갑옷 파편이 출토되었다.

토성 서남쪽에는 못 자리가 있으나 그 크기는 이미 파괴되어 잘 알 수 없다. 우물은 성안에 여러 개 있는데 그 가운데 3개를 발굴하였다. 발굴된 우물은 동경수라는 이름을 가진 우물, 왕이 물을 마셨다는 전설이 있는 우물, 그리고 못 자리 옆의 우물이다.

동경수는 청해토성 동쪽 부분에 있으며, 토성에서 멀지 않은 곳에서 생산되는 화강암으로 쌓았다. 우물 윗부분의 평면 형태는 팔각형으로 되었는데, 지금은 지표에서 50cm 깊이까지 허물어져 있다. 우물은 윗부분이 좁고 아래로 내려가면서 가운데 부분이 넓어졌다가 다시 아래로 내려가면서 좁아졌다. 바닥에는 나무로 정방형의 틀을 짜서 놓고 그 위에 돌을 쌓았다. 나무틀 크기는 길이와 너비가 각각 1m이며, 우물 크기는 윗부분 직경이 80cm, 가운데 부분 직경이 150cm, 아랫부분 직경이 100cm, 깊이는 4m이다.

왕이 물을 마셨다고 전하는 우물은 토성 서문으로부터 동쪽으로 209m 떨어진 도로 옆에 있다. 현재는 흙이 가득 메워져 있으며, 아가리 부분은 허물어졌다. 화강암으로 쌓았는데 돌 크기는 일정하지 않고 각이하다. 그 가운데서 큰 것은 길이 100cm, 두께 30cm이고, 작은 것은 40×20cm 정도이다. 입구의 평면은 팔각형이며, 입구로부터 아래로 내려가면 가운데 부분까지 점차 넓어졌다가 다시 좁아졌다. 모양은 동경수와 비슷한데 다만 우물 기초 부분에 나무를 깔지 않고 큰 돌을 놓았다. 깊이는 3.95m이며, 입구 직경은 0.83m, 가운데 부분 직경은 1.50m, 바닥 직경은 1.28m이다.

못 자리 옆에 있는 3호 우물은 서벽에서 동쪽으로 115m, 남벽에서 북쪽으로 100m 떨어진 지점에 있다. 현재 지표에서 90cm까지 허물어져 있다. 화강암을 이용하여 쌓았는데 돌 크기는 일정하지 않다. 그 가운데 큰 것은 길이 46cm, 두께 20cm 정도이다. 우물은 위에서 아래로 내려가면서 넓어졌다가 다시 좁아지며, 밑부분에는 3단으로 된 나무틀을 '#'자로 짜놓았다. 우물을 쌓은 상태는 앞에서 설명한 것들과는 달리 정교하지 못하다. 깊이는 3.64m인데 위에서 2.62m에 이르러 가장 넓으며, 그 너비는 1.1m이다. 우물 밑단에 나무틀을 3단으로 놓은 것은 고산동 고구려우물에서도 볼 수 있다.

청해토성의 규모와 축조 상태, 건물터들과 시설물, 발굴된 유물들은 이상과 같다. 출토된 유물들은 앞에서 본 바와 같이 건축부재, 생산도구, 무기, 수레 부속, 마구, 도자기, 치레거리, 도장, 불교 관계 유물 등을 들 수 있다.

1) 건축부재

건축부재로는 치미 파편, 암키와, 수키와, 착고기와, 벽돌 등을 들 수 있다.

치미 파편은 청해토성 서문 동쪽에 있는 건물터에서 나왔다. 치미는 색깔과 질, 두께 등으로 보아 2개체 분으로 인정된다. 하나는 구워 만들었으며, 색깔은 회백색을 띤다. 크기는 길이 18cm, 너비 14cm, 두께 3.5cm이다. 다른 하나는 날개와 연결된 부분의 파편으로 'ㄱ'자 형으로 되었으며, 직경 4cm 정도의 구멍이 여러 개 나 있다. 치미의 동체 부분에는 보상화무늬가 새겨져 있다. 동체 부분에 있는 여러 개의 구멍은 장식물을 붙이기 위한 것으로 볼 수 있다. 남은 크기는 길이 13cm, 너비 9cm, 두께 3cm 정도이다.

토성에서는 여러 종류의 수막새기와가 나왔다. 그 가운데서 대표적인 것이 꽃잎이 여섯 개로 된 수막새기와이다. 이러한 막새는 토성 서문 터와 서북쪽에 있는 집터에서 나왔다.

첫째 형태는 막새 중심에 직경 3.8cm 반구형 꽃술이 있고, 그 주위에 여섯 개 꽃잎을 돋아지게 새긴 것이다. 꽃잎 사이에는 사각별장식이 여섯 개 있다. 막새 직경은 15.5cm, 테두리 너비는 1cm이다.

둘째 형태는 막새 중심에 직경 3.8cm 꽃술이 있고, 그 주위에 여섯 개 꽃잎이 부각된 것으로 꽃술과 꽃잎 사이에 꼭지가 달려 있다. 이 막새의 특징은 테두리 너비가 1.7cm로 넓으며, 다른 기와들에 비하여 강도가 세다.

셋째 형태는 꽃잎이 여덟 개로 된 것으로 토성 안 서쪽에 있는 건물터에서 출토되었다. 막새 중심에는 직경 2.8cm의 동그라미 안에 다섯 개의 구슬무늬를 돋친 반구형 꽃술이 있고, 꽃술 주위에는 여덟 개의 꽃망울무늬를 돋아지게 새겼다. 꽃망울무늬에는 꼭지가 붙어 있는데 꼭지 사이에는 구슬무늬를, 꽃망울 사이에는 도안화된 꽃잎무늬를 돋아지게 새겼다. 막새 크기는 직경이 12.6cm, 두께 1.6cm, 앞면 테두리 너비는 1.4cm이다.

토성 안에서 나온 수키와에는 이은 목에 줄무늬가 있는 것과 없는 것이 있다. 이은 목에 있는 줄무늬는 두 개 또는 세 개인데, 그 부분의 길이는 4.5cm, 기와 전체 길이는 35.5cm이다. 수키와 너비는 위에서 본 막새의 직경과 같으며 15.5cm이다. 두께가 1.5cm되는 기와의 등 면에는 노끈무늬 흔적이 남아 있고, 안에는 굵은 베천무늬가 있다. 기와는 진흙으로 구워 만들었으며, 색깔은 회색이고, 비교적 굳다.

청해토성 발굴 과정에 수천 점의 암키와 파편도 나왔다. 암키와 가운데는 기와 한쪽 끝을 손끝으로 누른 무늬가 있는 것도 있고, 없는 것도 있다. 손끝누름무늬도 기와의 한쪽 모서리에 있는 것과 양쪽에 다 있는 것이 있다. 암키와의 두께는 2~2.5cm이다. 암키와 가운데는 손끝으로 누른 것 외에 어떤 기구로 기와 끝의 위와 아래를 톱날처럼 어인 것과 톱날무늬 사이에 직경 0.6cm의 동그라미를 0.7cm 간격으로 눌러 새긴 것이 있다. 이 기와의 색깔은 회색이고, 두께는 2.5cm이다.

그 밖에 특수한 형태의 기와들이 있다. 이런 기와들을 이형기와라 하는데 형태에 따라 모자창형식, 제형, 삼각형, 암키와를 가로 자른 것 등이 있다. 이들은 건물 지붕의 구체적인 세부 설계에 따라 제작되었음을 알 수 있다.

삼각형기와는 암키와의 한쪽 모서리를 나무칼 같은 날이 있는 기구로 잘라 구운 것이다. 기와의 한 변 길이는 16cm, 두께는 2.2cm이다.

기와 가운데는 한쪽 면에 삼각형으로 된 기구로 깊이 0.9cm 되게 눌러서 새긴 것이 있다. 이것은 기와가 지붕에서 미끄러져 떨어지지 않게 하기 위한 것으로 이러한 형태의 기와는 상경용천부 터에서도 출토되었다.

청해토성에서는 벽돌도 여러 점 나왔다. 벽돌은 깨져서 길이는 알 수 없고, 너비가 15cm, 두께는 6cm이다(그림 4).

그림 4 • 청해토성에서 출토된 건축부재(1~4. 지미조각, 5~6. 막새, 7. 수키와, 8. 마무리 기와)

2) 생산도구

생산도구로는 삽, 쇠도끼, 쇠칼, 작두, 낫 등을 들 수 있다.

삽은 청해토성 서북쪽 구역에서 2개 출토되었으며, 비교적 온전하다. 삽날은 두께가 0.2cm 정도의 얇은 강판으로 만들었으며, 삽자루를 끼우는 원통형 부분은 지금의 것처럼 철판을 뒤로 구부린 것이 아니라 앞으로 구부렸다. 장방형으로 생긴 삽의 길이는 29.5cm, 너비는 18cm이며, 자루를 끼우는 원통형 부분의 길이는 7cm, 외경은 3.8cm이다. 다른 하나는 삽날의 길이가 23cm로 좀 작다.

쇠도끼는 장방형으로 생겼으며, 중심에서 등 부분으로 치우친 곳에 구멍이 있다. 도끼는 길이 11.4cm, 날의 너비 5cm이고, 자루를 끼우는 구멍은 장방형으로 길이 3cm, 너비 1.2cm이다.

청해토성 안에서는 철로 만든 부엌칼, 장도 등 여러 가지 용도의 칼이 10여 개 나왔다. 칼날은 모두 한쪽에만 있다. 칼자루는 대부분 나무로 만들어 쓰게 되었으며, 손잡이를 칼날에 붙여서 만든 것도 있고, 칼의 다른 한쪽에 송곳 같은 것이 달린 것도 있다. 부엌칼의 전체 길이는 27.5cm이며, 칼날의 길이는 20.5cm, 너비 4cm, 두께 0.2cm, 손잡이 부분의 길이는 7cm이다. 손잡이를 쇠로 만든 칼의 전체 길이는 20.5cm, 칼날의 길이는 10cm, 손잡이 부분은 10.5cm, 너비는 1.6cm, 칼등의 두께는 0.5cm이다. 칼날이 짧은 것은 전체 길이가 12.8cm인데, 칼날의 길이는 9.5cm, 너비는 1.5cm로서 장도로 사용되었다고 인정된다. 송곳칼은 앞에 날이 있고, 뒤에는 송곳이 달려 있어 여러 가지 용도에 쓰기 편리하게 되었다.

작두는 북문 동남쪽에 있는 건축지에서 나왔다. 작두의 크기는 길이 38.2cm, 작두날의 너비는 7.5cm, 등의 두께는 1.4cm이다. 작두는 날 부분과 나무를 끼워서 쓰는 부분으로 나눌 수 있는데, 날 부분은 27.2cm, 나무를 끼워 손잡이로 사용하는 부분은 11cm이다. 날 끝에서 2cm 안쪽에는 날을 고정시키기 위한 0.8cm의 구멍이 있다. 손잡이 부분은 나무를 끼워서 쓸 수 있게 원통형으로 말아서 만들었는데 그 직경은 4.5cm이다.

성안에서는 여러 개의 낫이 나왔는데 모두 나무자루를 끼워 쓰게 되어 있다. 생김새는 'ㄱ'자 형으로 구부리지 않고 안으로 약간 휘어들게 하였다. 큰 것과 작은 것이 있는데 큰 것은 길이가 36.5cm, 작은 것은 18.3cm이다. 등의 두께는 0.5cm이다(그림 5, 사진 38~42).

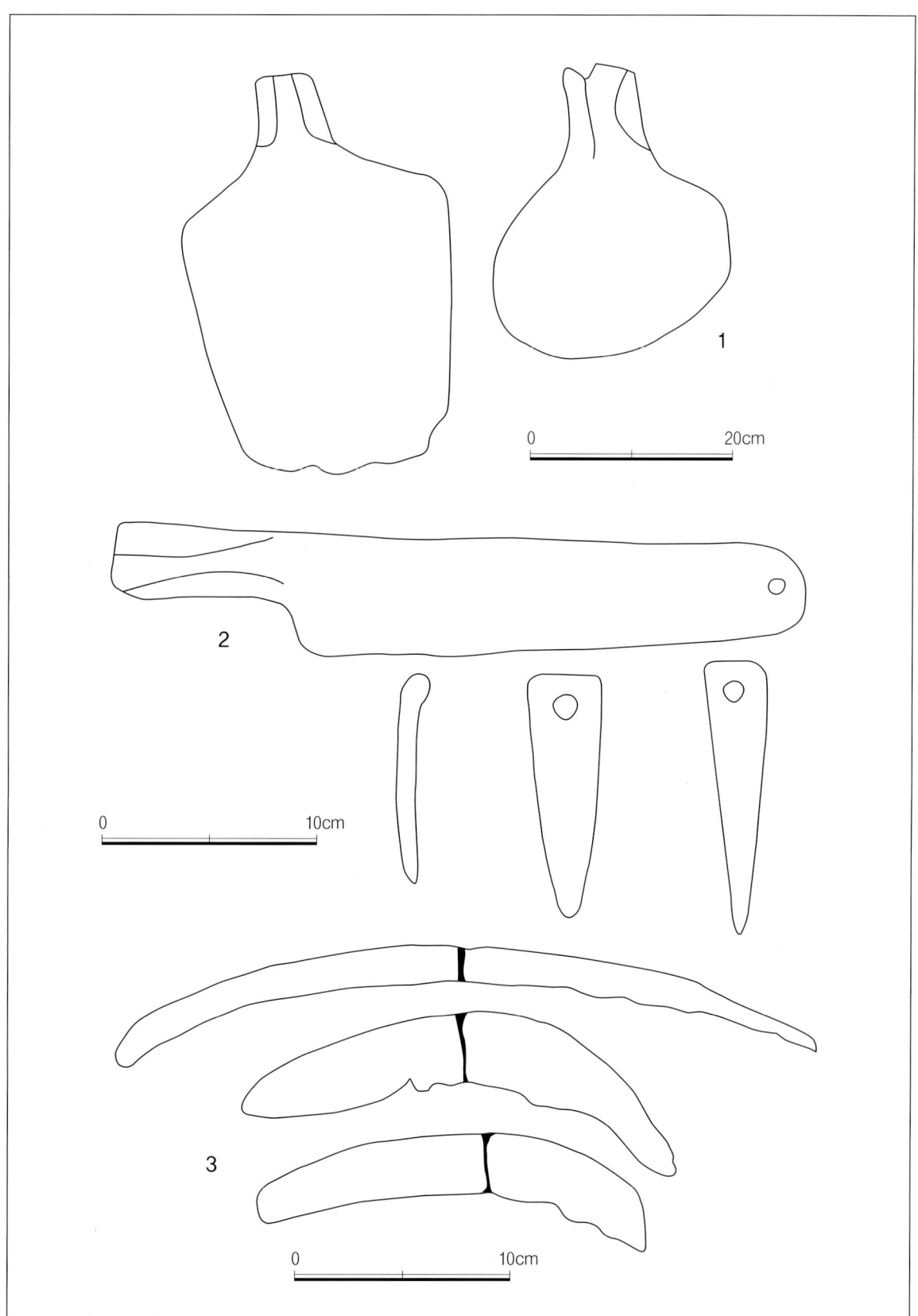

그림 5 • 청해토성에서 출토된 생산도구(1. 삽, 2. 작두, 3. 낫)

3) 무기류

무기로는 활촉, 창, 창고달, 갑옷 파편 등을 들 수 있다.

청해토성에서 나온 쇠활촉은 모두 54개이며, 유형별로 보면 도끼날형 활촉이 40개, 끝이 뾰족하고 단면이 능형으로 된 활촉이 14개이다. 활촉 가운데는 끝이 납작하게 된 것과 단면이 원형, 능형으로 된 것 등이 있으며, 크기는 다양하다. 도끼날형 활촉은 큰 것이 17.5cm, 작은 것이 5.6cm이다. 단면이 능형인 활촉 가운데는 특별이 큰 것도 있는데, 크기는 22.1cm이다. 끝이 뾰족하고 단면이 능형인 활촉은 큰 것이 14cm, 작은 것이 4.7cm이다.

창은 날 부분과 자루를 끼우는 부분으로 되어 있으며, 날 부분의 단면은 사각형, 자루 부분은 원통형으로 되어 있다. 크기는 30.7cm이며, 날 부분의 길이는 15cm, 자루 부분의 길이는 15.7cm, 안쪽 직경은 3.6cm이다.

창고달은 밑이 뾰족하고 단면은 사각형으로 되어 있으며, 창대를 끼우는 부분은 위가 넓고 아래가 좁은 원통형이다. 길이는 11cm이다.

갑옷 파편은 모두 일곱 개인데 형태는 두 가지이다. 하나는 장방형이고, 다른 하나는 한쪽이 호형, 다른 쪽은 장방형이다. 그리고 갑옷 파편들에는 서로를 연결하기 위한 구멍이 있다. 갑옷 파편에는 단면이 직선으로 된 것과 안으로 약간 휘어든 것이 있다. 큰 것은 길이가 9.5cm, 너비가 3.7cm이고, 작은 것은 길이가 8.4cm, 너비가 3.3cm이다(그림 6-1~6-6, 사진 44, 47).

4) 수레 부속과 마구

토성 안에서는 수레 부속인 굴통쇠와 자갈, 편자, 등자, 원형 고리 등 마구도 출토되었다.

수레 굴통쇠는 여러 개가 출토되었는데 토성 서쪽 건축지에서 많이 나왔다. 원통형으로 생긴 바깥 테두리에는 치차 모양의 이가 네 개 달려 있다. 큰 것은 바깥 직경이 12.3cm, 작은 것은 직경이 7cm이다.

자갈은 양 끝에 연결고리가 있는 것을 여러 개 연결하여 만들었으며, 몹시 삭아서 완전한 형태를 알 수 없다.

편자는 말 발통의 바닥 모양으로 생겼으며, 얇은 철판으로 만들었다. 편자 테두리에는 말 발통에 못으로 고정시키기 위한 구멍이 있다. 편자의 너비는 11cm이다.

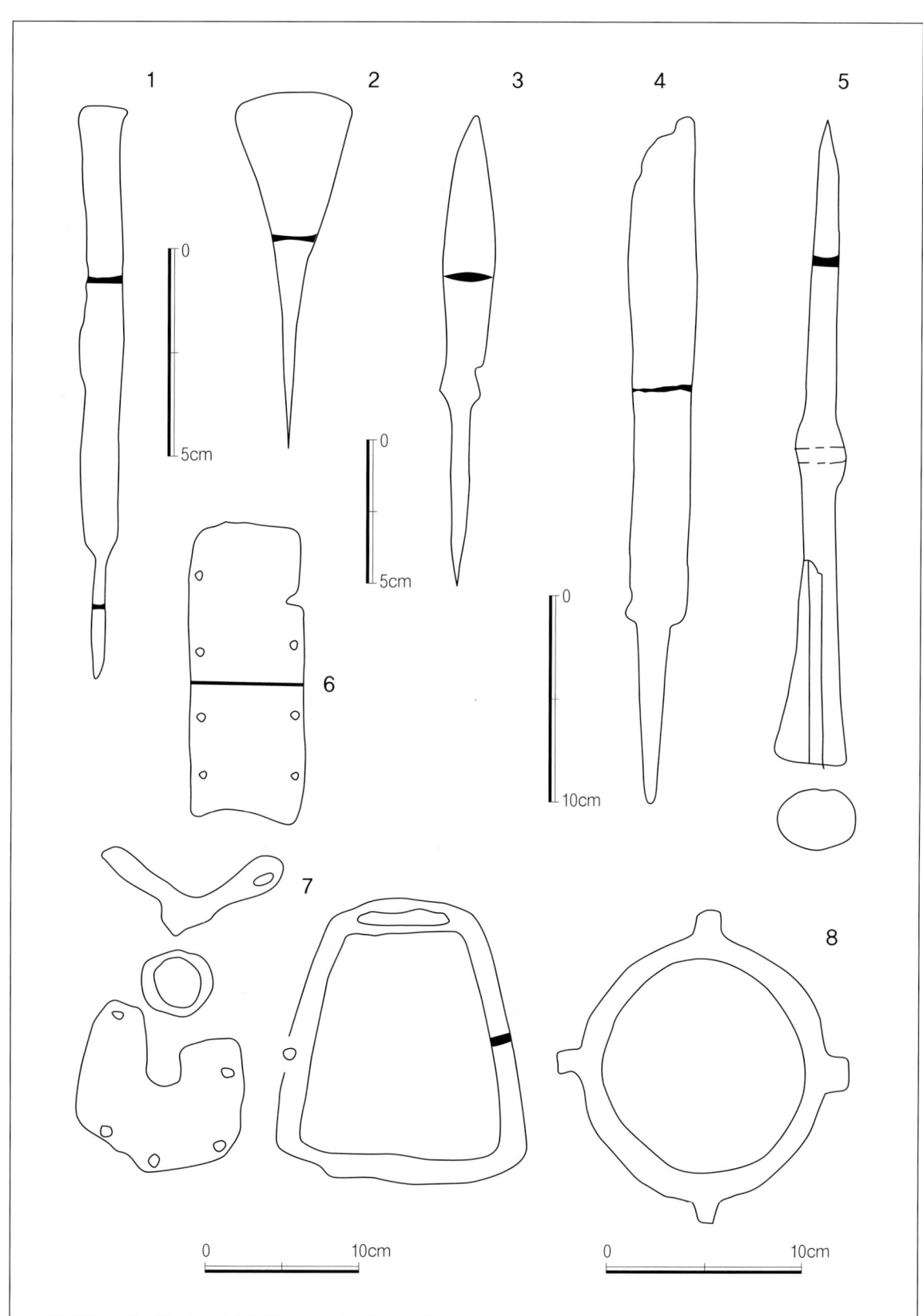

그림 6 • 청해토성에서 출토된 철기(1~3. 활촉, 4. 칼, 5. 창, 6. 갑옷조각, 7. 마구, 8. 수레굴통쇠)

등자는 두 개인데 크기가 약간 다르다. 제형으로 생긴 등자의 높이는 작은 것이 16cm, 큰 것이 17cm이다. 작은 등자의 너비는 15cm, 등자 테두리선의 직경은 2cm이다. 등자를 매다는 부분의 구멍은 가로로 나 있으며, 길이 5cm, 너비 0.7cm이다. 발을 디디는 부분의 쇠판은 너비 5cm, 두께 0.5cm이다.

원형 고리는 말안장의 가죽 끈을 연결하기 위한 것으로 두 개가 출토되었으며, 직경이 0.6cm인 쇠줄로 만들었다. 쇠고리의 내경은 3cm이다(그림 6-7, 그림 6-8, 사진 45).

5) 토기류

청해토성에서는 토기가 적지 않게 출토되었는데 그 종류를 보면 보시기, 접시, 사발, 버치, 쌀 함박, 시루, 가마, 단지, 병, 독, 그릇 뚜껑 등이다. 그 가운데 대표적인 것을 보면 다음과 같다.

크기가 비슷한 여러 개의 사발은 밑창의 생김새에 따라 두 가지로 나눌 수 있다. 하나는 납작 밑창에 아가리 끝이 밖으로 약간 벌어진 것으로 크기는 아가리 직경이 18cm, 밑창 직경이 11cm, 높이 8.3cm, 두께 0.9cm이다. 다른 하나는 밑굽이 달린 것으로 아가리 직경이 16.5cm, 밑굽 직경이 7.3cm, 높이 6.5cm, 두께 0.7cm이다. 색깔은 검은 회색이다.

접시는 밑창에서 그릇살이 위로 올라가면서 밖으로 퍼진 키가 낮은 그릇이다. 색깔은 회색이며, 비교적 굳은 편이다. 크기는 다양하여 작은 것은 아가리 직경이 10cm, 높이 2.5cm이고, 중간 것은 아가리 직경이 11.2cm, 높이 2.1cm, 큰 것은 아가리 직경이 19.8cm, 높이 2cm이다. 그릇살 두께는 0.4~0.6cm 정도이다.

출토된 버치 파편들의 크기는 31cm, 32cm, 33cm, 36cm로서 제각각 다르다. 두께는 0.4~0.6cm이며, 색깔은 회색으로 모두 진흙을 구워 만들었다.

쌀 함박 파편들도 많이 출토되었는데 온전하게 복원하여 볼 수 있는 것은 한 개이다. 아가리 끝이 수평이며, 그릇살 안쪽은 톱날처럼 되었다. 색깔은 회색이며, 진흙으로 구워 만들었는데 아주 굳다. 크기는 아가리 직경이 25cm, 두께 5cm, 톱날처럼 된 것의 간격은 0.5cm이다.

시루 파편도 여러 개 출토되었는데 밑창에 뚫은 구멍 크기가 서로 다르다. 하나는 파편의 크기가 길이 11cm, 너비 10cm, 두께 0.8cm이며, 구멍 직경은 3cm이다. 다른 하나는 길이 13cm, 너비 11.5cm, 두께 0.9cm이며, 구멍 직경은 6cm로 비교적 크다.

가마 파편도 여러 개 출토되었는데 밑에 검은 재가 붙어 있다. 아가리 부분에는 다섯 개의 가로줄이 나 있다. 그리고 부뚜막에 걸리는 턱의 너비는 4cm이며, 여기에도 여러 개의 줄이 나 있다. 아가리 부분의 높이는 7cm, 두께 0.8cm이다. 가마는 진흙에 석면을 섞어 만들었으며 강도가 높다.

단지는 아가리 직경이 11cm, 14cm, 16cm, 두께 0.5~0.7cm 되는 것으로 배가 부른 것이다. 모두 진흙을 구워 만들었으며 색깔은 회색이다.

병은 아가리 생김새에 따라 나팔처럼 넓은 것과 좁은 것으로 나눌 수 있다. 나팔처럼 넓은 것은 아가리 부분이 깨졌으며, 손잡이가 없고 밑창이 납작하여 안정감을 준다. 어깨 부분에는 세 줄의 물결무늬가 새겨져 있다. 병 높이는 32cm이다. 아가리가 좁은 병의 목 부분이 여러 개 출토되었는데 직경 4cm, 5cm, 5.3cm이다. 모두 진흙으로 구워 만들었으며, 색깔은 회색 또는 흑회색이다.

그릇 뚜껑도 여러 개 출토되었는데 그 가운데 비교적 완전한 것을 보면 뚜껑 중심에 끝이 뾰족한 손잡이가 달려 있다. 뚜껑 크기는 직경 12.7cm, 두께 1.2cm이며, 손잡이 높이는 2cm, 직경 2.5cm이다. 진흙을 구워 만들었으며 색깔은 검은 회색이다. 표면은 갈아서 반들거린다.

자기 또한 많이 출토되었는데 사발, 보시기, 접시 등이 다수를 차지한다.

사발은 아가리 직경이 17cm, 높이 6cm, 두께 0.3cm, 밑굽 직경 7cm, 높이 0.5cm이며, 정선된 바탕흙으로 만든 그릇으로 색깔은 청록색을 띤다.

보시기는 밑굽이 있는 청록색 그릇으로 크기는 아가리 직경 13.4cm, 높이 4.6cm, 두께 0.3cm, 밑굽 직경 4cm, 높이 0.7cm이다.

접시는 납작 밑창에 그릇살이 넓게 퍼진 그릇으로 겉면에 녹색 유약을 잘 입혔다. 크기는 아가리 직경 12.8cm, 높이 2.8cm, 두께 0.3cm, 밑창 직경 5cm이다.

그릇 가운데는 자기 외에 화강암을 잘 가공하여 만든 돌그릇도 있다. 돌그릇은 밑부분만 남아 있으며, 발이 세 개 달려 있다. 남아 있는 크기는 높이 12.5cm, 두께 2.6cm, 직경 20.3cm이며, 발 크기는 길이 5.5cm, 너비 3.3cm, 높이 2.6cm이다(그림 7-1~7-4).

6) 치레거리

치레거리는 팔찌, 머리꽂이, 머리빗을 들 수 있다.

팔찌는 두께 0.5cm되는 청동 줄을 타원형으로 휘어 만들었으며, 한쪽 끝이 터져 있다. 크기는 긴 직경 6.8cm, 짧은 직경 5cm, 터진 부분의 사이는 2cm이다.

머리꽂이는 모두 세 개인데 하나는 직선으로, 두 개는 두 가닥으로 되어 있다. 직선으로 된 것은

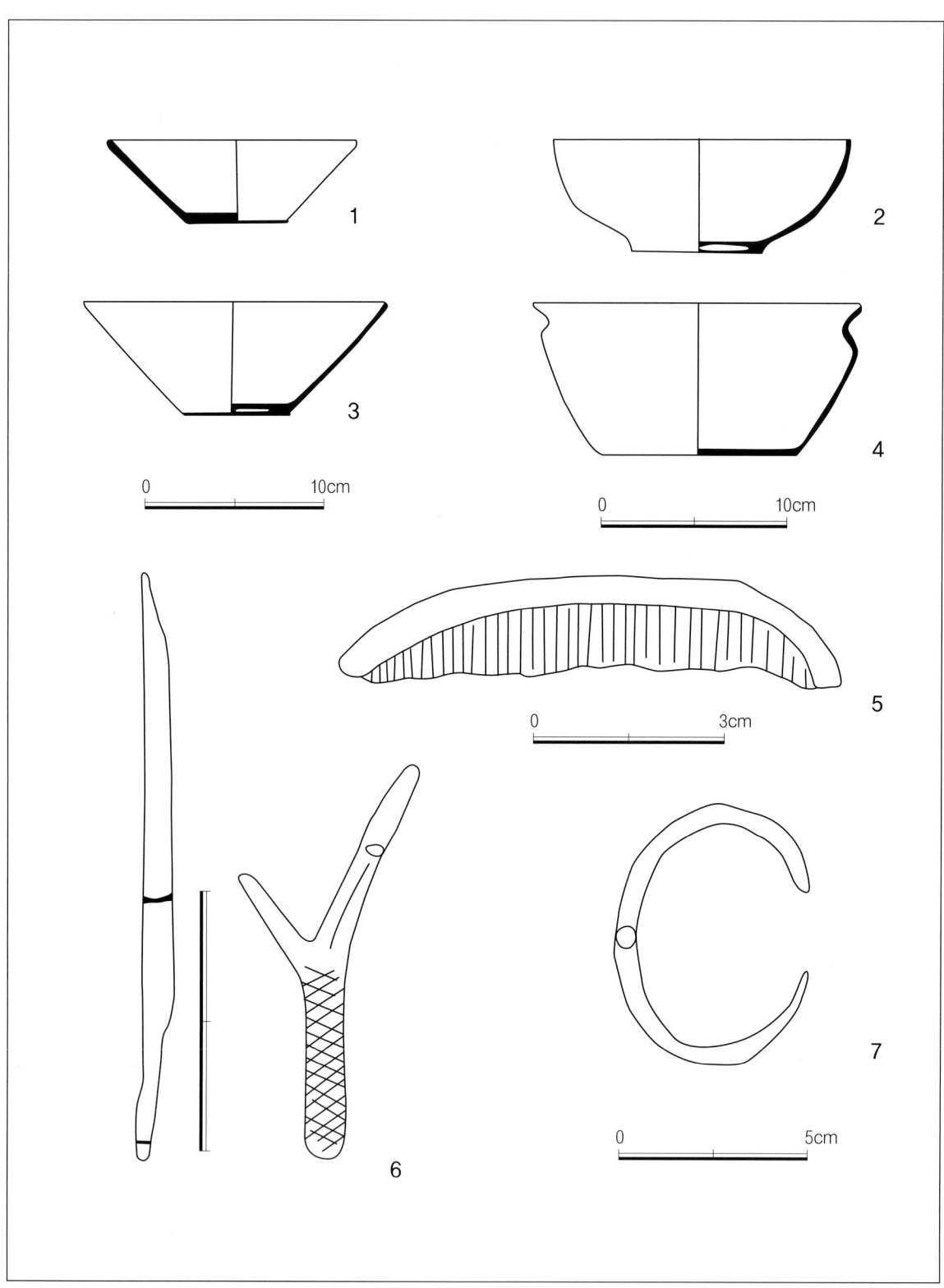

그림 7 • 청해토성에서 출토된 유물(1~3. 자기, 4. 도기, 5. 뼈빗, 6. 머리꽂이, 7. 청동팔찌)

은으로 만들었으며, 크기는 길이 11.7cm, 너비 0.5cm, 두께 0.2cm이다. 두 가닥으로 된 것은 청동으로 만들었으며, 이 가운데 손잡이에 사선무늬가 새겨져 있는 것의 크기는 길이 7cm, 너비 1.2cm, 두께 0.4cm이다.

머리빗은 두 개 출토되었다. 하나는 뼈로 만들었고, 다른 하나는 나무로 만들었는데 일부가 불에 탔다. 뼈로 만든 빗의 길이는 7.9cm, 너비는 1.6cm이다(그림 7-5~7-7, 사진 48).

관청터에서 나온 유물 가운데서 특히 주목되는 것은 검은색 옥돌로 만든 사각 도장이다. 음각한 사각 도장은 한 변의 길이가 2.95cm이며, 사각추 끝에는 손잡이가 있다. 손잡이에는 직경 0.3cm의 구멍이 있는 것으로 보아 끈을 매었을 것으로 인정된다. 도장의 사각 테두리 부분이 몹시 닳은 것을 보면 오랜 기간 사용한 것으로 보인다.

이 밖에 불교 관계 유물로 광배가 나왔다. 광배는 성안 서북쪽 구역에서 한 개 나왔다. 광배는 연꽃잎 모양이며, 밑은 수평으로 되었고, 위는 꽃잎 모양으로 뾰족하다. 광배 중심에는 직경 0.5cm의 구멍이 있다. 광배 윗부분에는 불꽃무늬가 새겨져 있고, 중심에는 네 줄의 원을 새겼다. 직경 4cm 원 안에는 삼각형무늬를, 직경 6.5cm 원 안에는 넝쿨무늬를 새겼다.

2. 안곡산성(별안대산성)

안곡산성은 북청군 소재지에서 동남쪽으로 8km 떨어진 안곡리에 있다. '안곡'이라는 이름은 예로부터 길게 뻗은 골짜기 안에 있어 '안골'이라 하던 것을 한자로 옮긴 것이다. '별안대'라고도 하는 것은 벼랑 안쪽에 있는 언덕진 곳이라 하여 붙여진 이름이다.

안곡산성은 일명 별안대산성이라고도 하며, 안곡리 소재지에서 남쪽으로 약 500m 떨어진 해발 210m의 석재봉에 돌로 쌓았다. 산성에서 서남쪽으로 약 500m 떨어진 곳에는 북청과 리원 사이를 통하는 큰 길이 있으며, 북청강 좌안을 따라 청해토성으로 가는 길이 있다. 성 북쪽으로는 리원 방향으로 가는 지름길과 북쪽에서 안곡리 소재지를 거쳐 서쪽으로 흘러 북청강으로 이어지는 안곡천이라는 작은 내천이 있다.

안곡산성에서 서쪽으로 약 4.5km 떨어진 곳에는 용전리산성(성동산성)이 있고, 동남쪽으로 약 6km 떨어진 곳에는 청해토성이 있다. 그리고 동쪽으로 11km 떨어진 곳에는 거산성이 있으며, 여기에 평리고분군이 있다.

성 위에 올라서면 청해토성과 용전리산성 그리고 북청강 하류의 전경을 한눈에 바라볼 수 있다. 이것은 안곡산성이 용전리산성과 북청강을 사이에 두고 마주하고 있으면서 바다로 통하는 길과 청해토성으로 가는 길 그리고 거산성을 거쳐 리원 방향으로 가는 길을 지키는 중요한 역할을 하고 있음을 보여준다.

성이 자리 잡은 석재봉의 자연 지세를 보면 동쪽으로는 석재봉과 이어진 낮은 봉우리와 능선들이 뻗어 있고, 서쪽으로는 급한 경사를 이루면서 점차 낮아져 북청강 좌안의 강안 충적벌에 닿았으며, 남쪽은 비교적 완만한 경사를 이루면서 낮아져 평지와 이어졌다. 그리고 북쪽은 급한 경사를 이루면서 안곡리가 자리 잡은 넓은 골짜기와 이어졌다. 이처럼 석재봉은 북청강 좌안의 청해토성이 있는 넓은 벌 북쪽에 가장 높이 솟아 있는 산이라고 말할 수 있다.

안곡산성은 석재봉의 이런 자연 지세를 이용하여 봉우리를 빙 둘러막은 성이다. 산성의 평면 생김새는 동서로 긴 제형으로, 지형에 따라 서쪽으로 가면서 성의 폭이 좁아진다. 둘레 길이는 383m이다. 성벽은 봉우리 정점에서 경사면을 따라 얼마간 내려와 쌓았다. 북벽은 봉우리 정점에서 동북쪽으로 약 30m 정도 떨어진 곳에서 시작되어 북쪽 비탈면 산허리에 동서로 길게 축조되어 있는데 동쪽에서 서쪽으로 가면서 조금씩 낮아진다. 성벽은 경사가 급한 비탈면 바깥쪽을 수직으로 깎아 내고 외면 축조 방법으로 축조하였는데 대부분 허물어지고 지금은 흔적으로 남아 있다. 성벽 길이는 약 140m 정도이다.

동벽은 서북 모서리에서 서남쪽으로 꺾여 경사가 약 45°정도인 비탈면에 남북으로 길게 축조되어 있다. 이곳은 지세가 비교적 완만하여 양면 축조 방법으로 성벽을 쌓아 올렸으며, 북쪽 부분은 약 20m 가량 본래 것이 남아 있다. 성벽 축조 상태를 보면 기초 부분에는 1~5단 정도까지 계단식으로 굽도리를 조성하여 쌓았는데, 첫 번째 돌기에서 안쪽으로 약 5cm 정도 들어와 두 번째 돌기를 쌓고, 두 번째 돌기에서 다시 약 3cm 정도 안쪽으로 들어와 세 번째 돌기를 쌓아 올렸으며, 그 위로는 약 1~2cm 정도씩 들여쌓았다. 그러고 그 위로는 바깥쪽 면을 맞추면서 수직으로 올려 쌓았다. 성벽은 장방형으로 잘 가공한 막돌들로 가로줄을 맞추면서 규칙 있게 쌓아 올렸는데, 현재 남아 있는 높이는 1.5m 정도이다. 성벽 윗부분이 파괴되어 안쪽 성벽의 축조 상태를 잘 알 수 없다. 성벽을 축조하는 데 이용한 돌 크기를 보면 30×15cm, 40×20cm 정도로 크기가 비교적 일정하다. 동벽 길이는 약 60m 정도이다.

남벽은 봉우리에서 서북쪽으로 떨어지는 능선에서 약 40~50m 정도 떨어진 남쪽 비탈면에 서북-동남 방향으로 길게 축조되어 있는데 높이가 거의 같다. 남벽이 축조된 지세는 북벽과는 달리 완만한 경사를 이루었다. 성벽은 이곳 지세에 맞게 양면 축조 방법으로 축조되었는데 지금은 돌들이 무너져 기초 부분에만 본래의 성벽이 조금씩 남아 있다. 성벽은 바깥쪽과 안쪽에 벽체를 쌓고 가운데는 막돌들을 넣어 축조하였으나 거의 허물어지고 동남 모서리 부분에 1~2돌기 정도 남아 있다. 남벽을 축조하는 데 이용한 돌들은 크기가 일정하지 않고 각이한 크기를 가진 것들이다. 남벽 길이는 140m 정도이다.

서벽은 봉우리에서 서북쪽으로 약 110m 정도 떨어진 능선 비탈면에 동북-서남 방향으로 짧게 축조되어 있다. 이곳의 지세는 능선이 봉우리에서 점차 낮아지면서 떨어지다가 갑자기 급한 비탈면을 이루면서 낮아진 지세를 이루고 있다. 따라서 이러한 자연 지세를 이용하여 비탈면 바깥쪽을 수직으로 깎아 내고 내탁을 붙여 외면 축조 방법으로 성벽을 쌓아 올렸다. 성벽은 기초 부분에 3단 정도 계단식굽도리를 조성하고 그 위로 수직으로 올려 쌓았던 것인데, 앞쪽 돌들은 허물어져 성벽 밑으로 떨어져 있고, 안쪽으로 기초다짐을 하였던 돌들은 남아 있다. 현재 남아 있는 성벽 높이는 약 2m 정도이며, 길이는 24m 정도이다.

성문은 동쪽과 남쪽에 있었다. 이미 파괴되어 본래 모습은 알 수 없다(그림 8, 사진 49~71).

성안 서쪽에서는 건물 자리가 알려졌으며, 여기서는 질그릇 파편과 기와 파편들이 출토되었다. 질그릇은 독 아가리 파편과 단지 아가리 파편들이다. 독은 아가리 부분으로 겉면에 네모난 점무늬가 찍혀 있고, 크기는 길이 8cm, 너비 7cm, 두께 1.5cm이다. 단지는 그릇살의 굳기가 센 토기질의 아가리 파편으로 겉면에 네모난 점무늬가 찍혀 있다. 크기는 길이 8cm, 너비 6cm, 두께 0.8cm 정도이며, 색깔은 회색이다.

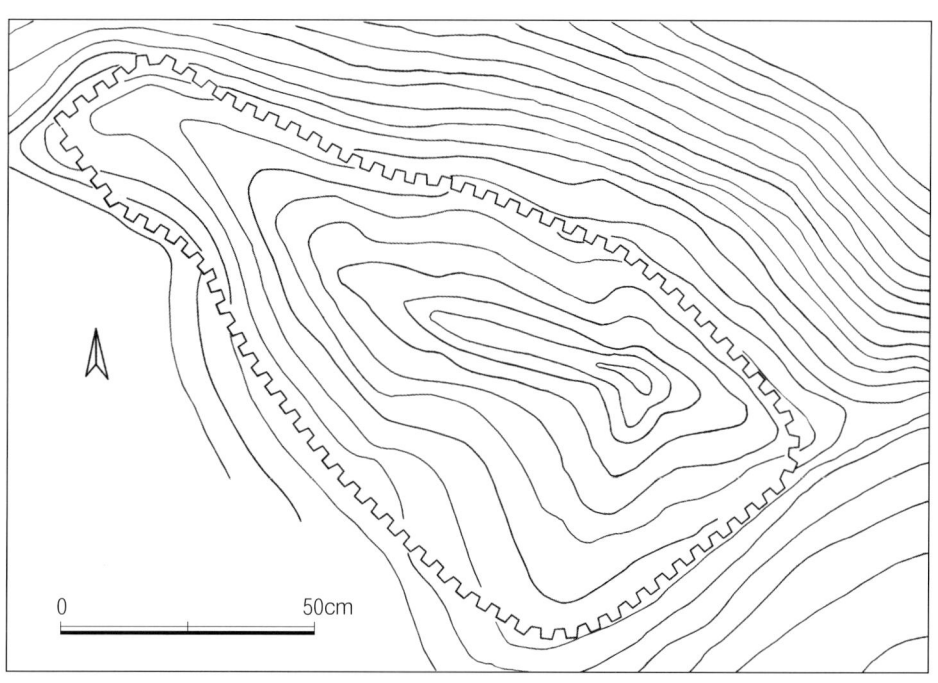

그림 8 · 안곡산성 평면도

3. 용전리산성(성동산성)

용전리산성은 함경남도 북청군 용전리와 지만리 사이의 경계에 솟아 있는 해발 260m 산 위에 위치하고 있다. 지난 시기에는 용전리 소재지의 북쪽으로 길게 뻗어 있는 산줄기의 북쪽 끝에 자리하여 용전리에 속한 것으로 보았다. 현재는 지만리에 속해 있으며, 성동산성으로 국가보존유적에 등록되어 있다.

옛 문헌기록에는 이 성이 다탄대산성으로 기록되어 있는데, 북청읍에서 남쪽으로 20리 떨어진 곳에 돌로 축조한 성으로 둘레 길이는 1,621척, 높이 6척이라고 한다(『증보문헌비고』 29권 「여지고」 17 「관방」 5 「성곽」 5 「함경도 북청군」). 이러한 자료는 지난 시기에 용전리산성을 다탄대산성으로 부르다가 1953년 지만리를 (내오면서) 새로이 설치하면서 성동산성으로 칭하게 되었음을 알 수 있다. 그 후 발해 연구가 심화되면서 용전리산성으로 칭하게 되었는데, 1980년 이후에 발표된 모든 연구논문들에서는 모두 용전리산성으로 소개되었다. 그러므로 본 보고서에서도 이를 따라 용전리산성으로 부른다.

용전리산성이 위치한 북청군은 우리나라에서 산지가 많은 지역으로 알려져 있다. 특히 북청군의 북동부 지역은 해발 높이 1,000m 이상인 산들이 놓여 있어 군에서도 가장 높고 험하다. 북동부에는 대덕산(1,461m), 동부에는 복두봉(784m), 서부에는 거두봉(1,303m), 쌍가령(350m), 감투봉(475m), 남부에는 수암산(368m) 등이 솟아 있다. 중부에는 북청벌이 있으며, 이 벌과 그 변두리에는 해발 높이 200~300m 정도의 낮은 산들이 많다. 군의 중부에는 덕성군의 후치령에서 시작하여 삼거리, 덕성읍, 북청읍 등을 거쳐 예승리에서 동해로 흘러드는 북청강이 있다.

북청군은 옛날 고구려, 발해 땅이었는데 고구려시대에는 삼산이라고 하였다. 삼산은 옛날 이곳에 유전마을, 해면산마을, 좌갈마을 등 세 마을이 있었다고 하여 부르게 된 이름이라고 한다. 고려시대인 1356년에는 원나라 침략자들을 몰아내고 안전한 북쪽 지역이 되었다는 의미에서 안북이라 하였으며, 1372년(공민왕 21)에 북청으로 개칭하고 주급으로 승격했다. 조선 초기인 1398년(태조 7)에는 청주(靑州)로 고쳤으나 충청도 청주와 이름이 같아 혼란을 자주 일으켜 1417년(태종 17)에 본래의 이름대로 북청이라고 하였다. 북청군에는 발해5경의 하나인 남경남해부로 인정되는 청해토성이 있다. 이와 같이 북청군은 고구려시대부터 역사를 이어 온 고장이자 우리나라 동해안 일대에 중요한 정치·군사적 거점 중 하나다.

용전리산성은 덕성군의 후치령에서 시작하여 북청읍을 거쳐 동해로 흘러드는 북청강 하류에 자리하고 있다. 용전리산성이 자리하고 있는 성 동쪽에는 북청강이 감돌아 동해로 흘러들고, 북청강을 건너 우안에는 북청읍에서 동해로 통하는 도로가 지나간다. 그리고 서북쪽으로 약 1km 떨어진 곳에는 함흥-북청 사이를 통하는 도로가 남북으로 뻗어 있으며, 이 도로를 따라 북청읍을 경유하여 북으로는 양강도 혜산 방향으로 갈 수 있고, 남쪽으로는 함흥을 거쳐 원산 방향으로 갈 수 있다. 그리고 북청강 우안의 산성 밑으로는 용전리를 거쳐 바다로 통할 수 있다. 이와 같이 용전리산성은 내륙으로 통하는 길과 바다로 통하는 길 그리고 바다를 통하여 북청강을 따라 들어오는 적을 차단하는 수륙교통의 요충지에 위치하여 유사시 적을 방위하는 데 중요한 역할을 하였다. 성 위에 올라서면 북청읍과 북청강 하류 그리고 이 일대의 넓은 벌과 청해토성 등이 한눈에 안겨 온다.

산성 주위에는 고구려 및 발해시대 유적들이 적지 않게 분포되어 있다. 용전리산성 동쪽으로 4.5km 떨어진 북청강 우안에는 안곡산성이 마주하고 있으며, 서남쪽으로 6.5km 떨어진 곳에는 금호지구 오매리 발해 절터가 있고, 남쪽으로 8km 떨어진 속후리에는 고구려 및 발해시대 건축지와 고분군이 있다.

용전리산성은 북청강 우안에 동서로 길게 뻗어 있는 산줄기의 동쪽 끝 북쪽 경사면에 있다. 산성의 지세는 남쪽의 높은 봉우리와 북쪽에 있는 깊지 않은 골짜기를 사이에 두고 두 개의 능선이 경사져 내려와 평지와 이어진다. 그리고 봉우리의 남쪽 면과 동쪽 능선의 바깥쪽은 급한 비탈면과 절벽으로 되어 있다. 따라서 동북쪽에 있는 지만리에서 용전리산성을 보면 마치 광주리를 북쪽으로 기울여 놓은 것처럼 보인다. 용전리산성은 자연 지세를 이용하여 남쪽 봉우리의 절벽지대와 북쪽에 있는 골짜기의 중턱을 막아 쌓은 고로봉식 산성이다. 성안은 경사가 비교적 심하다.

지난 시기 용전리산성에 대한 조사 자료들이 적지 않게 소개되었는데 그 내용을 보면 다음과 같다. 용전리산성은 돌로 쌓은 석성으로서 평면 생김새가 타원형에 가까우며, 둘레는 730m이다. 성벽은 맨 밑에 비교적 납작한 큰 돌을 놓고, 그 위에 조금 작은 돌들을 안으로 들어가게 놓아 굽도리를 만든 다음 곧게 올려 쌓았다. 돌로 쌓은 구간이 610m이고, 나머지 구간은 절벽을 그대로 이용하였다. 성문은 북벽과 서벽에 있었는데 북벽의 성문 자리만 남아 있다. 북문 앞에는 성벽 모양의 돌 시설물이 10m가량 남아 있는데 이것은 성문 앞에 설치한 옹성으로 보인다.

성안에는 장대터와 건물 자리들이 있다. 장대터는 동쪽과 서쪽, 남쪽에 각각 하나씩 있다. 장대는 돌로 쌓았으나 지금은 거의 다 허물어지고 서쪽의 것이 비교적 잘 남아 있다. 건물 자리는 여러 곳에서 드러났는데 성안의 경사를 고려하여 5~10m로 축대를 세운 뒤 건물터를 닦고 그 위에 건물을 지었다. 건물 자리에는 기와 파편들이 남아 있었다. 북쪽의 평지에서는 불에 탄 집자리들이 드러났다. 지난 시기에 발표된 용전리산성의 구조와 성벽 축조 상태, 성 시설물들에 대한 자료는 대체로 이상과 같으며, 그 밖에 성안에서 나온 고구려와 발해시대의 기와 및 질그릇과 같은 유물들도 서술하였다.

최근 용전리산성에 대한 조사를 다시 진행하는 과정에서 성벽 축조 방법에 대하여 상세히 알 수 있게 되었다. 용전리산성은 자연 지세를 살려 성 바깥쪽이 절벽으로 되어 있는 곳은 절벽을 그대로 이용하였고, 경사가 비교적 완만한 능선이나 비탈면에서는 외면 축조 방법과 양면 축조 방법을 배합하여 성벽을 축조하였다.

동벽은 북문 터가 설치된 부근에서 동쪽으로 약 30~40m 정도 능선을 따라 경사져 올라온 곳에서 시작되어 25m 정도의 구간은 평지와 다름없는 완만한 지대에 축조되었고, 그 위로는 남쪽 봉우리에서부터 뻗어 내려오는 능선에 설치되어 있는데 대부분 절벽지대를 그대로 이용하였고 일부 구간에만 성벽을 쌓았다. 동벽의 북쪽 부분이 시작되는 완만한 경사지에는 그 바깥쪽이 거의 다 절벽지대로 되어 있으나 약 1m 정도의 높이로 성벽을 축조한 것이 현재 토성 형태로 남아 있다. 그리고 동벽의 성벽 축조 상태를 잘 알아볼 수 있는 것은 동벽의 남쪽 부분이다. 남쪽 봉우리에서 뻗어내려 온 능선의 일부 구간들에는 바깥쪽 비탈면을 수직으로 깎아 내고 여기에 내탁을 붙여 외면 축조 방법으로 성벽을 축조하였다. 이러한 방법으로 성벽을 축조한 구간은 약 10m 정도 남아 있는데 높이는 약 1.5m이다. 동벽의 길이는 168m 정도이다.

남벽은 동쪽 부분의 일부 구간에만 성벽을 축조하고, 서쪽 부분은 성벽을 축조하지 않고 자연 지세에 맞게 성안의 제일 높은 봉우리 부근에 있는 절벽을 그대로 이용하였다. 동쪽 부분의 성벽은 봉우리를 향하여 뻗어 오른 지세에 축조되어 있는데 대부분 허물어져 기초 부분이 약 0.5~1m 정도 높이로 남아 있다. 남벽의 길이는 190m 정도이다.

서벽은 남벽의 서남 모서리 부근의 높은 봉우리에서 시작되어 북쪽으로 떨어지는 능선 위에 축조되어 있는데, 이곳의 능선은 약 45° 정도 경사면을 이루고 있다. 성벽은 성 바깥쪽의 비탈면을 수직으로 깎아 내고 여기에 내탁을 붙여 외면 축조 방법으로 축조하였다. 성벽은 사각추 모양으로 다듬은 돌들과 장방형 모양으로 가공한 돌 그리고 납작납작한 자연석재들을 배합하여 쌓았다. 기초 부분에는 첫 번째 돌기에서 약 3cm 정도 들어와 두 번째 돌기를 놓고, 다시 두 번째 돌기에서 약 2cm 안쪽으로 들여 세 번째 돌기와 네 번째 돌기를 놓는 방법으로 계단식굽도리를 조성하였다. 그 위는 안쪽으로 조금씩 경사를 지우면서 약 21~24돌기 정도로 규칙 있게 쌓아 올렸다. 서벽의 길이는 약 165m 정도이며, 현재 남아 있는 높이는 약 3~4m 정도이다. 성벽을 축조하는 데 이용한 돌들의 크기를 보면 다음과 같다.

표1・**남벽 돌들의 크기** (단위 : cm)

구분 \ 크기	길이	너비	높이
큰 것	56	43	32
	48	35	26
작은 것	35	28	21
	30	29	18

북벽은 서쪽과 동쪽에서 떨어지는 비탈면과 작은 골짜기의 중턱을 가로막아 쌓았다. 성벽은 외면 축조 방법과 양면 축조 방법을 배합하여 축조하였다. 북벽의 서쪽 부분은 외면 축조 방법으로 축조하였는데 먼저 성벽 바깥면의 비탈면을 수직으로 깎아 내고 내탁을 붙여 12~15돌기 정도 성벽을 쌓아 올렸다. 현재 남아 있는 높이는 1.5~2m 정도이다. 북문 터 부근과 골짜기 부분은 양면 축조 방법으로 축조하였는데 지형에 맞게 바깥쪽의 비탈면을 일정한 높이로 깎아 내고 돌로 바깥쪽과 안쪽의 높이를 맞춘 다음 가운데 막돌과 흙을 섞어 다짐하는 방법을 썼다. 성벽은 현재 바깥쪽이 1.5m, 윗부분의 너비가 약 1m 정도 남아 있다. 북벽을 축조하는 데 사용된 돌들의 크기는 큰 것이 55×35×22cm, 47×31×18cm, 작은 것이 25×35×20cm 정도이다. 북벽의 길이는 약 207m 정도이다.

　성 시설물로는 북벽에 설치된 북문 터와 서벽 북쪽 끝에 설치된 서문 터 시설을 확인하였다. 문 터는 대부분 파괴되어 흔적으로 남아 있다. 북문 터는 북벽 동쪽 골짜기에 설치되었다. 북문 터에는 길이가 10m가량의 돌 시설물이 성 바깥쪽으로 돌출되어 있었다. 이것은 성문 앞에 설치된 옹성의 서벽으로 볼 수 있다. 옹성의 동벽은 성벽을 쌓지 않고 절벽을 그대로 이용하였다(그림 9, 사진 72~95).

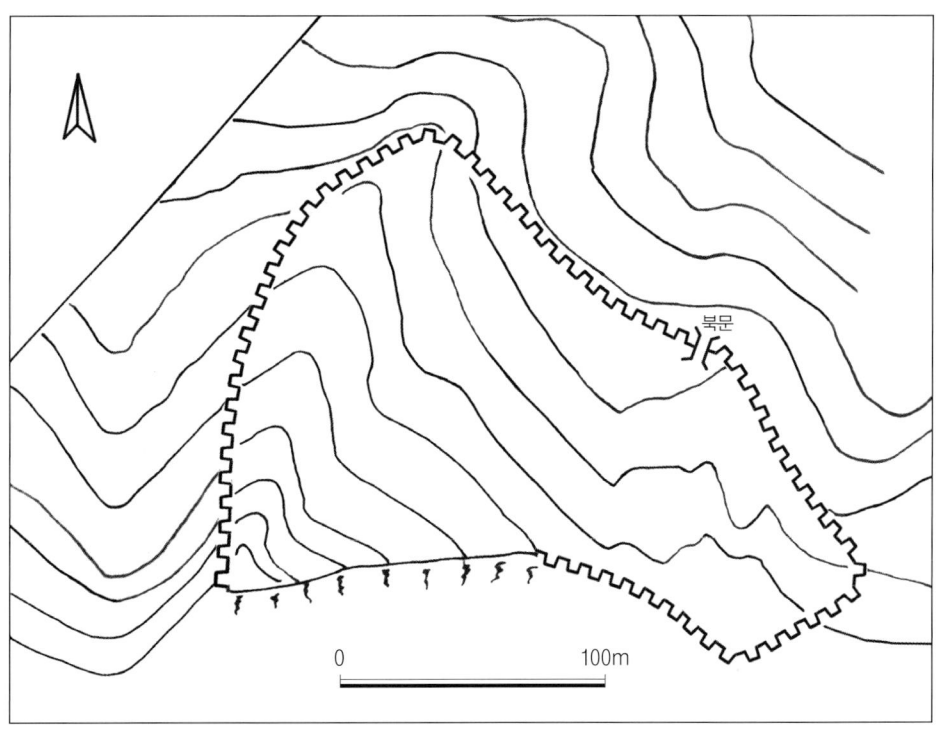

그림 9 · 용전리산성 평면도

성안에서는 당시 건축물에 썼던 고구려, 발해시대 기와들과 도기를 비롯한 유물들이 출토되었다. 고구려시대 유물로는 기와를 들 수 있다. 기와는 붉은색 기와와 회색 기와로 나누어 볼 수 있다. 붉은색 기와는 외면에 노끈무늬가 새겨진 것과 노끈무늬와 사선으로 그은 무늬가 결합된 것으로 구분된다. 노끈무늬와 사선으로 그은 무늬가 결합된 기와는 두께가 1.3cm 정도로 비교적 얇다. 회색 기와는 외면에 노끈무늬가 새겨져 있고, 안쪽 면에는 베천무늬가 찍혀 있다. 기와는 두께가 조금 다른데 하나는 1.8cm 정도이며, 다른 하나는 1.2cm 정도이다.

발해시대 유물은 기와와 도기를 들 수 있다. 암키와들은 색깔이 붉은색과 회색인 것으로 나누어 볼 수 있으며, 이 중에는 암키와 앞 끝에 손끝누름무늬가 새겨진 것도 있다. 손끝누름무늬 기와는 한쪽에만 있는 것, 아래위 양쪽에 있는 것, 무늬 간격이 좁은 것과 넓은 것 등 비교적 다양하다. 기와들의 안쪽 면에는 베천무늬가 찍혀 있다. 붉은색 기와는 진흙을 구워 만들었으며, 회색 기와는 바탕흙에 가는 모래를 섞었다. 이들의 두께는 1.3~2.1cm이며, 앞부분이 두껍고 뒷부분이 얇다.

산성 안에서는 버치, 쌀함박, 병, 단지, 독 등의 도기가 여러 점 알려졌다.

버치는 아가리 끝이 'ㄱ'자 형으로 구부려졌으며, 테두리 너비는 2~3cm, 두께는 0.5~0.6cm, 색깔은 검은색 또는 회색이다.

쌀함박 파편은 길이 11.5cm, 두께 0.8cm이다. 이러한 쌀함박은 청해토성, 오매리절터에서 알려진 적이 있다.

병은 아가리와 목 부분이 남았으며, 목 부분의 직경 4cm되는 것도 있다. 병의 어깨부분은 물결무늬가 있다.

단지는 아가리 부분과 손잡이 부분만 출토되었다. 아가리는 파편으로 알려졌는데, 큰 것도 있고 작은 것도 있다. 손잡이 부분도 여러 점 알려졌는데 입술형 손잡이와 장방형 손잡이로 나누어 볼 수 있다. 입술형 손잡이는 크기가 길이 8.5cm, 너비 3cm, 두께 0.3~1.2cm이며, 장방형 손잡이의 크기는 길이 6cm, 너비 4cm, 두께 0.5~1cm이다.

이 밖에 독을 비롯한 단지류가 많이 출토되었는데 이것은 성안 생활에 절실히 필요한 물 사정과 관련 있을 것으로 생각된다.

4. 거산성

거산성은 함경남도 북청군 평리 소재지에서 북쪽으로 1km 떨어진 곳에 있다. 평리 소재지에서 서쪽으로 약 17.5km 정도 떨어진 곳에는 북청군 소재지가 자리하고 있다. 산성 북쪽은 백학산줄기에 잇닿아 있고, 동남쪽은 벌판에 면하고 있다. 산성 동쪽 1.5km 정도 떨어진 곳에는 거산천(동대천)이 북에서 남으로 흐르다가 동쪽으로 돌아 동해로 흘러들어 간다. 또한 산성에서 서쪽으로 1km 떨어진 곳에는 서대천이 동남으로 흐르면서 거산천과 합류하여 동해로 흘러든다. 산성의 남쪽에는 북청-리원 사이를 통하는 큰 길과 바다로 통하는 길이 나 있다. 산성 동남쪽 벌판에는 평리고분군이 있고, 서남쪽으로 8km 떨어진 곳에는 발해5경의 하나인 남경남해부 청해토성이 있으며, 서쪽으로 11km 떨어진 곳에는 안곡산성이 있다.

산성이 자리한 거산의 자연 지세를 보면 남쪽에서 북쪽으로 가면서 서서히 높아지고, 동남쪽은 중턱 위에 깊지 않은 낮은 골짜기를 끼고 있다. 거산성은 이러한 자연 지세를 이용하여 골짜기와 북쪽의 평탄한 대지 그리고 서쪽의 능선을 빙 둘러막은 둘레 600m 정도의 성이다. 성벽은 가공한 돌로 쌓았으며, 경사가 완만한 부분에는 양면 축조 방법으로, 경사가 급한 부분을 비롯한 일부 구간은 외면 축조 방법을 사용하였다.

서벽은 남문 터가 있는 서남쪽 모서리 부근에서 시작되어 북쪽으로 서서히 높아지는 지세에 주로 양면 축조 방법으로 축조되었다. 바깥쪽은 약 45° 정도의 경사를 이루면서 낮아지고, 안쪽은 거의 평지처럼 되어 있는 서벽은 남쪽에서 북벽 모서리 부근까지 성 안쪽으로 호선을 이루면서 축조되었으며, 거의 전 구간에 성벽을 쌓았다. 성벽 바깥쪽은 일정한 정도로 깎아 내고 높게, 안쪽은 낮게 축조하였는데 오랜 세월이 흐르는 동안 바깥쪽 성벽은 대부분 허물어지고 안쪽에 쌓은 성벽 일부만 남쪽 부분에 약 1m 정도의 높이로 남아 있다. 성벽 기초 부분에는 큰 돌을 놓고, 그 위로 올라가면서 그보다 작은 돌들로 쌓았는데 가공한 돌과 자연석을 배합하였다. 서벽을 쌓은 돌들의 크기는 큰 것이 길이 90cm, 높이 20cm, 너비 30cm 정도이며, 작은 것은 길이 47cm, 높이 25cm, 너비 27cm 정도이다. 서벽의 길이는 약 215m 정도이며, 성벽 두께는 밑부분이 4~5m, 윗부분이 1m 정도이다.

북벽과 동벽, 절벽 구간 일부는 외면 축조 방법으로 쌓았다. 북벽은 바깥쪽 비탈면을 수직으로 깎아 내고 여기에 내탁을 붙여 쌓아 올렸는데 기초 부분에는 2~3돌기 정도로 계단식굽도리를 조성하였다. 성벽은 생김새가 장방형인 돌들과 4각추 모양의 돌들을 배합하여 규칙 있게 축조하였으며, 현재 북벽 동쪽 부분 약 4~5m 구간에는 본래의 성벽이 잘 남아 있다. 제일 잘 남아 있는 북벽 동쪽 부분의 성벽 높이는 약 4m 정도이며, 북벽의 길이는 약 160m 정도이다.

동벽에서 가장 높은 지대는 북쪽 부분이다. 능선으로 이루어진 이 구간은 바깥쪽을 일정한 정도의 깊이로 깎아 낸 다음 외면 축조 방법으로 성벽을 축조하였다. 오랜 세월이 흐르면서 많이 유실되어 흔적으로만 남아 있다. 그 아랫부분은 절벽으로 이루어져 있다. 동벽의 특징적인 면모는 절벽 밑 5~6m 떨어진 곳에 성벽을 쌓은 부분이 있는 것이다. 장방형 모양으로 다듬은 돌들을 8돌기 정도 규칙 있게 쌓아 올렸는데 그 높이는 약 1.5m 정도이다. 이 성벽은 남쪽으로 이어져 골짜기로 떨어지는 능선 위에 축조된 성벽과 이어졌던 것인데 능선 부분의 성벽이 허물어져 마치 절벽 아래에 독립적으로 쌓은 것처럼 보인다. 성벽은 외면 축조 방법으로 축조하였는데 이러한 축조 형식은 다른 성들에서는 보기 드문 독특한 형식이다.

지형이 골짜기로 이루어진 동벽 동남쪽 부분은 양면 축조 방법으로 축조하였는데 현재는 거의 다 허물어져 그 축조 상태를 가려보기 힘들다. 골짜기 중간 부분에는 바깥쪽에 쌓은 성벽이 약 2~3돌기 정도 남아 있다. 이곳은 성안으로 드나드는 동문 터가 설치되었던 장소로 인정되는 곳으로서 지금도 이 길로 쉽게 오르내릴 수 있다. 동벽의 길이는 약 225m 정도이다.

성에는 성안으로 드나들기 위한 문 시설이 남쪽과 동쪽에 각각 한 개씩 있다. 이 밖에 수구문, 건축지와 우물이 있다. 남문은 서벽과 동벽이 마주치는 거산 남쪽의 능선 윗부분에 설치되어 있는데, 이미 파괴되어 형태를 알 수 없고 현재 기초석만 남아 있다. 동문은 동남쪽 골짜기 부근에 설치되었다고 볼 수 있다.

수구문은 동남쪽으로 난 골짜기 부근에 있다. 건축지는 성안 북쪽의 높은 평지에 있었다. 여기에서는 고구려·발해시대 건축지와 유물들이 출토되었다. 발해시대 건축지는 겉면에 드러나 있고, 고구려시대 건축지는 지표면으로부터 70~100cm 깊이에서 드러났다(그림 10, 사진 96~118).

고구려시대 유물들은 기와들과 질그릇 파편을 들 수 있다. 기와는 붉은색과 회색의 노끈무늬 기와들인데 붉은색 기와는 성문 터 주변에서 많이 나왔다. 붉은색 기와는 외면에 노끈무늬가 새겨져 있고, 안쪽 면에는 가는 베천무늬가 찍혀져 있다. 기와의 두께는 1.2~3cm 정도이고, 굳기가 세지 못하다. 회색 기와는 외면에 노끈무늬가 새겨져 있고, 안쪽 면에는 가는 베천무늬가 찍혀 있다. 회색 기와는 붉은색 기와보다 더 굳으며, 두께는 1.3~1.7cm이다. 건축지에서는 도기질의 질그릇 파편들이 적지 않게 나왔다.

발해시대 유물로는 건축지에서 나온 암키와와 수키와가 있다. 수키와는 깨진 상태로 출토되었으며, 길이 26cm, 너비 14cm, 두께 0.7~0.9cm이다. 색깔은 회색이며, 겉면에 노끈무늬 흔적이 있는 것도 있다. 이러한 형식의 발해 수키와는 청해토성에서 나온 것과 같다. 수키와 중에는 두께가 1cm 정도의 얇고 소성온도가 매우 높은 기와도 출토되었으며, 이러한 것은 오매리절터에서도 드러났다. 암키와는 손끝누름무늬가 새겨진 것으로 청해토성과 용전리산성에서 나온 것과 같다. 이 밖에도 발해건축지에서는 겉면에 네모난 점무늬가 찍혀져 있는 도기질의 단지 파편들이 출토되었다. 이런 단지는 오매리절터에서 나오기도 했다. 거산성은 고구려시대에 축조되어 발해시대까지 이용되었으며, 이후 조선시대에도 이용된 성이다.

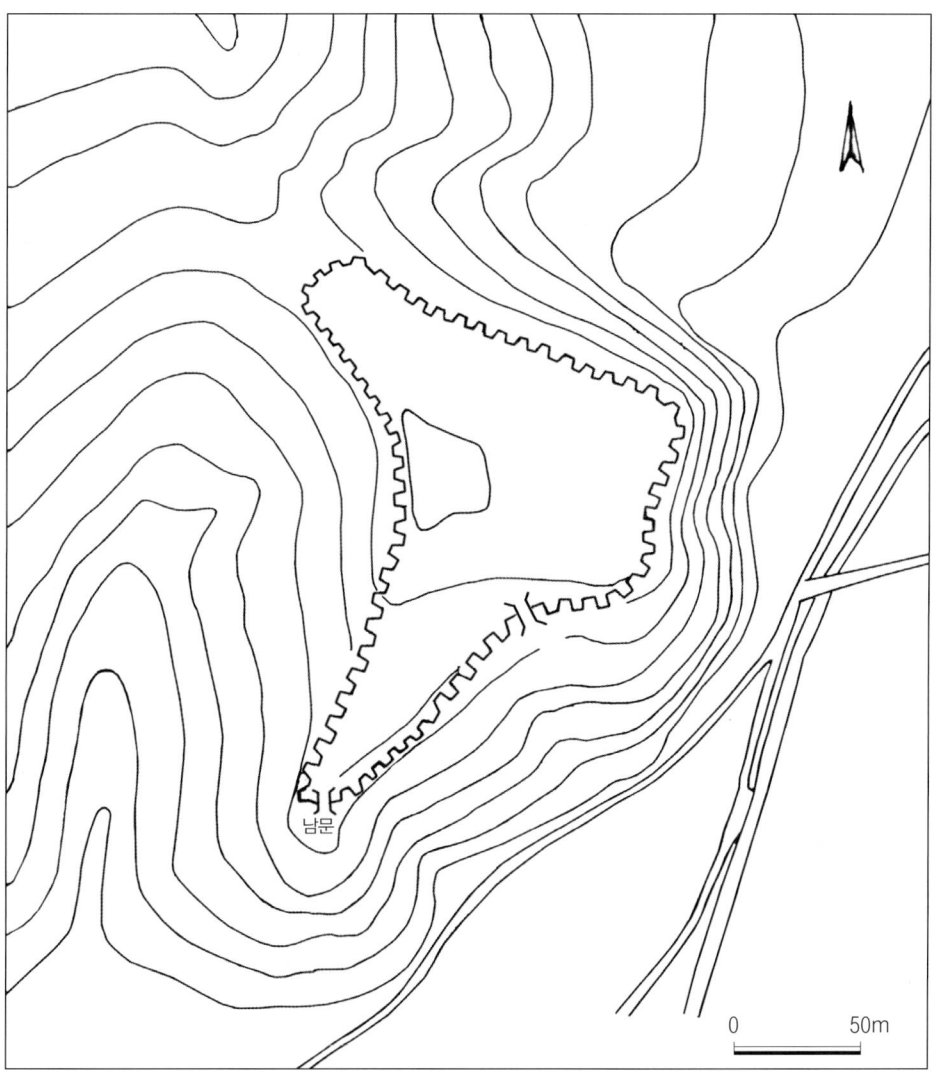

그림 10 · 거산성 평면도

IV 북청일대의발해유적

건축지

1. 오매리절터

오매리절터는 오매리 소재지에서 서쪽으로 1.5km 떨어진 해발 432m 되는 압해산 동쪽 골짜기(절골)에 위치하고 있다. 절골 안에는 고구려 및 발해시대 건축지가 있으며, 그 범위는 남북 길이 100m, 동서 너비 50~60m이다. 여기서는 사각탑터를 비롯한 건축지와 글자가 새겨져 있는 금동판을 비롯하여 수많은 유물이 발굴되었다. 탑터를 중심으로 남쪽에는 금산이 있고, 북쪽에는 청룡산, 서쪽에는 압해산이 있다.

탑터에서 남쪽으로 140m 되는 곳에는 금산 1건축지가 있고, 동남쪽 150m 지점에는 금산 2건축지가 있다. 탑터가 있는 건축지에서 북쪽으로 작은 고개를 넘어가면 길이 130m, 너비 100m인 밭이 있는데 여기에도 고구려 및 발해시대의 건축지가 있다. 그리고 북쪽으로 290m 떨어진 청룡산 꼭대기에도 건축지가 있다. 절골 안에서 발굴된 발해 건축지를 보면 다음과 같다.

1) 탑터 북쪽 1건축지

이 건축지는 탑터가 있는 절골 안의 건축지 중에서 가장 북쪽에 위치하고 있다. 건축지의 기단을 동서로 갈라 볼 수 있는데, 동쪽 기단의 길이는 12m, 서쪽 기단의 길이는 8.45m, 높이는 20cm로서 비교적 낮은 편이다. 그런데 기단은 북쪽에만 있고 동·서·남쪽 부분은 홍수에 의한 자연재해로 없어졌다. 서쪽 건물터의 기단은 길이 8.4m, 너비 4.8m이다.

도랑은 동쪽 건물에서는 기단 동쪽 모서리에서 남쪽으로 구부러져 있으며, 서쪽 건물에서는 서북 모서리에서 남쪽으로 구부러져 있다. 너비는 40~50cm이고, 깊이는 높은 곳에서 25cm, 낮은 곳에서 50cm이다.

건물의 주춧돌은 대부분 없어졌으나 동쪽 건물의 서쪽 모서리에서 남쪽으로 3.1m 떨어진 곳과 동쪽으로 2.5m 떨어진 곳에만 남아 있다. 서쪽 건물터에는 네 개의 주춧돌이 있었는데 주춧돌 간격은 남북 3.5m, 동서 3.4m이다. 주춧돌과 주춧돌 흔적으로 추산해 보면 동쪽 건물은 길이 9.8m, 너비 6.3m이고, 서쪽 건물은 길이 6.75m, 너비 3.5m 정도였을 것으로 추측된다.

동쪽 건물의 서쪽 부분에서는 기와를 이은 지붕이 그대로 내려앉은 것이 발굴되었는데, 추녀마루 기와가 있는 것을 보면 지붕의 서남쪽 모서리 부분이었음을 알 수 있다. 크기는 남북 길이 5.3m, 동서 너비 1.4m이다. 그리고 여기서는 온전한 수키와 막새들이 여러 점 나왔다.

건축지의 남쪽 부분에서는 붉은색 기와 파편이 여러 점 출토되었다. 기와 파편에 그은 붉은 줄은 길이 10~13cm, 너비 1~1.2cm 정도이다. 기와 파편 끝에 손으로 눌러서 돋친무늬가 있는 것으로 보아 박공이나 서까래에 붉은 칠을 할 때 묻은 것으로 인정된다. 그리고 여기서는 불에 탄 벽체 덩어리들이 여러 개 나왔는데, 그중 한 개 덩어리는 길이 15cm, 너비 9cm, 두께 7.5cm이다. 이 벽체덩어리의 한쪽 면에는 회칠을 한 흔적이 있고, 직경 2.5cm 되는 외를 댔던 자리가 남아 있다. 이것을 통해 건물의 벽체는 나무오리로 산자를 엮고, 진흙과 모래, 짚 같은 섞음을 넣어 바른 다음, 그 위에 가는 모래를 섞은 진흙을 바르고, 회칠을 한 것으로 인정된다.

동쪽 건물의 방 안에서는 'ㄱ'자 형으로 된 온돌시설이 나타났다. 온돌장(구들장) 위에는 진흙을 이겨서 폈는데, 아랫목은 두껍게 펴고 위로 올라가면서 점차 얇게 펴서 온돌의 수평을 이루었다. 온돌 서쪽 변 길이는 5m, 북쪽변 길이는 8m, 너비는 1.55m, 높이는 0.4m이다. 온돌장은 큰 것이 길이 95cm, 너비 60cm, 두께 13cm이고, 작은 것은 길이 60cm, 너비 25cm, 두께 10cm이다. 온돌고래는 두 개로 되었는데, 길이 34~60cm, 너비 30~50cm, 두께 20cm의 판돌과 강돌로 벽을 세우고 진흙으로 미장하였다. 좌우 온돌고래의 너비는 45~50cm로 비슷하다. 온돌고래에는 재와 불에 탄 흙이 가득 차 있고, 온돌 위에서는 쇠못과 질그릇이 나왔다. 아궁이는 바닥을 약간 파서 만들었는데, 1.5m인 너비만 알 수 있고, 길이는 아궁이벽이 허물어져서 정확히 알 수 없다. 아궁이 바닥에는 재가 5cm 두께로 깔려 있다. 온돌 목에는 불길 가르기와 부넘이 시설을 하였다.

굴뚝은 돌로 쌓았던 것이 무너지고 흘러내려서 정확히 알 수 없다. 무너진 돌들의 범위는 길이 3.5m, 너비 2.1m이다. 그리고 북쪽 기단에서 1m 떨어진 곳에 직경 80cm 정도의 개자리 흔적이 있다. 굴뚝목에는 굴뚝목을 덮어 연기가 잘 빠지게 한 조돌시설이 있다. 서쪽 건물터에는 온돌시설이 없었으며, 바닥은 굳게 다져졌다. 발굴 과정에 확인한 이상의 자료들을 종합해 보면 절골 1호 건축지는 능선의 남쪽 경사면을 깎아 대지를 만들고 세웠던 남향의 집터로서 두 개의 건물로 인정된다. 건축지는 지붕이 무너져 내려앉은 상태에서 드러났는데 지붕 형식은 합각지붕이었으며, 괴면 장식을 하였던 것으로 인정된다(그림 11, 사진 119~126).

건축지에서는 건축부재들과 도기, 자기, 청동제품, 철기 등이 나왔다.

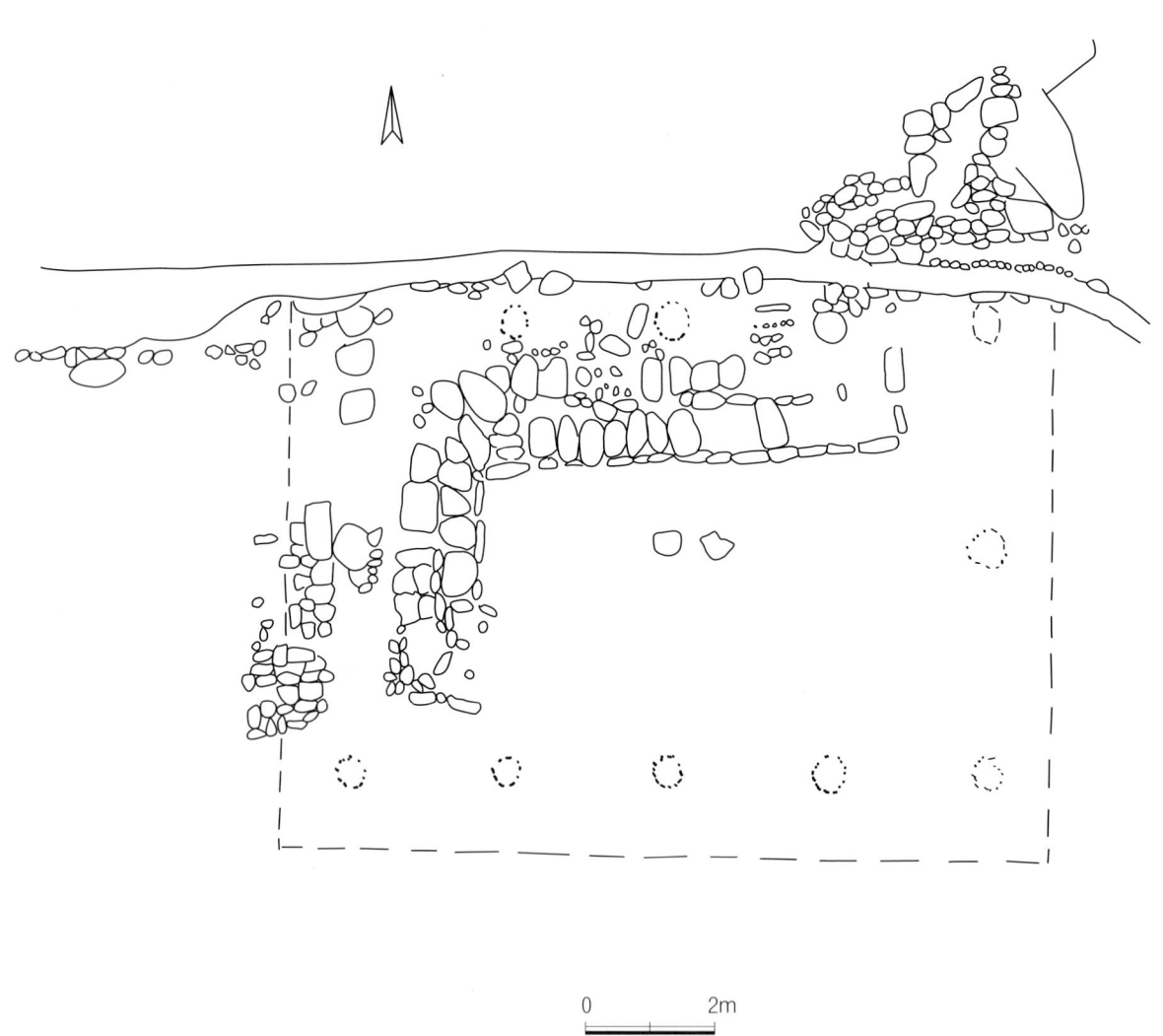

그림 11 • 오매리탑터 북쪽 1건축지 평면도

(1) 건축부재

건축부재로는 암키와, 수키와, 수키와 막새, 괴면, 벽돌 등을 들 수 있다.

암키와는 모두 앞이 약간 넓고, 앞 끝 가장자리를 손으로 눌러서 물결무늬를 한 것과 무늬가 없는 것이 있다. 또한 고구려기와처럼 노끈무늬를 돋쳤다가 지워 버린 흔적이 있는 것들도 있다. 암키와 색깔은 회색, 붉은색, 흑회색 등 세 가지로 나뉜다. 암키와 가운데 큰 것은 길이 49.7cm, 너비 37cm, 두께 2.5cm이고, 색깔은 회색이다. 작은 것은 길이 43cm, 너비 35cm, 두께 2cm이고 색깔은 붉은색이다.

수키와에는 큰 것과 작은 것, 연결 부분이 길고 짧은 것, 연결 부분에 홈이 있는 것과 없는 것 등이 있다. 작은 것은 길이 30.2cm, 너비 14cm, 높이 7.9cm, 두께 1.2cm이고, 큰 것은 길이 40.7cm, 너비 15cm, 높이 8cm, 두께 1.5cm이다. 수키와 안쪽 면에는 베천무늬가 찍혀 있고, 외면에는 무늬가 없는 것이 대부분이다. 수키와 가운데는 고구려기와처럼 노끈무늬 흔적이 남아 있는 것도 있다. 지금까지는 수키와 이음목에 홈이 세 개 있는 것이 많이 나왔는데, 여기에서는 홈이 네 개 있는 것도 나왔다(그림 12-1).

원형 막새는 모두 수키와에 붙었던 자리가 있다. 막새 가운데는 방사선무늬와 연꽃무늬, 연꽃무늬에 겨우살이무늬가 배합된 것, 고사리무늬가 배합된 것 등이 있다.

방사선무늬 막새는 중심에 직경 1.5cm 정도의 반구형으로 도드라진 부분이 있다. 그것을 중심으로 직경 5~6cm 정도의 선을 두르고 방사선무늬를 돋쳤다. 방사선은 막새의 크기에 따라 50개 되는 것도 있고, 그 이상 되는 것도 있다. 막새의 직경은 12.7cm, 테두리 너비 1cm, 두께 2cm이다. 가는 모래를 약간 섞어서 구웠으며, 연한 회색이다.

연꽃무늬 막새는 여러 가지이다. 둥근 막새의 중심에 반구형 꽃술이 있고, 네 개의 연꽃무늬와 그 사이에 겨우살이무늬를 돋우어 새겼다. 막새의 직경은 16.1cm, 테두리 너비 1.2cm, 두께 2cm이다. 보드라운 모래를 섞어서 구웠으며, 갈색이다(그림 12-2).

괴면은 건축지 서쪽에서 나왔으며, 크기는 길이 24.5cm, 너비 14cm, 두께 8cm이다(그림 12-3).

마무리 기와는 암키와를 세로로 절반 정도 잘라 좁고 길게 한 것이다. 기와 앞 끝에는 손으로 눌러서 돋친 물결무늬가 있으며, 길이 43cm, 앞 너비 19cm, 두께 2cm이다. 암키와를 사선으로 자른 마무리 기와는 네 변의 길이가 서로 다르다. 마무리 기와에는 '모자창 형식'의 기와가 있는데, 위는 직선이고 아래는 호형이다. 직선으로 된 양 끝은 턱에 걸리도록 되어 있다. 크기는 길이 15.9cm, 너비 13cm, 두께 1.3cm이고, 진흙으로 구웠으며, 회색이다.

벽돌은 온전한 것과 깨진 것이 출토되었는데 온전한 것 가운데 큰 것은 길이 36cm, 너비 15.5cm, 두께 6.5cm이고, 작은 것은 길이 35cm, 너비 15cm, 두께 7cm이다. 벽돌은 진흙으로 구웠으며, 회색이다(사진 127~134).

(2) 질그릇과 자기

질그릇 종류로는 보시기, 단지, 독 등이 나왔는데 모두 파편들뿐이다.

보시기는 아가리가 약간 밖으로 벌어지고 밑창이 납작한 검은색이며, 아가리 직경 11.6cm, 높이 5cm, 밑창 직경 8cm, 그릇살 두께 0.6cm이다(그림 12-6).

단지는 아가리가 해바라지고, 짤록한 몸에 배가 부른 회색이며, 아가리 직경 9.5cm, 높이 11cm, 밑창 직경 12cm, 그릇살 두께 0.5cm이다.

독은 아가리 부분만 남았으며, 목 아래 부분에 선을 돌렸다. 복원한 아가리의 직경은 40cm, 그릇살 두께는 1.2cm, 색깔은 회색이다.

자기는 모두 파편들로 출토되었으며, 아가리가 해바라지고, 유약을 바르지 않은 밑굽이 약간 들렸다. 밑굽 직경은 5.5~7.5cm 정도이며, 그릇살 두께는 0.3~0.4cm로 비교적 얇다. 색깔은 연한 회백색 또는 연한 푸른색이다(그림 12-4, 사진 135, 사진 136).

(3) 청동제품

청동기로는 건축지 바닥에서 네모난 띳돈과 청동거울 파편이 나왔다.

띳돈은 형태가 방형이고, 가장자리는 안으로 굽어들었으며, 중심에 장방형 구멍이 있다. 띳돈의 한 변 길이는 1.5cm, 두께 0.25cm이다(그림 12-7).

청동거울은 앞면이 평면이며, 뒷면 가장자리에 반원의 테두리를 돌렸다. 복원된 거울의 직경은 26cm, 두께는 0.6cm이다(그림 12-8).

(4) 철기

철기로는 보시기, 칼, 못, 보습 등이 나왔다.

보시기는 비교적 온전하게 출토되었으며, 아가리가 밋밋이 끝나고, 밑창은 납작하다. 아가리 직경 14cm, 밑창 직경 10cm, 높이 6cm, 두께 1cm이다(그림 12-5, 사진 137).

칼은 건축지의 북쪽 물도랑에서 드러났는데, 몹시 삭아서 자루를 맞추었던 뿌리 부분이 없어지고 날 부분만 남았으며, 칼등은 곧다. 길이는 9.5cm, 너비 2.5cm, 두께는 0.4cm이다.

못은 61개가 드러났으며, 모두 단조로 만든 것이다. 못의 단면은 장방형이며, 크기는 큰 것의 길이가 13~14cm, 작은 것은 3~4cm이다.

보습은 주물품으로서 보습날과 볏으로 이루어졌다. 보습날은 삼각형으로 되었으며, 밑변이 안으로 휘어들었다. 보습날 뒷부분에는 직경 4cm 정도의 구멍이 있다. 보습의 길이는 42cm, 너비는 33cm, 두께는 1.5~2cm, 볏의 길이는 20cm, 너비는 16cm이다(그림 12-9).

(5) 방아확

방아확은 화강암으로 만들었으며, 몸체 길이 60cm, 너비 39cm, 두께 36cm, 아가리 직경 17.5cm, 깊이 24cm이다.

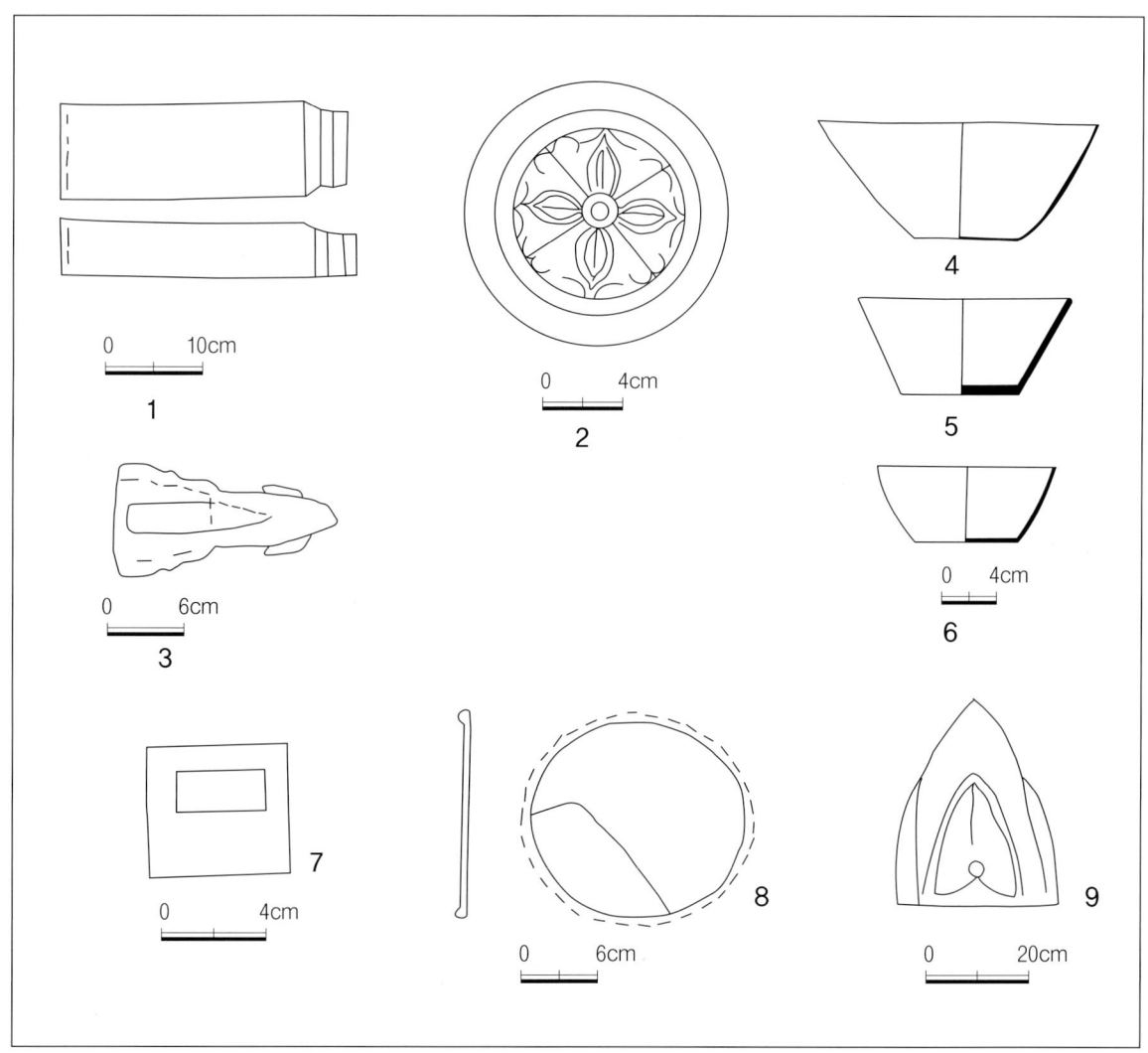

그림 12 • 오매리탑터 1건축지에서 출토된 유물(1. 수키와, 2. 막새, 3. 괴면, 4. 자기, 5. 쇠보시기, 6. 도기, 7. 띳돈, 8. 청동거울, 9. 쇠보습)

2) 탑터 북쪽 2건축지

이 건축지는 1건축지로부터 서남쪽으로 15m 떨어진 곳에 있으며, 범위는 남북 6m, 동서 7m이다. 이곳에서는 주춧돌과 온돌시설이 드러났으며, 주춧돌은 축대 서쪽에 두 개, 동쪽에 한 개 놓였고, 서쪽의 두 주춧돌 사이에서는 띠돌이 시설이 나타났다. 서쪽 주춧돌은 축대 북쪽과 남쪽에 각각 한 개씩 놓였는데 그 거리가 3.1m이며, 두 주춧돌 사이의 중심축 선 위에는 벽돌을 장축으로 놓았다. 동쪽 주춧돌은 서쪽에 있는 주춧돌과 동서로 일직선 위에 놓였으며, 그 거리는 4.8m이다.

동쪽 주춧돌과 함께 북쪽에 치우쳐 동서로 온돌시설이 드러났다. 온돌은 'ㄱ'자 형의 생김새를 하고 있으며, 길쭉길쭉한 막돌을 이용하여 세 줄로 쌓은 두 고래이다. 북쪽으로 꺾여 돌아간 부분은 곬이 하나로 합쳐져 외고래를 이루었다. 온돌시설의 동쪽 부분 아궁이시설은 문화층이 파괴된 관계로 현재는 없다. 그리고 온돌 곬을 덮은 판돌들도 이미 없어졌다. 온돌은 동서로 놓인 부분의 길이 3.35m, 남북으로 놓인 부분의 길이 3m이며, 너비 1.4m이다. 온돌의 동서 길이는 본래 동쪽으로 더 연장되었겠으나 파괴되어 알 수 없다.

건축지에서는 건축부재들과 도기, 자기, 청동부처, 수레굴레 통쇠 등이 나왔다.

(1) 건축부재

건축부재로는 기와, 벽돌 등을 들 수 있다.

기와는 제2문화층 집 자리와 서쪽 도랑에서 색깔과 무늬가 다양한 암키와, 수키와, 기와막새 등 2,000여 점 출토되었다. 재질은 비교적 보드라운 바탕흙에 모래가 섞였다. 붉은색 기와와 갈색 기와에는 가는 모래가 섞였으며, 그리 굳지 않고, 흑회색 기와는 굵은 모래가 섞였으며 굳다.

암키와를 색깔과 무늬 형식에 따라 나누어 보면 대체로 다음과 같다. 우선 손끝무늬가 가장자리에 찍힌 붉은색 기와 중에는 외면에 노끈무늬가 있는 것과 없는 것이 있다. 이 기와에는 노끈무늬가 있으나 무늬가 뚜렷하지 않다. 또 손끝누름무늬 기와 중에도 가장자리 겉면과 안면에 서로 엇바꾸어 찍고 앞 단면에 선을 여러 번 반복하여 그은 것이 있다. 붉은색 암키와 가운데는 노끈무늬가 있는 것, 무늬가 없는 것, 능형그물무늬가 있는 것 등이 있다.

흑회색 기와 중에는 앞 단면에 네 개의 동그라미를 서로 대칭되게 장식하고, 가장자리에 사선을 그은 것이 있다. 또한 앞 단면에 넝쿨무늬 형식의 줄무늬를 새기고 가장자리에 손끝누름무늬를 사선으로 그은 것과 사선무늬를 가장자리에 드문드문 두 점씩 찍은 것이 있다.

수키와는 모두 무늬가 없으며, 큰 것과 작은 것, 그리고 붉은색과 흑회색으로 나누어진다. 작은 기와는 대체로 붉은색이다.

기와막새는 모두 수키와 막새뿐이며, 막새의 종류는 여러 가지이다. 대표적인 것을 몇 개 들어보면 다음과 같다. 첫째, 중심에 반구형 꽃술이 있고, 그 둘레에 두 개의 동심원을 돌린 것이다. 그 바깥 둘레에 8개의 꽃잎 장식을 하고, 그 사이사이에 'T'자 형으로 장식을 한 다음, 그 둘레로 구슬무늬를 돌쳤다. 색깔은 적갈색이며, 직경은 14.2cm이다. 둘째, 중심에 반구형 꽃술이 있고, 그 둘레에 다섯 개의 겹쳐 싼 꽃잎을 장식한 것이다. 색깔은 회갈색이며, 직경은 13.2cm이다. 셋째, 두 개의 동심원을 돌리고, 중심으로부터 방사선 모양의 선을 새긴 것이다. 색깔은 흑갈색이며, 직경은 13cm이다. 넷째, 네 개의 꽃잎을 새기고, 그 사이에 나뭇잎 모양의 무늬를 새긴 것이다. 막새의 직경은 13cm이다.

벽돌은 장방형의 회색이며, 진흙으로 구웠다. 또한 아무런 장식무늬도 하지 않았다. 크기는 길이 36cm, 너비 15.5cm, 두께 6.5cm이다.

(2) 도기

건축지에서 나온 도기의 종류는 단지, 접시, 보시기, 사발, 쟁반, 쌀 함박, 버치, 독, 시루 등 다종다양하다. 여기서 주목되는 것은 글자가 새겨진 단지와 쟁반이다.

글자가 새겨진 단지 파편은 두 개가 나왔다. 그 가운데 하나는 몸체 파편이고, 다른 하나는 단지의 밑창 파편이다. 단지 파편에는 '절 사[寺]'자가 새겨져 있는데, 단지를 굽기 전에 새긴 것으로 보인다. 이로 미루어 사찰에서 쓰는 도기를 전문적으로 굽던 가마터가 있었던 것으로 인정된다. 이 단지는 오매리 도자기가마터에서 생산된 것으로 볼 수 있다(그림 14-3).

글자가 새겨진 쟁반은 깨진 상태로 3분의 1정도만 나왔다. 그릇 벽이 얇고, 정교하게 만들어졌으며, 밑바닥에는 초서체의 글이 새겨져 있다. 현재 남아 있는 글자 수는 다섯 자인데 잘 알아볼 수 없다. 복원된 쟁반에 의하면 아가리 직경 26cm, 밑바닥 직경 22.1cm, 높이 2.6cm, 그릇 벽의 두께 0.5cm이다. 쟁반 가운데는 글자를 새기지 않은 것도 있으며, 아가리 직경 33.5cm, 밑바닥 직경 29.1cm, 높이 4.2cm, 그릇 벽의 두께 1.3cm이다.

건축지에서 나온 도기 가운데 주목되는 것은 단지에 네모난 무늬를 새긴 것이다. 이러한 무늬가 있는 완전한 단지는 뼈단지무덤에서 여러 개 나왔다(그림 13-1~13-6).

(3) 자기

이 건축지에서는 자기가 특히 많이 나왔다. 이 건축지 위에는 흙이 1m가량 쌓여 있었고 근대 무덤도 있었다. 1차 발굴 당시에도 자기가 많이 나왔고, 2차 발굴 당시에도 자기가 많이 나왔는데 대부분 파편이었으며, 온전한 것은 10개였다.

건축지에서 나온 자기의 종류는 접시, 보시기, 사발 등이다.

그 가운데 보시기를 보면 들린 밑굽에 그릇 벽을 점차 퍼지게 만든 다음 그릇 안팎에 푸른색 유약을 바르고 구워 낸 것들이다. 보시기는 생김새와 재질, 색깔 등에서 별로 차이가 없으나 크기가 약간씩 다르다. 구체적으로 보면 아가리 직경은 9cm, 9.3cm, 9.5cm, 10cm, 10.3cm, 11.5cm이고, 높이는 2.7~3.3cm, 4.3~4.4cm이며, 그릇살 두께는 0.5~0.8cm이다(그림 13-7, 그림 13-8).

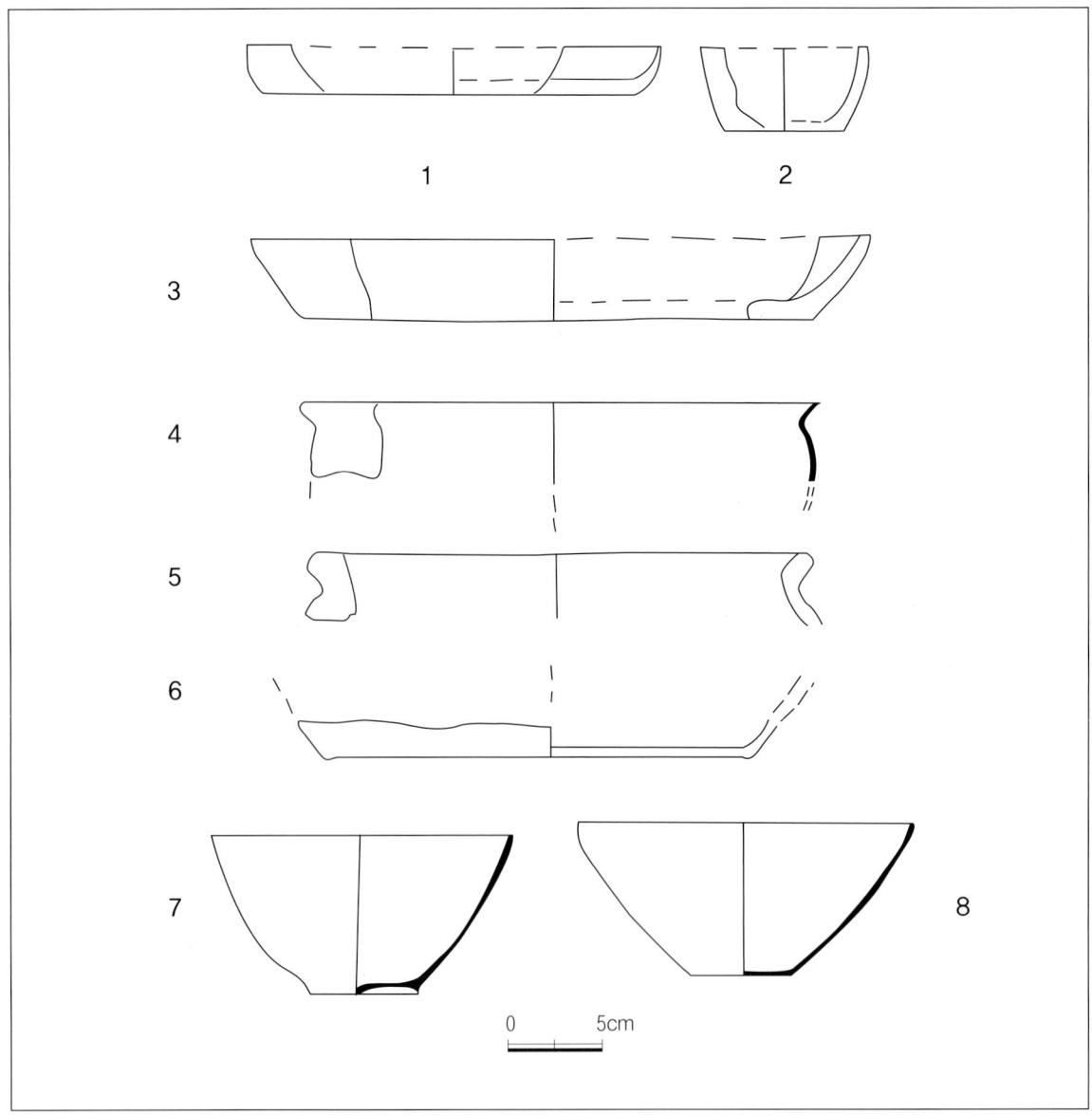

그림 13 • 오매리탑터 2건축지에서 출토된 유물(1~6. 도기, 7~8. 자기)

(4) 청동불상

청동불상은 불탄 집터 바닥에서 나왔다. 불상은 받침대와 부처, 두 부분으로 이루어졌다. 받침대는 원래 밑 받침대와 위 받침대로 된 복발식이었으나 발굴 당시 밑 받침대는 이미 없어진 상태였고, 위 받침대만 나왔다. 불상은 입상으로 된 관음보살상이며, 광배는 없다. 관음보살의 얼굴은 갸름한 편이고, 머리 위에는 삼산보관을 썼으며, 귀는 아래로 길게 드리워졌다. 오른손은 팔굽을 굽혀 들고, 왼손은 아래로 내리 드리웠는데, 굽힌 오른 팔목 위에 천의를 걸쳤으며, 왼손으로는 천의의 한쪽 끝을 쥐고 있다. 위로 들어 굽힌 오른손에는 보병 같은 것을 들었을 것으로 보이나 손부분이 없어져 알 수 없었다. 보관을 쓴 머리의 이마에는 장식 띠를 둘렀다. 그리고 목에 걸고, 양쪽 어깨를 거쳐 양쪽 가슴으로 드리운 영락(장식물)은 배 끝부분에 이르러 'X'자 형으로 서로 교차되어 두 다리의 중심으로 내리 드리워졌으며, 또 하나의 줄이 두 다리 사이로 드리워졌다. 바지는 폭이 좁으며, 주름이 잡혔다. 불상은 위 받침대를 포함한 높이가 15.7cm이고, 불상의 높이는 15cm이다. 불상의 얼굴 모습과 삼산보관 등 전반적 생김새를 보면 고구려 불상과 비슷한 점이 있으나 상경용천부(동경성) 3호 절터에서 나온 불상과 같은 것으로서 발해시대의 것이 틀림없다(그림 14-1).

(5) 수레 굴통쇠

수레 굴통쇠는 제2문화층인 집자리의 온돌시설 바닥에서 나왔는데 생김새를 보아 주물한 것으로 여겨진다. 둘레에는 네 개의 날개를 돋쳤을 것으로 보이나 한 개만 남은 파편으로 출토되었다. 크기는 구멍 직경 6cm, 바깥 직경 8.2cm, 날개 높이 2.1cm이다(사진 138).

(6) 망돌(맷돌)

2건축지 남쪽에서 조사한 것에 따르면 망돌은 세 개로 밑돌이 한 개, 윗돌이 두 개이며, 모두 깨진 파편이다. 황백색의 화강암으로 만들어진 망돌의 밑돌을 보면 길이 43cm, 너비 27cm, 두께 9cm로 직경이 54cm로 인정된다. 윗돌 중 큰 것은 직경 47cm, 두께 13cm이며, 불에 타서 불그스레하다. 망돌 옆 부분에는 길이 4.5cm, 너비 3.5cm, 깊이 4.4cm의 손잡이를 고정시키기 위한 구멍이 있다. 윗돌 가운데 작은 것도 파편이며, 길이 35cm, 너비 27cm, 두께 15cm이다. 망돌 중앙에는 낟알을 넣는 구멍이 있었으며, 옆에는 손잡이를 고정시키기 위한 구멍이 있었으나 깨져서 원래 크기를 알 수 없다. 이처럼 망돌의 두께가 서로 다른 것으로 보아 3개체분에 해당된다고 볼 수 있다.

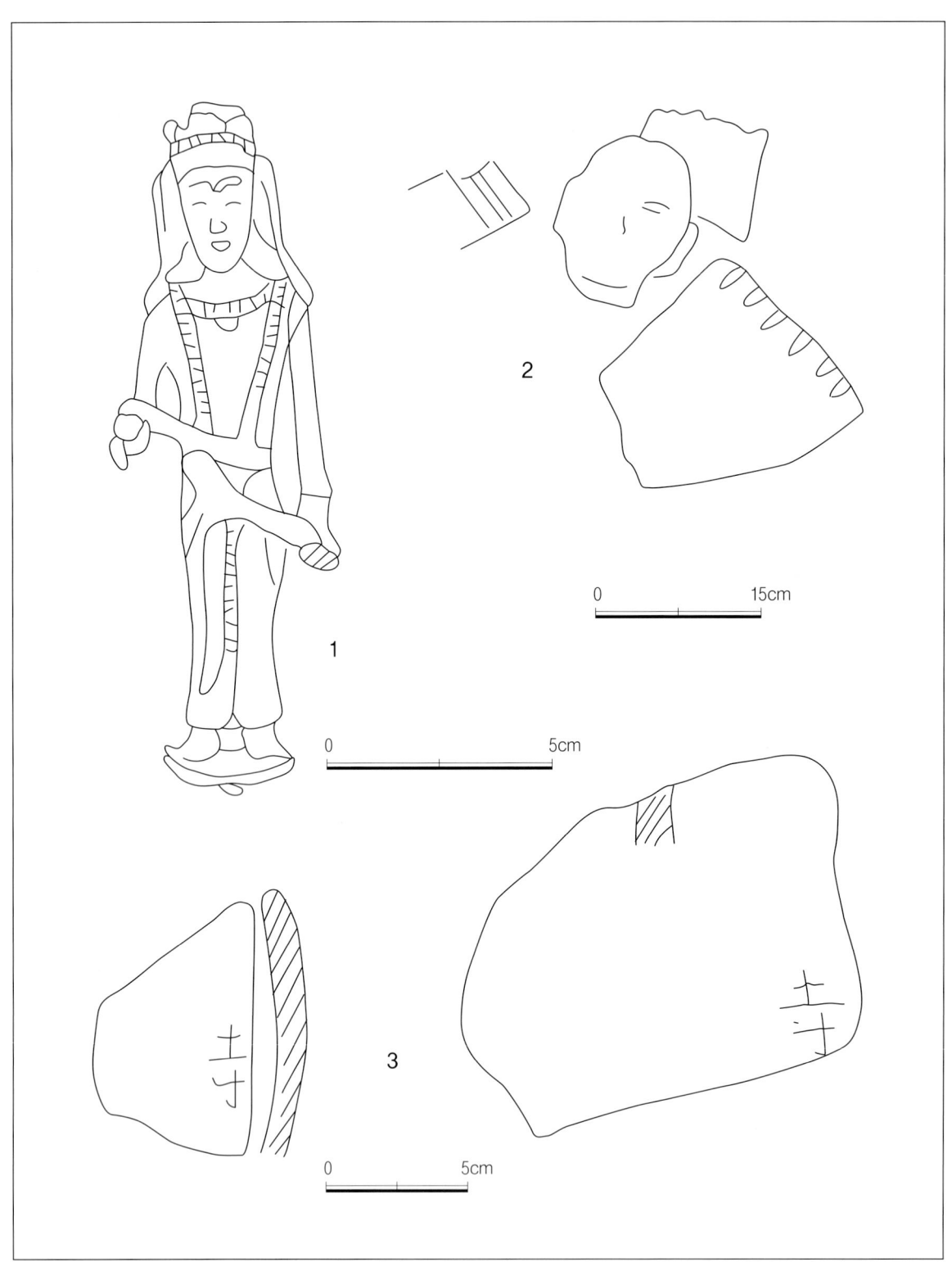

그림 14 • 오매리탑터 2건축지에서 출토된 유물(1. 청동부처, 2. 돌부처, 3. 글자 새긴 도기)

3) 탑터

절터 중심부에 네모나게 쌓은 탑터에는 동쪽과 북쪽에 두 개의 기단이 잘 남아 있다. 기단은 화강암 판돌로 쌓았는데 길이 50cm, 너비 40cm, 두께 13cm 정도인 것이 많다. 또한 동쪽 기단의 1m, 북쪽 기단의 1.6m 등 일부 구간은 벽돌로 수축하였다. 벽돌을 고쳐 쌓은 부분을 보면 발해의 기와 파편을 받쳐 놓았다. 이는 발해 때 탑을 수축하여 이용하였음을 말해 준다. 탑터의 기단 윗부분은 발해의 문화층으로 서쪽 기단을 발굴하는 과정에서 발해의 기와 파편, 자기, 질그릇 파편, 글자가 새겨진 금동판, 연꽃장식, 금동부처 파편, 금동화로 파편 등이 드러났다.

기단의 평면은 정방형으로서 돌과 흙을 섞어서 다져 올리고, 둘레에 돌을 쌓은 2중 기단이다. 아랫단 한 변의 길이는 12.2m, 윗기단 한 변의 길이는 10.5m이다. 기단 중심부의 40cm 깊이에는 막돌을 쌓아서 탑심초를 만든 기초 시설이 있다. 탑심초 기초 시설의 길이는 1.2m, 너비는 1m이다. 탑심초의 기초 돌은 불에 타서 검게 되었으며, 큰 것은 길이 30cm, 너비 25cm, 두께 20cm이고, 작은 것은 길이 20cm, 너비 16cm, 두께 12cm이다. 이 막돌시설의 중심에는 썩은 나무가 세워져 있었는데 길이

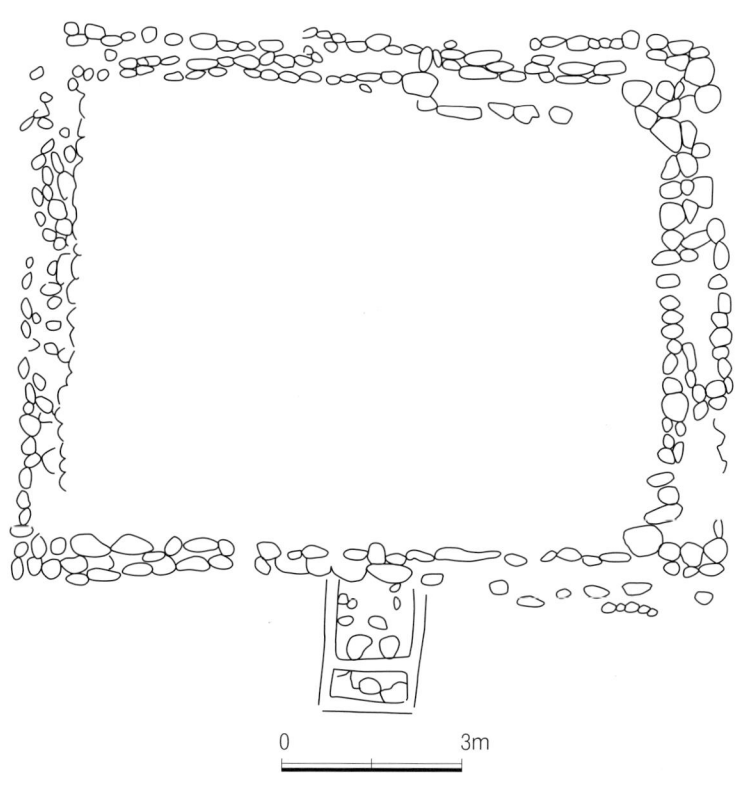

그림 15 · 오매리탑터 평면도

16cm, 직경 4cm이다. 기단과 심초의 상태로 보아 이 탑터는 사찰의 중심에 세웠던 4각 목조탑터로 추정된다. 탑터에서는 글자가 새겨진 금동판, 금동부처 파편, 금동화로 파편, 금동연꽃장식 파편, 도자기, 기와, 벽돌 파편들 등이 출토되었다(그림 15).

(1) 글자가 새겨진 금동판

이 유물은 탑터의 서쪽 발해문화층에서 나왔다. 금동판 뒷면에 못이 있는 것으로 보아 탑이나 건물에 붙였던 것으로 여겨진다. 금동판 앞부분은 깨져 없어지고, 지금 남아 있는 것의 크기는 길이 41.5cm, 너비 18.5cm, 두께 0.3~0.5cm이다. 글은 오른쪽에서부터 내리썼는데 지금 남아 있는 줄은 12줄이며, 그 가운데 알아볼 수 있는 글자는 113자, 떨어지거나 마모되어 알아볼 수 없는 글자는 26자이다. 그 내용을 보면 다음과 같다.

'… 설교를 자유자재로 하여 세상에 전하였다. 그리하여 석가여래가 훌륭한 교리를 금하에서 주창하였다. 신의 좋은 집 자리에서 사유(화장한 것)가 나타났다. … 이리하여 혜랑이 이를 원각대왕으로 받들고, 이 탑을 삼가 만들되 5층으로 조각하고 상륜까지 갖추었다. 원컨대 대왕의 신령이 도솔천으로 올라가 미륵을 뵙고, 천손들이 모두 모여서 모든 중생이 경사를 누리기를 바란다. 이에 송가를 쓴다.

성스럽고 슬기롭고 지극하여,
교화가 중생에 미치도다.
말을 하면 세상이 빛나고,
가르치면 도가 완성되도다.
정신과 성품을 모아
거룩한 임금의 자리에 올랐도다.
태화 3년 병인년 2월 26일
□술 초하루 첫머리에 씀'

이 금동판은 546년(고구려 양원왕 2년)에 만들어졌다. 그것은 태화라는 연호가 다른 나라들에도 있기는 하나 태화 3년 2월 초하루가 갑술일로 되는 것은 없기 때문이다. 이렇게 놓고 보면 이 금동판은 고구려 때 세운 목탑에 설치하였던 것을 발해 때에도 그대로 사용한 것으로 추정된다(사진 139).

(2) 금동불상편

금동판이 밖으로 약간 휘어진 상태로 미루어 팔 부분을 비롯하여 몸에 붙었던 것으로 볼 수 있다. 지금 남아 있는 편의 크기는 길이 11cm, 너비 11cm, 두께 0.6cm이다. 표면에 금도금한 것은 잘 남아 있다. 안쪽에는 도금을 하지 않아서 녹이 슬었다. 색깔은 흑색으로 변하였다.

(3) 금동화로편

금동화로편이 한 개 나왔다. 아가리는 'ㄱ'자 형으로 안으로 구부러졌으며, 너비 4cm, 두께 0.8cm, 남아 있는 아가리 부분의 길이는 16.5cm이다. 그리고 몸체 부분은 길이 21cm, 아가리가 꺾인 부분에서부터는 너비 10cm이다. 아가리 부분은 녹이 슬었다. 크기를 복원하여 본 것에 의하면 아가리 직경 49cm, 동체 직경 67cm이다.

(4) 금동연꽃 장식

금동연꽃 장식은 큰 것과 작은 것 두 개이다. 납작한 동판에 꽃망울과 꽃나무 줄기를 형상한 것이다. 그 가운데서 큰 것을 보면, 길이 26.7cm, 두께 0.7cm이다. 한 줄기에서 두 개로 뻗어 나간 줄기가 있으며, 한 가지는 꺾어졌다. 다른 한 가지에는 꽃망울이 달려 있다. 꽃망울 크기는 길이 10cm, 너비 9cm, 두께 0.7cm이다. 꽃망울 끝에서 5.5cm 내려와서 너비 0.3cm, 깊이 0.1cm 되는 홈을 파서 꽃나무 잎을 형상하였다. 아치의 길이는 꽃망울 끝에서 21cm, 두께 0.7cm, 너비 3.4cm이다. 작은 연꽃 장식은 길이 15.5cm이며, 그 가운데서 꽃망울의 크기는 길이 9.5cm, 너비 7.3cm, 두께 1.1cm이다. 그리고 아치 부분은 길이 6cm, 너비 3.2cm, 두께 1.1cm이다. 그리고 금도금이 손상되지 않고 잘 남아 있다.

2. 금산 1건축지(살림집터)

건축지는 금호지구 오매리 절골 금산 능선 중턱에 자리하고 있다. 건축지는 능선 중턱에 25㎡ 정도의 대지 위에 기단을 만들어 세운 정면 다섯 칸, 측면 한 칸으로 된 목조기와 집터이다. 기단은 동서로 긴 장방형이며, 크기는 동서 20.15m, 남북 5m, 높이 0.35m이다. 기단 남쪽과 동쪽 변두리에는 발해기와 파편과 벽돌을 섞어서 쌓았는데, 높이는 35cm이다. 다음으로 두 번째 칸에서 다섯 번째 칸 북쪽 변두리에는 흙을 다져 쌓았는데 높이는 30cm이다.

주춧돌 형식은 전반적으로 판돌로 된 독립기초로 되어 있으며, 서쪽 부분 일부에만 판돌을 깔아 띠기초 형식을 취하였다. 기단에서 60~70cm 안으로 들어와서 주춧돌을 놓았다. 주춧돌은 남북에 각각 6개씩 12개가 놓였다. 주춧돌 크기는 아래와 같다.

표 2 • **주춧돌 크기 대조표** (단위 : cm)

No.	서쪽에서부터	1	2	3	4	5	6
큰 것	전면	97×47×22	45×40×18	55×47×14	53×39×10	55×45×10	0
작은 것	후면	83×55×22	50×45×18	70×65×12	50×40×12	0	0

건물은 주춧돌과 온돌시설 상태로 보아 동쪽과 서쪽에 각각 방이 하나씩 있고, 그 사이에 통로가 있었음을 알 수 있다. 동쪽 방과 서쪽 방은 길이 8.5m, 너비 3.5m로 크기가 같고, 통로는 길이 3.5m, 너비 2.2m로서 좁다.

표 3 • **매 칸의 크기 대조표** (단위 : m)

크기 \ 칸수	1	2	3	4	5	6
동서 길이	4.20	3.58	2.25	4.30	3.75	남북 너비 3.5
고구려자로 환산한 길이	12자	12자	11자	6.5자	11자	10자

건물은 불에 타버렸기 때문에 자세한 것은 알 수 없으나 붉은색으로 장식하였다는 것을 알 수 있다. 이 건축지에서 나온 암키와에는 길이 10~15cm, 너비 1.5cm 정도의 붉은 선이 그려져 있다. 이것은 건물을 붉은색으로 장식할 때 묻은 것으로 짐작된다. 이 건축지로 통하는 길은 동서남북 사방에 있다.

건축지에서는 온돌시설이 동쪽 칸과 서쪽 칸에서 드러났다. 서쪽 칸에서 드러난 온돌시설을 보면 형태는 'ㄱ'자 형이며, 구들 곬은 두 개이다. 구들 곬은 화강암 판돌로 쌓았으며, 크기는 길이 30~35cm, 너비 30~37cm, 두께 10~18cm이다. 구들 곬의 너비는 같지 않은데, 동쪽 구들 곬의 너비는 40~45cm, 서쪽 구들 곬의 너비는 26~30cm로 좁다. 구들의 길이는 3.80m, 너비 1.10m, 높이 35cm이다. 부엌 아궁은 바닥을 파지 않고 바닥면을 그대로 이용하였으며, 너비는 1.10m이다. 굴뚝은 북쪽 축대에서 55cm 떨어진 곳에 있다. 그것은 개자리 흔적을 통하여 알 수 있으며, 너비는 70cm, 깊이는 30cm이다.

다음으로 동쪽 칸에서 드러난 구들시설을 보면 서쪽의 것과 같다. 구들 곬은 역시 두 개로 되었으며, 화강암 판돌로 쌓고 진흙으로 미장한 흔적이 남아 있다. 역시 구들 곬의 너비가 같지 않은데 동쪽

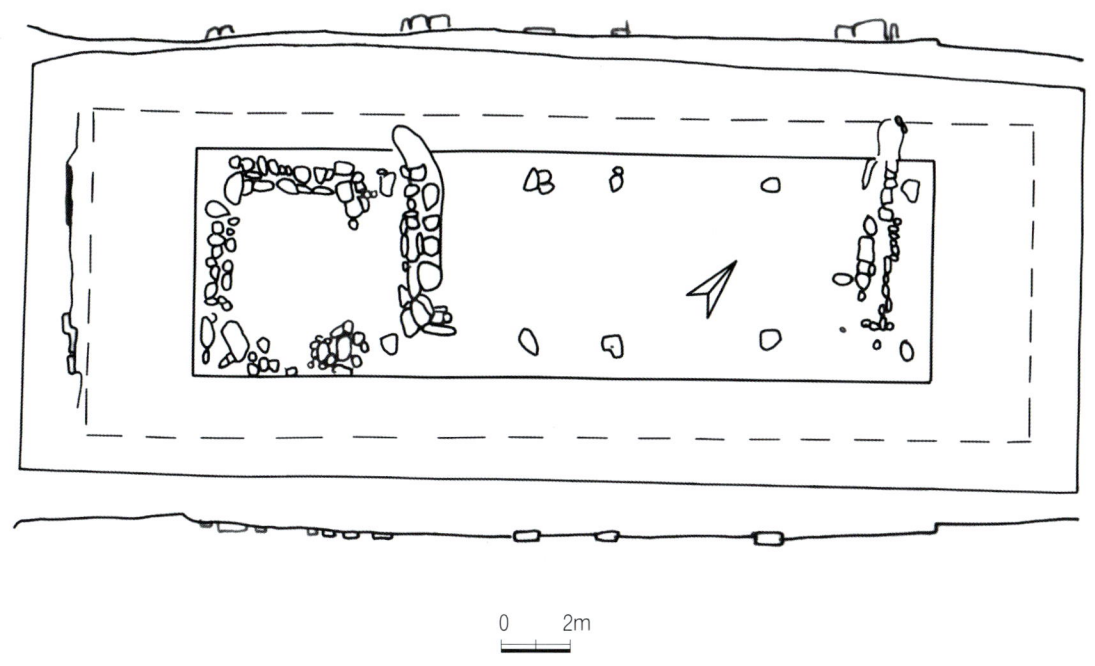

그림 16 • 금산 1건축지 평면도

구들 곬의 너비는 25~35cm이고, 서쪽 구들 곬의 너비는 30~40cm로 넓다. 구들의 길이는 3.60cm, 너비 1.10cm, 높이 35cm이다. 아궁은 바닥을 파지 않고 그대로 이용하였으며, 너비는 1.10cm이다. 굴뚝은 북쪽 축대 끝에서 90cm 떨어져 있으며, 개자리 흔적이 남아 있다. 너비 65cm, 깊이 30cm이다 (그림 16, 사진 140~146).

이 건축지에서는 보시기, 동이, 독, 세발솥 등을 비롯한 생활용기들과 수키와, 암키와, 수키와 막새, 벽돌 등을 비롯한 건축부재들 그리고 쇠투구와 수레 굴통쇠 등 많은 유물들이 나왔다.

1) 건축부재

건축부재로서는 수키와 막새, 수키와, 암키와, 마무리 기와 등이 있다.

수키와 막새는 따로 만들어서 수키와에 붙였던 것으로 수키와 몸체에서 떨어져나간 것이 많다. 막새는 무늬의 생김새에 따라 다음과 같이 15종으로 나눌 수 있다.

① 1종

막새의 중심에 다섯 개의 구슬무늬를 돋친 반구형 꽃술이 있고, 밖에는 네 개의 꽃잎무늬와 그것을 연결하는 꽃받침무늬가 있으며, 꽃잎 사이에는 불룩한 선무늬가 있다. 막새의 직경은 15.3cm, 테두리의 너비는 1cm이다.

② 2종

막새의 중심에는 직경 2.8cm의 동그라미 안에 다섯 개의 구슬무늬를 돋친 반구형 꽃술이 있고, 꽃술 밖에는 일정한 간격을 두고 여덟 개의 꽃망울무늬를 돋쳤다. 꽃망울 안에는 꼭지가 붙어 있고, 꼭지 사이에는 작은 구슬무늬를, 꽃잎들 사이에는 도안화된 꽃잎무늬를 부각하였다. 막새의 크기는 직경 12.6cm, 두께 1.6cm, 앞면 테두리의 너비는 1.4cm이다.

③ 3종

막새의 중심에는 반구형 꽃술이 있고, 일정한 간격으로 여섯 개의 꽃잎무늬를 부각하였다. 막새의 직경 11cm, 두께 1.5cm, 테두리의 너비 1cm이다. 대체로 이 건축지에서 나온 막새의 꽃잎은 네 개로 된 것이 많은데 이것은 여섯 개로 되었고, 이 건축지에서 발굴된 막새 가운데 가장 작다.

④ 4종

막새의 중심에 직경 1.4cm인 반구형 꽃술이 있으며, 꽃술에는 무늬를 장식하였다. 꽃잎 사이에는 꽃잎들을 연결하는 네 개의 무늬가 있고, 네 개의 꽃잎을 구분하는 불룩한 선무늬가 있다. 막새의 직경은 14cm, 테두리의 너비는 1cm, 그리고 색깔은 연한 회색이다.

⑤ 5종

막새의 중심에 네모난 꽃술을 돋치고, 꽃술에는 동심원을 돌렸으며, 활짝 핀 연꽃잎 네 개를 돋우어 새겼다. 꽃잎 사이에도 꽃잎무늬를 새겨 활짝 핀 모습을 형상하였다. 막새의 직경은 13cm, 두께는 2.8cm이다. 이 막새의 바탕흙에는 모래가 약간 섞였다. 이와 같은 막새가 10여 점 나왔다.

⑥ 6종

막새의 중심에 직경 2cm, 높이 0.8cm인 반구형 꽃술이 있고, 꽃술과 테두리 사이에 네 개의 꽃잎무늬와 인동무늬를 엇바꾸어 배치하였다. 막새의 직경은 13.5cm, 테두리 너비 1.4cm, 두께 2cm이다. 진흙에 굵은 모래를 섞어서 구웠다. 색깔은 회색이다.

⑦ 7종

막새의 중심에 원추형 꽃술이 있으며, 꽃잎무늬 네 개를 배치하였다. 막새의 직경은 15.8cm, 꽃술의 너비는 2.2cm, 높이 0.9cm, 색깔은 회색이다.

⑧ 8종

막새의 중심에 반구형 꽃술이 있고, 꽃술 밖으로는 한 줄의 원을 돌렸다. 꼭지가 달린 꽃망울 네 개와 인동무늬 네 개를 대칭시켜 배치하였다. 막새의 직경은 15cm, 테두리 너비1cm, 막새의 두께 2cm이다.

⑨ 9종

막새의 중심에 반구형 꽃술이 있고, 꽃술 밖으로 원을 돌리고, 꼭지가 없는 꽃망울 네 개와 인동무늬 네 개를 엇바꾸어 배치하였다. 그리고 테두리에 원을 한 줄 돌렸다. 막새의 직경은 16.5cm, 테두리 너비 1.2cm, 막새의 두께 2cm이다. 색깔은 어두운 등색이다.

⑩ 10종

막새의 중심에 반구형 꽃술이 있고, 꼭지가 없는 네 개의 꽃망울무늬가 있다. 그 사이사이에는 도안한 인동무늬가 있다. 막새의 직경은 15.3cm, 테두리선의 너비 1cm, 막새의 두께는 2cm이다.

⑪ 11종

막새의 중심에 직경 3.5cm인 꽃술이 있고, 네 개의 꽃망울과 그 사이에 인동초무늬를 배치하였다. 테두리 안에는 도안한 선무늬를 한 줄 돌렸다. 이 막새는 비교적 큰데 직경은 17.5cm, 테두리의 너비는 1cm, 두께는 2cm이다.

⑫ 12종

막새의 중심에 직경 1cm인 원추형 꼭지가 있고, 이것을 중심으로 직경 2.5cm, 6cm, 11.7cm인 원을 만들고, 해살 모양의 방사선무늬를 돋쳤다. 작은 원과 중간 원 사이에는 29개의 선을, 그 밖에는 54개의 선을 돋쳤다. 막새의 직경은 14cm, 테두리 너비 1.2cm, 두께 1cm이다.

⑬ 13종

막새의 중심에 직경 2.5cm인 반구형 꽃술이 있고, 꽃술 밖에는 두 개의 원을 돋쳤다. 그리고 주위에는 불꽃 모양의 꽃잎 8개, 꽃잎 사이에는 'Y'자 형 꽃받침 8개를 돋쳤다. 막새의 테두리 선 안으로 돌아가면서 32개의 작은 구슬무늬를 규칙적으로 돋쳤다. 막새의 직경은 15cm, 테두리 선의 너비는 1.5cm, 막새의 두께는 2.5cm이다. 이 막새는 진흙으로 구웠는데 굳지 않고 무른 것이 특징이다. 색깔은 불그스레하다.

⑭ 14종

막새의 중심에 네 개의 구슬을 돋친 반구형 꽃술이 있고, 꽃술 밖으로 한 줄의 원을 돌렸으며, 네 개의 꽃과 네 개의 인동무늬를 엇바꾸어 돋우어 새겼다. 막새의 직경은 13cm, 테두리 너비 1.5cm, 두께 1.6cm이다. 진흙에 가는 모래를 약간 섞어서 구웠다. 색깔은 회색이다.

⑮ 15종

반구형 꽃술을 중심으로 네 개의 꽃잎을 새겼다. 꽃이 활짝 핀 모습을 형상하여 꽃잎을 여러 겹으로 새겼다. 막새의 직경은 16.2cm, 꽃술의 직경 2.2cm, 테두리 선의 너비는 약간 넓은 편인데 1.2cm이다(그림 17, 그림 18, 사진 148, 152).

수키와는 생김새와 용도에 따라 수키와 연결부가 뾰족하게 생긴 것, 평평하게 생긴 것, 이음목에 세 개 또는 네 개의 홈을 가로 내어 턱을 만든 것 등 세 종류로 나눌 수 있다. 또한 수키와는 작은 것과 큰 것이 있는데 작은 것은 길이 37.7cm, 앞면 너비 15cm, 뒷면 너비 10cm이다. 높이는 앞면 8cm, 뒷면 5.5cm, 두께 1.5cm이다. 수키와 안쪽 면에는 굵은 베천무늬가 있다. 큰 수키와는 길이 41.5cm, 앞면 너비 16.5cm, 뒷면 너비 12cm이다. 높이는 앞면 8.5cm, 뒷면 5.8cm, 두께 1.5cm이다. 기와의 질은 매우 굳으며, 색깔은 연한 회색이다. 수키와 가운데는 길이가 짧고, 다른 기와보다 좀 넓고, 이음목에 세 개의 홈이 있는 것도 있다(그림 19, 사진 149).

암키와는 모두 앞이 넓고, 뒤가 좁으며, 앞면 가장자리를 무늬로 장식한 것과 장식하지 않은 것이 있다. 그 가운데 큰 것은 길이 45cm, 앞면 너비 31.5cm, 두께 2cm이고, 중간 것은 길이 42cm, 너비 30.5cm, 두께 2cm이다. 그리고 작은 것은 길이 38.5cm, 너비 31.5cm, 두께 1.8cm이다. 암키와의 무늬로는 기와 끝을 손끝으로 눌러서 돋친 것이 있다. 또한 기와 끝을 손으로 누르지 않고 나무로 된 기구를 가지고 사선으로 비껴 돋친 것도 있다. 다음으로 새김무늬 가운데는 동그라미를 한 줄로 새기고, 기와 가장자리를 공작새꼬리무늬 형식을 취한 것도 있다. 그리고 동그라미무늬를 네 개씩 묶어서 일정한 간격으로 새긴 것도 있다. 이 건축지에서 나온 암키와의 무늬로는 노끈무늬와 그물무늬를 들 수 있다. 그리고 그물무늬에 능형·삼각형·사각형 무늬가 배합된 것도 있다(그림 20).

마무리 기와에는 여러 가지가 있다. 우선 암키와를 세로로 절반 자른 것이 있다. 이 기와 끝에는 손으로 눌러서 낸 무늬가 있다. 크기는 길이 42.5cm, 앞 너비 20cm, 뒤 너비 15cm, 두께 1.7cm이다. 색깔은 회색이다. 다음으로 암키와를 사선으로 자른 마무리 기와는 양쪽 길이가 같지 않다. 긴 쪽의 너비는 27cm, 짧은 쪽의 너비는 20cm, 두께는 2cm이다.

마루기와에는 암키와, 수키와, 마루밑막음 기와가 있다. 마루밑막음 기와는 위가 직선이고, 아래는 호형을 이루었다(모자창 형식의 기와라고도 한다). 직선으로 된 양 끝은 턱에 걸리게 되어 있다. 크기는 길이 16.5cm, 너비 14cm, 두께 1.3cm이다. 암키와는 연결부가 없이 앞뒤를 곧추 잘라서 좁고 길게 만들었으며, 앞면 가장자리에 암키와처럼 물결무늬를 돋쳤다. 크기는 길이 45cm, 너비 20cm, 두께 1.4cm이다. 그 밖에 수키와의 한쪽 측면을 호형으로 도려낸 형태의 것도 있다.

벽돌은 건축지에서 크기가 서로 다른 것이 나왔는데 모두 깨진 파편들이므로 너비는 정확히 알 수 있으나 길이는 알 수 없다. 축대를 쌓는 데 이용한 벽돌의 크기는 너비 15.5~16cm, 두께 6cm, 남은 길이 20~25cm이고, 색깔은 회색이다. 이보다 작은 벽돌은 너비 11cm, 두께 3cm, 남은 길이 17cm이고, 색깔은 붉은색이다.

그림 17 • 금산 1건축지에서 출토된 막새기와(1)

그림 18 • 금산 1건축지에서 출토된 막새기와(2)

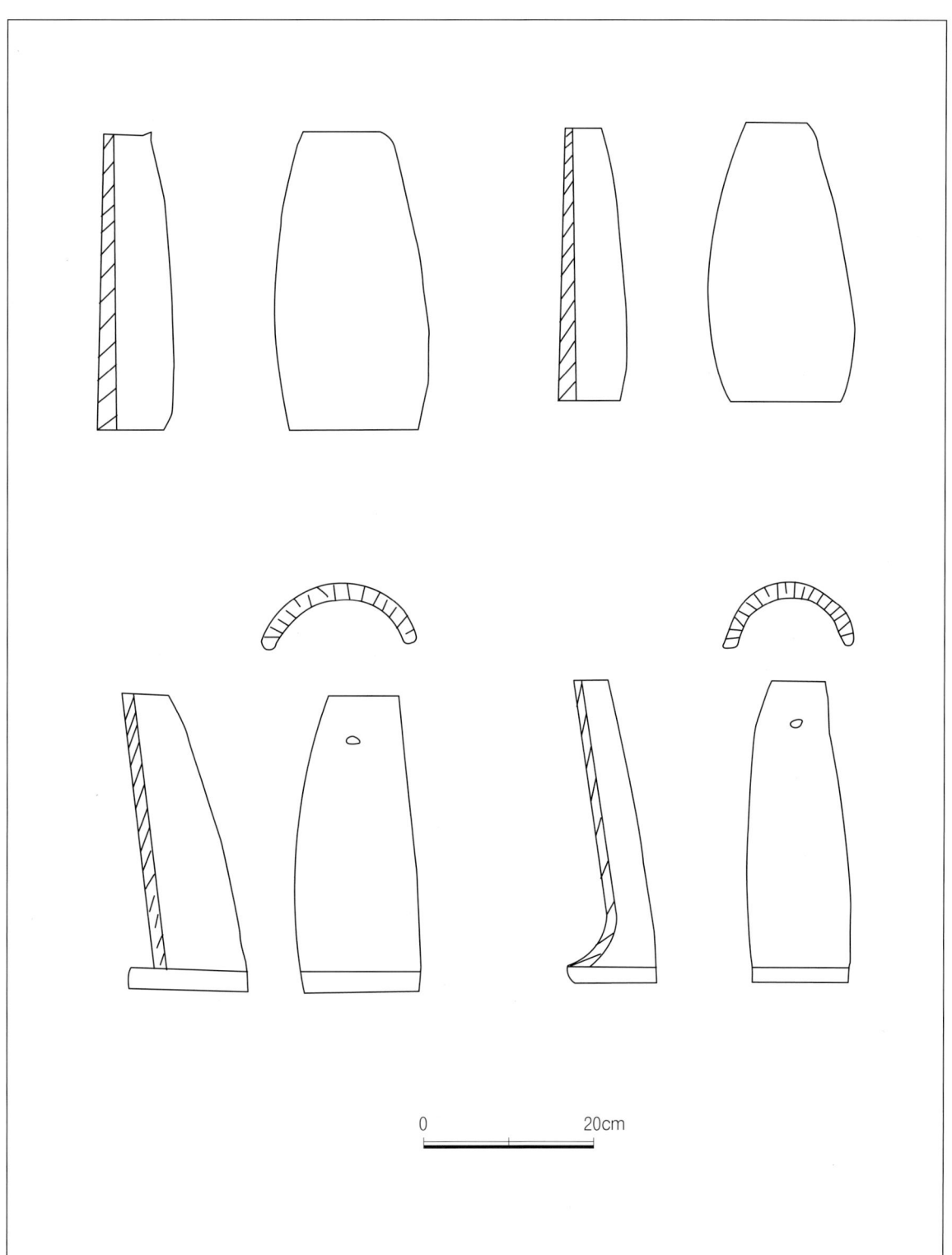

그림 19 • 금산 1건축지에서 출토된 수키와

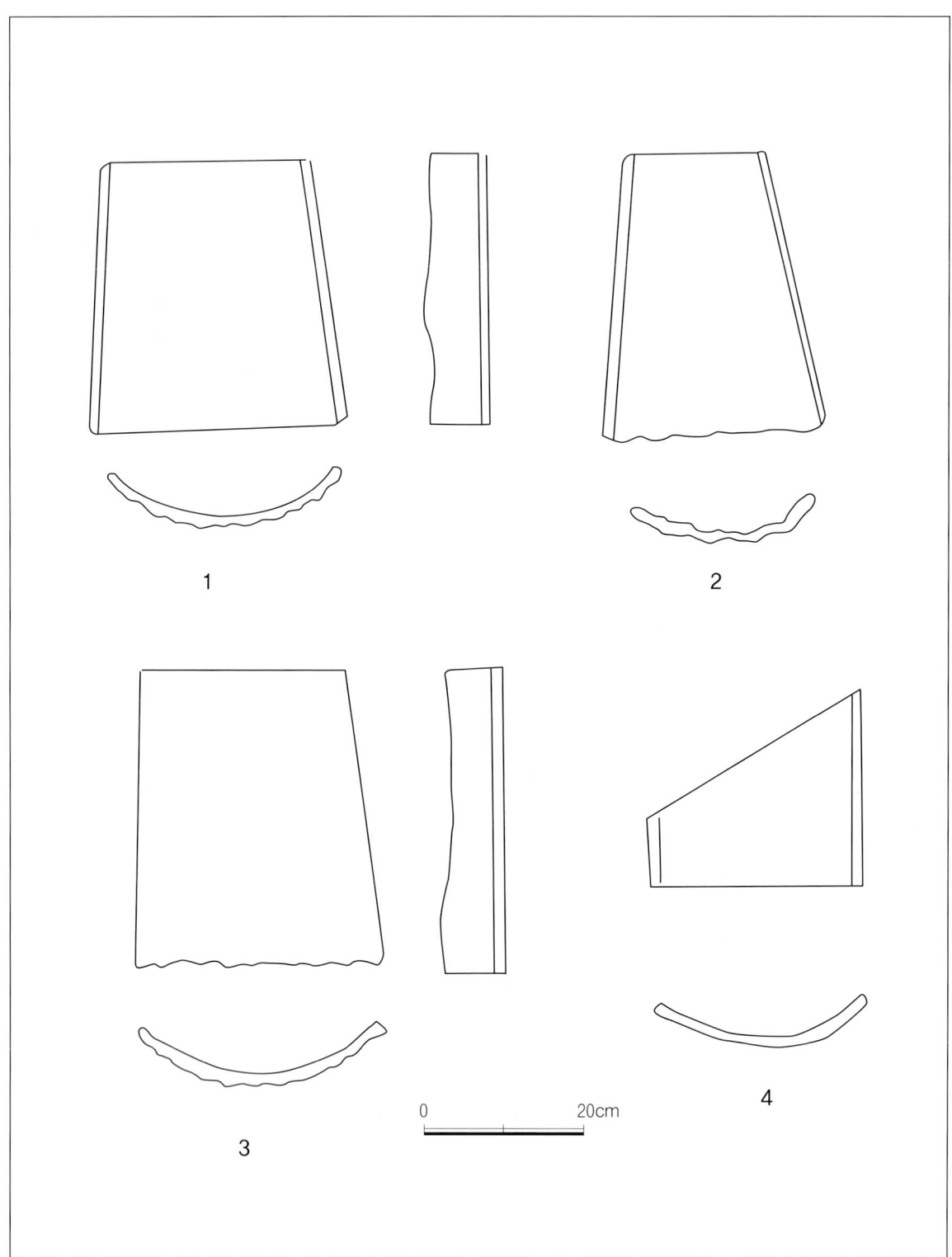

그림 20 • 금산 1건축지에서 출토된 암키와

2) 도기

건축지에서는 도기가 적지 않게 나왔는데 대부분 깨진 파편들이다. 종류는 잔, 보시기, 바리, 동이, 단지, 버치, 항아리, 독 등 27종에 달한다. 여기서 복원된 도기를 보면 다음과 같다.

보시기는 몸체가 곧추 벌어지고 밑창은 납작하다. 아가리 직경 9.3cm, 밑창 직경 7cm, 높이 4.8cm, 두께 0.6cm이며, 색깔은 갈색이고, 무늬는 없다.

동이는 아가리가 해바라지고, 배가 부르며, 한 쌍의 손잡이가 달려 있다. 아가리 직경 21cm, 배가 부른 부분의 직경 38cm, 밑굽 직경 18cm, 높이 34cm, 두께 0.5cm이다. 가로로 붙은 손잡이는 길이 8cm, 너비 4cm이다.

독은 아가리가 해바라지고 배부른 형태이며, 표면에는 네모난 무늬가 있고, 색은 회색이다. 독의 높이는 67cm, 아가리 직경 46cm, 몸체 직경 66cm, 밑굽 직경 24cm, 그릇살 두께 1.2cm이다(그림 21).

3) 청동기

청동그릇 파편과 불에 녹은 청동덩어리들은 건축지의 첫 번째 칸에서 드러났다. 청동 파편은 길이 7.2cm, 너비 1cm, 두께 0.2m이다. 이것은 그릇의 아가리 부분으로 인정된다. 불에 녹은 청동덩어리들은 주조품이다.

4) 철기

철기 유물로는 보시기, 배뚜리, 고리 달린 그릇, 세발솥, 칼, 투구, 수레 굴통쇠, 수레 부속, 자물쇠, 고리손잡이, 못 등이 나왔다. 그 가운데 못은 120점이나 된다.

보시기는 비교적 온전하게 출토되었으며, 아가리가 밋밋하게 끝나고, 밑창은 납작하다. 아가리 직경 14.5cm, 밑창 직경 10cm, 높이 6.6cm, 두께 1cm이다(그림 21-1).

세발솥은 솥 중간 아랫부분에 붙어 있던 세 개의 발은 모두 부러졌다. 아가리 직경 14cm, 높이 16cm, 남아 있는 다리 길이 3~4cm, 두께 2cm이다. 솥 아가리 부분에 평행선무늬 10줄을 돌렸다. 지금까지 발해유적에서 크고 작은 세발솥이 여러 개 출토되었는데 그것들과 비교하면 중간형에 속한다.

투구는 높이 16cm, 밑 부분의 직경 21.2cm, 두께 0.5cm이며, 밑 부분으로 돌아가면서 호형 장식을 하였다. 꼭대기에는 직경 1cm 정도의 구멍이 있고, 구멍에서 직선으로 3.5cm 내려오면 반달형 구멍이 세 곳에 나 있다. 반달형 구멍의 길이는 4.3~4.8cm, 너비 1~1.7cm이다.(사진 150)

배뚜리는 밑창이 깨졌으며, 아가리가 헤바라지고 밑창은 납작하다. 아가리 직경은 15.8cm, 밑창 직경 11cm, 높이 5.2cm, 두께 0.5cm로 비교적 얇다.

고리달린 그릇에는 그릇 안에 일정한 간격을 두고 세 개의 고리가 달렸는데, 끈으로 달아매기 위한 것이다. 아가리는 밋밋하게 끝나고, 몸체는 곧추 벌어졌다. 아가리 직경 23.7cm, 밑창 직경 17cm, 높이 7cm, 두께 0.5cm이다.

칼은 서쪽과 동쪽 구들에서 나왔으며, 서쪽의 것은 길이 25cm, 너비 2~3cm, 칼등 두께 0.4cm로 나무자루를 만들어 사용하였다. 동쪽 구들에서 나온 것은 손잡이를 쇠로 만들었으며 손잡이 끝이 등 쪽으로 약간 구부러졌다. 길이 20cm, 칼등 두께는 0.4cm이다(그림 22-2).

수레 굴통쇠는 세 개로 깨진 상태로 출토되었다. 원통형 바깥 면에는 여섯 개의 이가 돋쳤다. 바깥 직경 7cm, 이의 길이 4cm, 두께 0.6cm이다. 수레 굴통쇠와 함께 수레 부속이 여러 점 나왔다. 장방형의 쇠판 끝에 삿갓 모양의 고정 턱이 있고, 쇠판 끝에는 고정시키기 위한 구멍이 한 개 있다. 길이 9cm, 너비 2.6cm, 두께 1cm이다.

자물쇠는 두 개 나왔는데 완전하지 못하다. 하나는 한 쪽에 네모난 통이 있고, 그것과 대칭되게 긴 대가 붙어 있다. 장방형 통은 길이가 13.5cm, 너비 4cm, 두께 2.5cm이고, 통 양쪽에는 장방형 구멍이 있다. 대의 길이는 32.5cm, 직경 1.5cm이며, 끝으로 갈수록 점차 가늘어진다. 다른 하나는 원통형 자물쇠통으로 길이가 11cm, 직경 2.7cm이며, 양쪽에 구멍이 있다. 대의 길이 23.5cm, 직경 1.2cm이고, 끝으로 갈수록 점차 가늘어진다(그림 22-3, 사진 151).

고리손잡이는 직경 1cm 정도의 쇠줄을 둥글게 휘어 만들었으며, 여기에는 문에 고정시키기 위한 못이 있다. 손잡이의 직경은 10cm, 고리에 달려 있는 못의 길이는 6cm이다(그림 23-2).

못은 크고 작은 것 120여 개 나왔다. 생김새는 'ㄱ'자 형으로 대가리가 구부러진 것과 대가리 부분이 몸체보다 넓은 것 등 두 가지이다. 몸체의 단면은 방형 또는 장방형이며, 대·중·소로 나누어 크기를 살펴보면 큰 것의 길이는 13~14.2cm, 중간 것은 9.2~10cm, 작은 것은 6.3~6.8cm이다. 이것들 중 큰 것은 수키와 막새를 고정시키는데 사용되었다. 일부 수키와에는 직경 1cm 정도의 구멍이 있는데 거기에 쇠못을 박았던 흔적이 남아 있다(그림 23-3).

이 밖에도 여러 가지 형태의 철기가 나왔는데 그 가운데는 직경 8.5cm, 두께 0.6cm 정도의 원판 가운데 반구형 장식이 있고, 그 위에 고정시키기 위한 직경 0.2cm의 구멍이 있는 것도 있다. 이것은 문에 장식용으로 달았던 것이다. 그리고 다른 하나는 길이 20cm, 너비 1.5cm, 두께 0.5cm인 것으로 생김새로 보아 큰 쇠그릇의 아가리 부분으로 여겨진다. 그 외에 용도를 알 수 없는 쇠 파편들도 있다(그림 23-4).

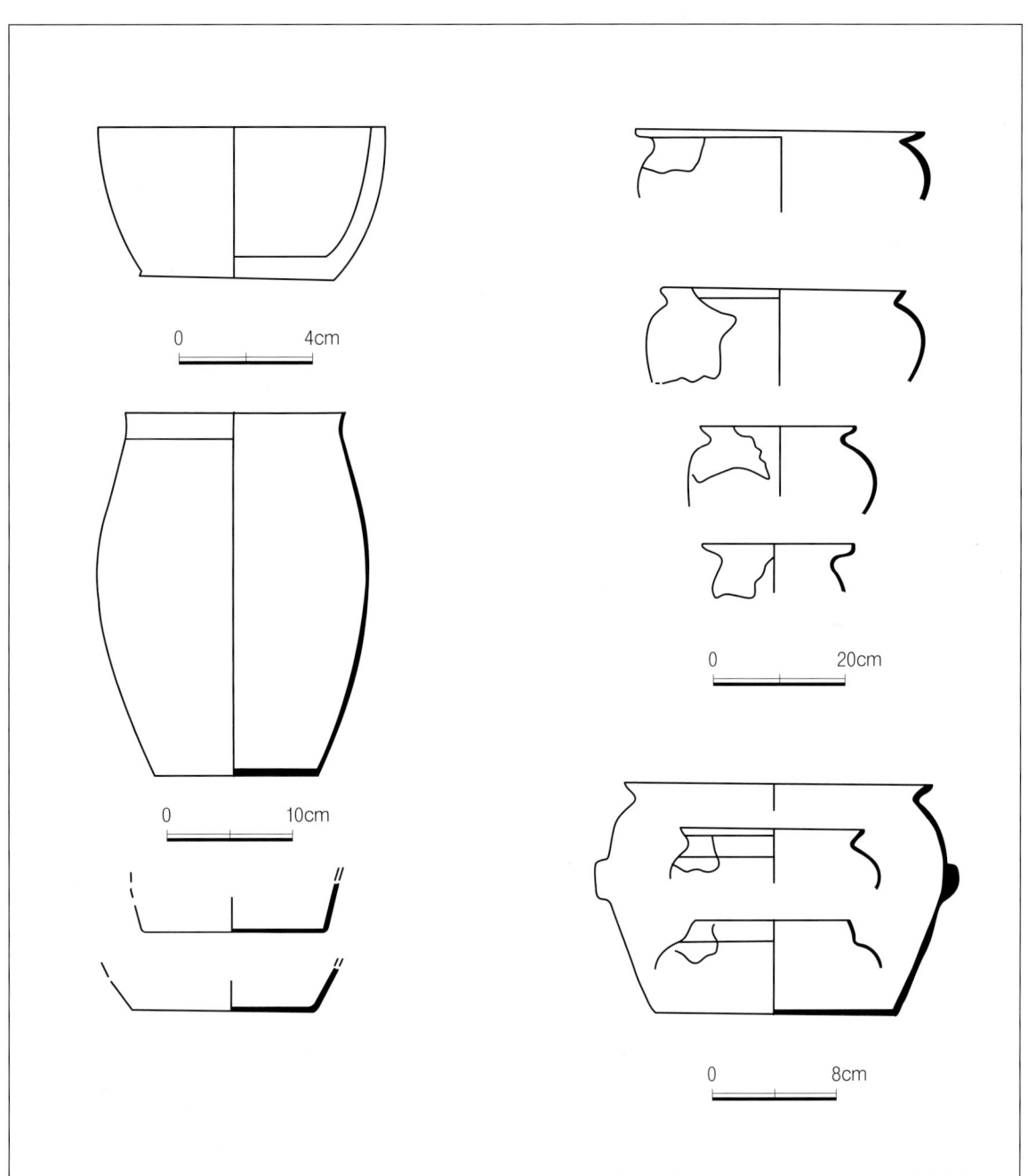

그림 21 • 금산 1건축지에서 출토된 토기

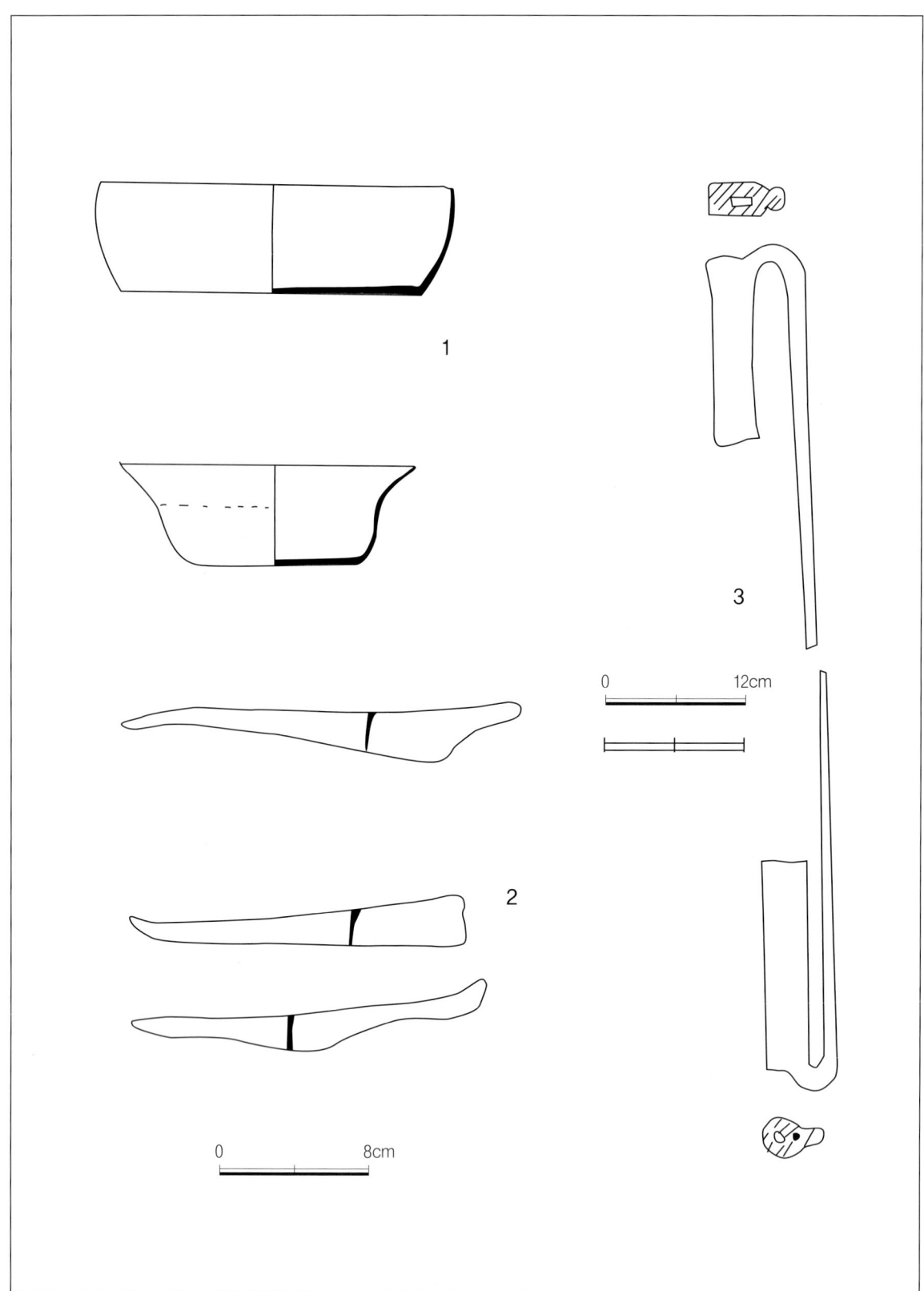

그림 22 • 금산 1건축지에서 출토된 철기(1)(1. 쇠그릇, 2. 칼, 3. 자물쇠)

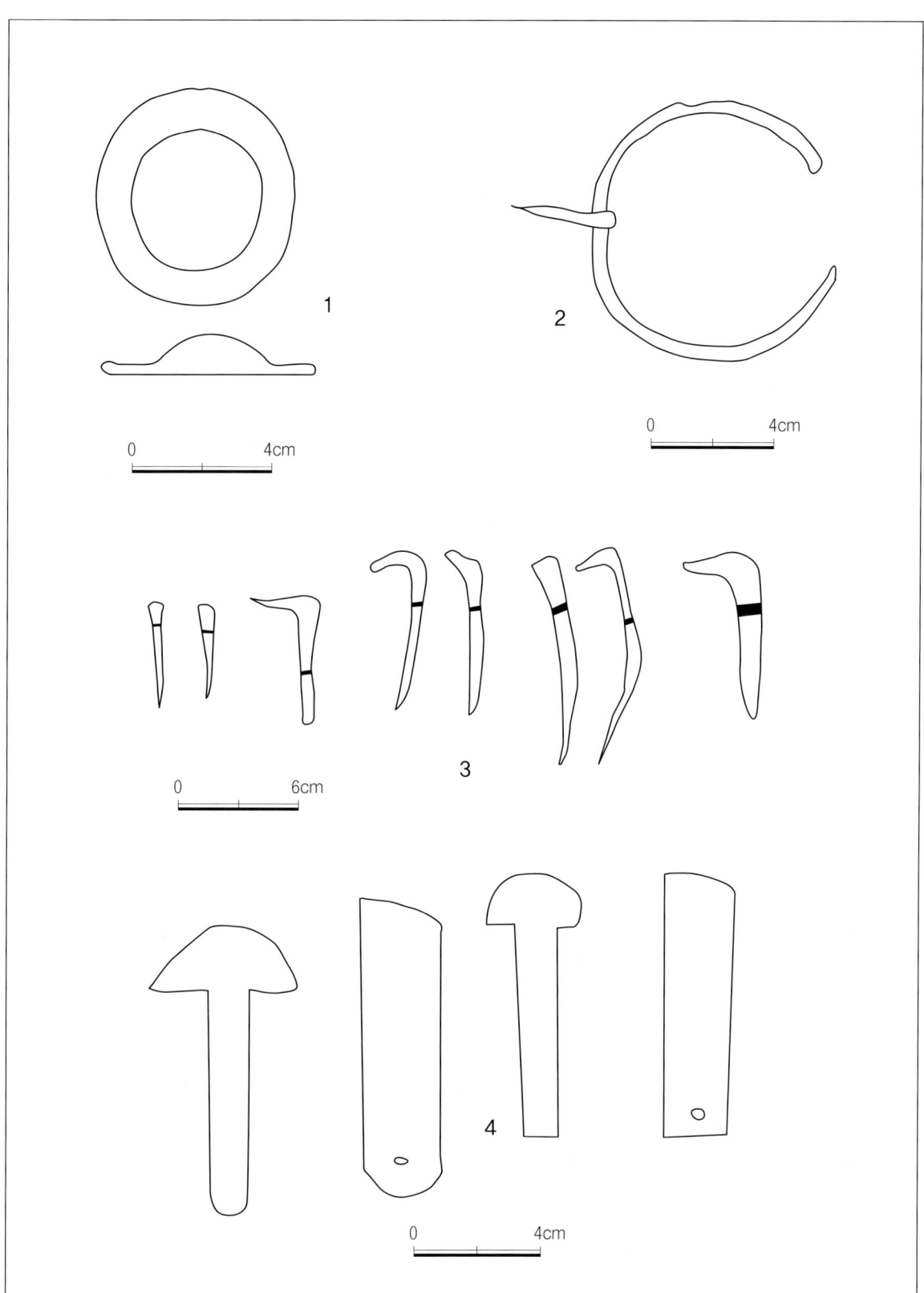

그림 23 • 금산 1건축지에서 출토된 철기(2)(1. 장식품, 2. 손잡이, 3. 못, 4. 고정못)

3. 금산 2건축지(정각터)

건축지는 오매리 절골 금산의 제일 높은 봉우리에 있다. 건축지에서 동쪽으로 오솔길을 따라 160m 내려가면 금산 1건축지가 있다. 그리고 건축지의 북쪽 산 경사면 아래에는 탑터를 비롯한 고구려 및 발해 건축지가 있다. 금산 2건축지는 오매리, 호안포리, 금호리에 있는 크고 작은 호수들과 동해가 한눈에 안겨 오는 경치 좋은 곳에 자리하고 있다.

건축지의 평면은 팔각으로 되어 있으며, 동쪽이 높고 서쪽이 좀 낮다. 돌시설은 석비레층으로 된 원토 바닥 위에서 나타났으며, 동쪽 부분에 나타난 돌의 분포 범위는 남북 길이 5.5m, 넓은 부분의 폭은 2.5m이다. 돌 줄은 계속하여 서쪽으로 뻗어 갔으며, 45°로 구부러졌다.

서쪽으로 구부러진 돌 줄의 길이는 4m, 너비는 1.5m이다. 이 돌 줄의 서쪽 끝에서 2m 구간은 돌이 없어지고 다시 돌 줄이 계속되었다. 돌 줄의 길이 1.85m, 너비 80cm이며, 동북 방향으로 놓였다. 이 돌 줄 끝에서 서쪽 3.7m 구간에도 돌이 없다. 돌이 없는 구간들에서는 기와 파편들과 질그릇 파편들이 널려 있었다. 건축지 남쪽 부분의 돌 줄 길이는 6m, 너비 2m이다. 이 돌 줄은 직선으로 된 것이 아니라 각을 이루었다. 건축지 중심에도 돌이 있으며, 이 돌들은 원래 위치에 있는 것이 아니라 교란된 상태였다. 건축지에서 드러난 돌들은 전반적으로 불그스레했다. 이는 건물이 불에 탔다는 것을 말해 주는 것이다. 건축지에서 드러난 돌 가운데 큰 것은 길이 60cm, 너비 29cm, 두께 19cm이며, 작은 것은 길이 25cm, 너비 20cm, 두께 8cm이다. 여기에서는 다른 건축지에서 볼 수 있었던 주춧돌은 없었다(그림 24).

이와 함께 기와, 못, 쇠칼, 질그릇 등의 유물이 발굴되었다. 여기서 주목되는 것은 발해기와 파편들과 함께 드러난 고구려기와 파편들이다. 남쪽 산 경사면에서 나온 기와를 보면 대부분 고구려기와이다.

이 건축지에는 주춧돌이나 난방시설이 없는 것으로 보아 사람이 살던 살림집 터가 아니라 지형상의 위치로 보아 아름다운 경치를 감상하기 위한 정각 터로 생각된다.

그림 24 · 금산 2건축지 평면도

Ⅳ. 건축지 75

1) 기와

기와에는 암키와, 수키와, 수키와 막새 등이 있다.

발해시대 암키와는 기와 끝을 손가락으로 눌러서 물결무늬 형식으로 한 것과 무늬가 없는 것이 있다. 암키와 색깔은 회색과 붉은색으로 나뉘며, 기와 한쪽 면에는 베천무늬가 있다. 기와의 두께는 2~2.3cm이다(그림 25-4).

수키와는 큰 것과 작은 것, 연결 부분에 홈이 있는 것과 없는 것이 있다. 수키와 막새는 중심에 직경 2.5cm의 반구형 꽃술이 있고, 네 개의 연꽃잎과 그 사이에 네 개의 당초무늬가 있다. 막새의 직경 13.5cm, 테두리의 너비는 1.4cm, 두께 2cm이다. 진흙에 보드라운 모래를 약간 섞어 높은 열에서 구워냈기 때문에 매우 굳으며, 색깔은 회색이다(그림 25-1, 그림 25-5).

이 건축지에서 나온 고구려기와는 노끈무늬와 그물무늬가 있는 기와가 있다. 노끈무늬가 있는 기와의 색깔은 붉은색, 갈색, 회색 등으로 갈라진다. 회색 기와는 붉은색이나 갈색보다 굳은 것이 특징이다. 회색 기와 파편의 크기는 길이 9.6cm, 너비 9.4cm, 두께 1.5cm로서 붉은색이나 갈색보다 얇다. 그물무늬가 있는 붉은색 기와의 두께는 2cm이다. 기와 한쪽 면에는 모두 굵은 베천무늬가 있다.

2) 쇠못과 쇠칼

쇠못은 큰 것과 작은 것으로 구분되며, 자른 면은 정방형이다. 큰 못의 길이는 9.5cm, 두께 1cm이고, 작은 못의 길이는 4cm, 두께 0.9cm이다. 못에는 대가리가 없다.

이 건축지에서는 한 개의 쇠칼이 나왔다. 자루에 맞추었던 뿌리 부분과 날 부분이 일부 남아 있으며, 칼등은 곧다. 남아 있는 칼의 길이는 11.5cm, 너비 4.5cm, 두께 0.4cm이다(그림 25-6).

3) 도기

이 건축지에서 도기 파편이 적지 않게 나왔는데 그것을 분류해 보면 시루와 작은 그릇 파편으로 갈라진다.

작은 그릇 파편은 길이 5cm, 너비 4cm, 두께 0.3cm로서 매우 얇으며, 굳은 것이 특징이다. 가는 모래를 약간 섞은 보드라운 진흙으로 만들었으며, 돌림판을 쓴 흔적이 있다. 색깔은 모두 연한 갈색이다.

여기에서 나온 시루는 크기와 밑창의 생김새에 따라 세 가지로 나눌 수 있다. 첫째, 높이 6.5cm, 두께 1.5cm인 것으로 복원된 시루의 직경은 65cm이다. 시루 밑창에 있는 구멍의 직경은 깨져서 알 수 없다. 둘째, 시루의 높이 7.5cm, 두께 1.4cm인 것으로 바닥 중심에 직경 8cm 정도의 큰 구멍이 있고, 그 주변에 직경 0.9cm의 작은 구멍이 있다. 시루의 직경은 52.5cm이다. 셋째, 시루의 벽은 앞에서 본 것들과 마찬가지로 곧게 되었으며, 높이 6.2cm, 두께 1.2cm, 밑창에 난 구멍의 직경 16cm, 복원된 시루의 직경은 47cm이다. 이러한 형태의 시루는 큰 시루 안에 여러 개의 작은 그릇을 덧놓고 음식을 만드는 데 사용한 것으로 인정된다.

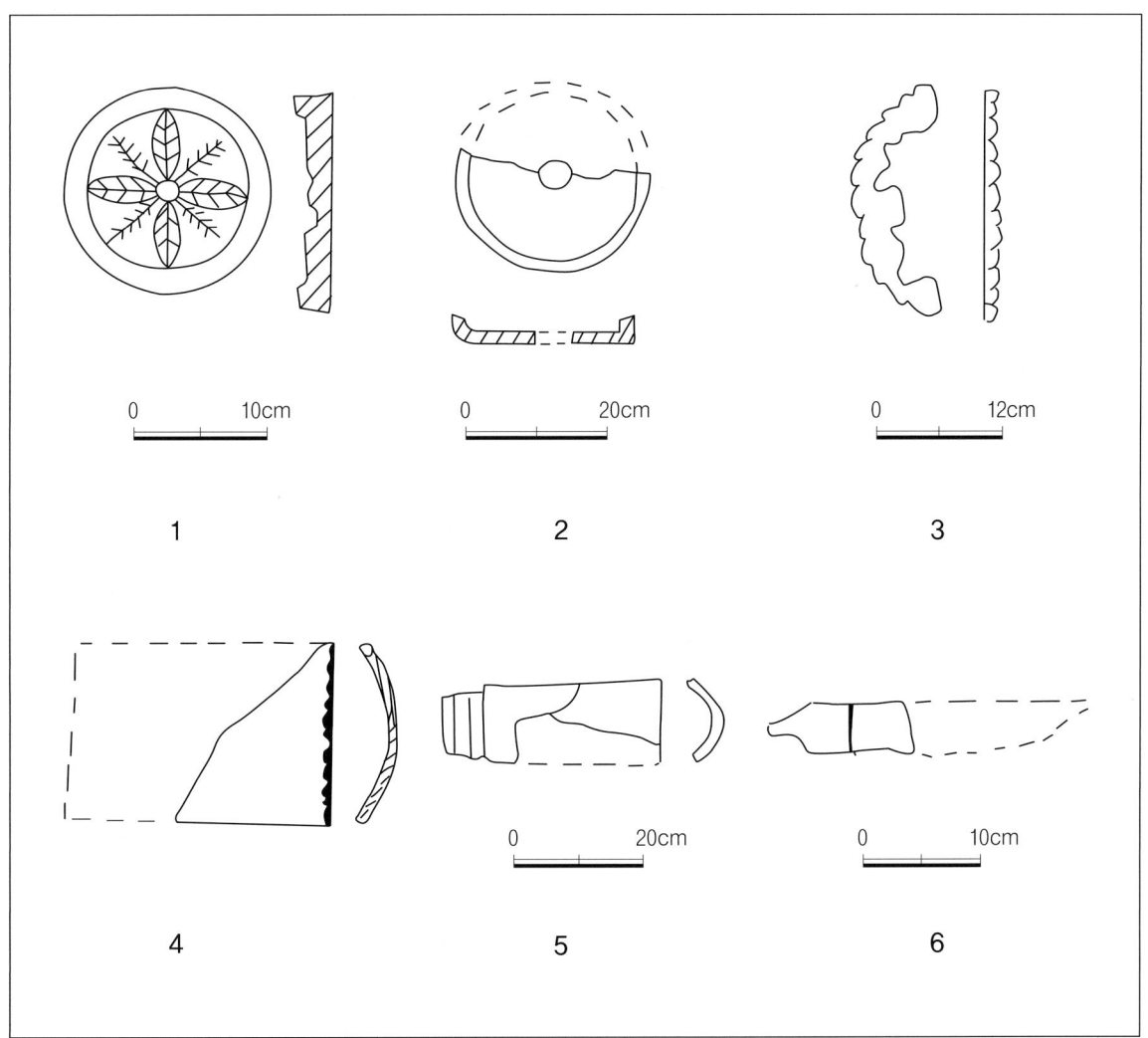

그림 25 • 금산 2건축지에서 출토된 유물(1. 막새, 2. 시루, 3. 장식기와, 4. 암키와, 5. 수키와, 6. 칼)

V 북청 일대의 발해 유적

고분

1. 평리고분군

평리고분군은 북청군 하호리에 있는 청해토성에서 동북쪽으로 약 8km 떨어진 평리 벌판에 있다. 고분군의 동쪽으로는 부전령 산줄기에 속하는 대덕산, 매봉 등지에서 시작하여 동해로 들어가는 동대천(거산천)이 흐르고, 서쪽으로는 독술봉을 비롯한 북쪽의 높은 산지에서 시작하여 동해로 흘러드는 서대천이 있으며, 서쪽 산에 거산성이 있다.

지난 세기에 평리고분군에서는 3차에 거쳐 발굴이 진행되었다. 1차 발굴은 1986년 6월~10월에 이루어졌으며, 2차 발굴은 1987년 5월과 10월에, 3차 발굴은 1988년 4월에 이루어졌으며, 그 성과로 모두 50여 기의 고분이 발굴되었다. 이후 새로운 세기에 이어진 4차·5차 발굴은 2014년과 2015년에 이루어졌으며, 그 성과로 모두 31기의 고분을 발굴하였다(그림 26, 사진 153~157).

이번에 발굴된 고분들은 새로운 세기에 발굴된 것들이므로 지난 세기에 발굴된 고분 번호를 잇지 않고 발굴한 순서에 따라 1호로부터 번호를 주었다.

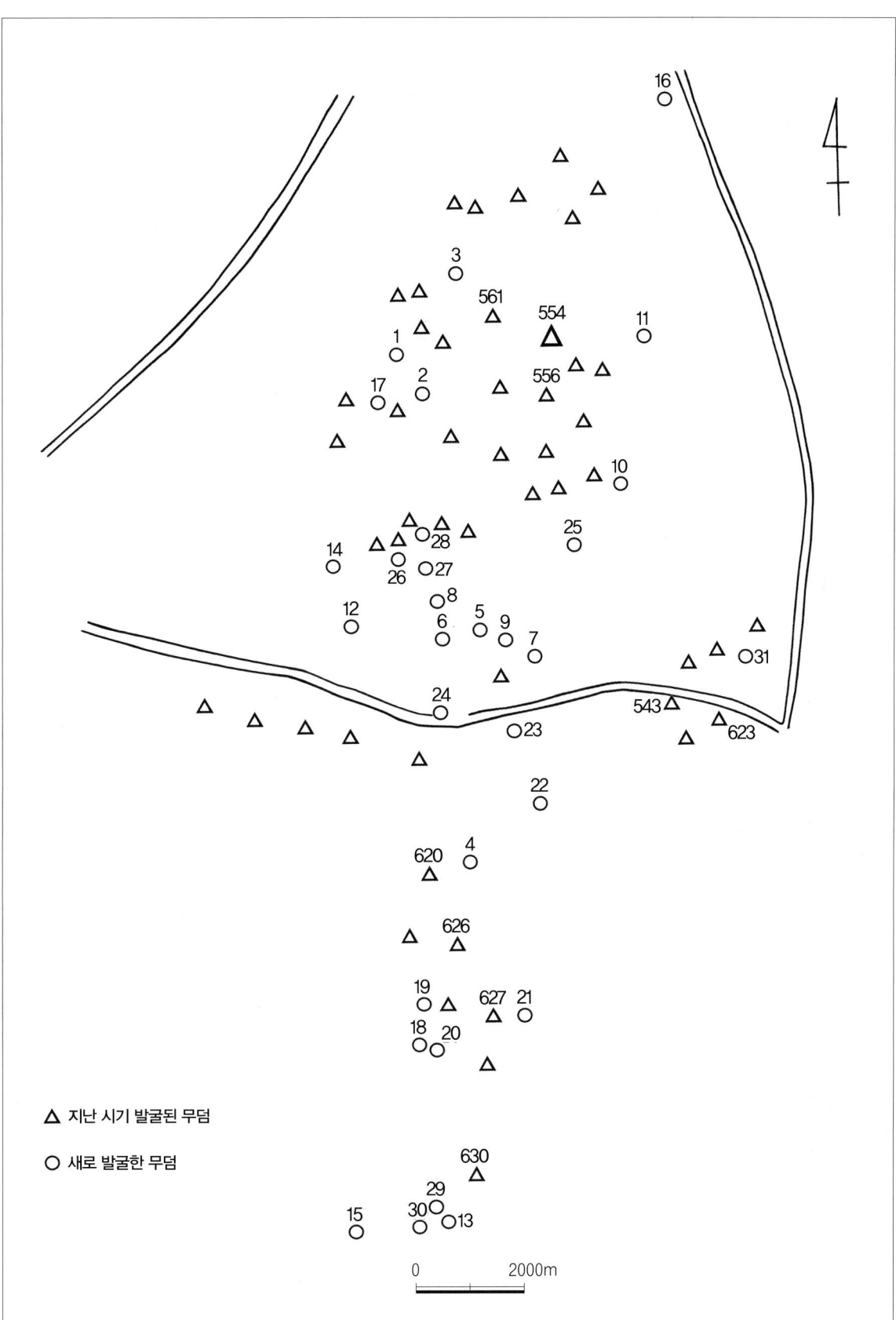

그림 26 • 평리고분군 고분 분포도

1호분

고분은 지난 시기에 발굴된 554호분에서 서쪽으로 약 33m 정도 떨어져 있다. 봉분은 오랜 세월이 흐르면서 많이 유실되어 없어졌고, 거의 평지로 되어 있다. 봉분의 크기는 남북 길이 7.7m, 동서 너비 11.2m이며, 높이는 동쪽이 40cm, 북·남·서쪽이 모두 60cm이다(그림 27, 사진 158).

이 고분은 묘도와 묘실로 이루어진 반지하식 단실석실봉토분이며, 방향은 190°이다.

묘도는 묘실 동쪽에 완전히 치우쳐 나 있다. 묘도에는 묘도 입구로부터 묘실 입구까지 돌들이 꽉 차 있었다. 폐쇄석들은 여러 가지 생김새와 크기를 가진 강돌들을 이용하였는데 생김새가 거의 방형에 가까운 돌도 있고, 둥글둥글한 형태도 있으며, 장방형도 있다. 폐쇄석들의 크기를 보면 방형에 가까운 돌들은 길이 50cm, 너비 40cm, 두께 20cm 정도이고, 둥글둥글한 돌의 크기는 길이·너비·두께가 30cm이다. 장방형의 것은 길이 40cm, 너비 20cm, 두께 8cm 정도이다.

묘도 바닥은 모래와 자갈이 섞인 원토층을 그대로 다져 놓았다. 묘도 바닥은 묘도 입구 쪽에서 중간 부분까지 약간 경사져 있으며, 다음 묘실 입구까지는 거의 수평으로 묘실 바닥과 이어진다. 묘도 입구에서 중간 부분까지는 높이 차이가 약 8cm 정도 난다.

묘도의 동·서 두 벽은 길면서도 아래와 윗면이 비교적 평평하고, 쌓기 편한 강돌들을 이용하여 쌓았다. 발굴 당시 묘도 벽체는 많이 파괴되었는데, 특히 서벽 윗부분에는 벽체 바깥쪽으로 60~90cm 너비로 무너진 돌들이 한 벌 깔려 있었다. 또한 묘도 동벽은 맨 아랫단에 쌓았던 돌들 가운데 입구 쪽의 돌들은 이미 없어진 상태였다.

묘도 천정시설은 다 파괴되어 알 수 없다. 다만 묘실 입구 바닥에서 발굴 중에 길이 90~110cm, 너비 55cm, 두께 30cm인 큰 돌이 드러났는데, 돌의 크기로 보아 묘도 입구를 덮었던 이맛돌로 생각된다.

묘도의 크기는 남북 길이 88cm, 동서 너비 96cm, 동서 두 벽의 높이 40cm 정도이다.

묘실의 평면 형태는 남북으로 긴 장방형이다. 발굴 중에 묘실 바닥에서는 큰 강돌들이 많이 드러났다. 이것은 벽체를 쌓았던 돌들이 무너진 결과로 볼 수 있다. 묘실 바닥은 묘도 바닥과 마찬가지로 강자갈이 섞인 모래땅을 다져 놓았다.

묘실 벽체의 윗부분은 대부분 없어지고 밑부분만 남아 있다. 묘실의 네 벽체 가운데서 동벽은 가장 품을 들여 잘 쌓았다. 동벽의 제일 아랫단을 보면 아랫면과 윗면이 비교적 평평하고, 두께도 일정한 강돌들로 묘실 안쪽 면을 맞추면서 규칙 있게 쌓고, 그 위에 벽체 돌들을 올려 쌓았다. 이것은 기초 부분을 든든히 하여 벽체가 무너지는 것을 막기 위한 축조 수법의 하나라고 볼 수 있다. 동벽은 현재 벽체를 쌓은 것이 세 돌기 정도 남아 있으며, 높이는 60cm 정도이다. 동벽을 축조하는 데 이용한 벽체 돌들의

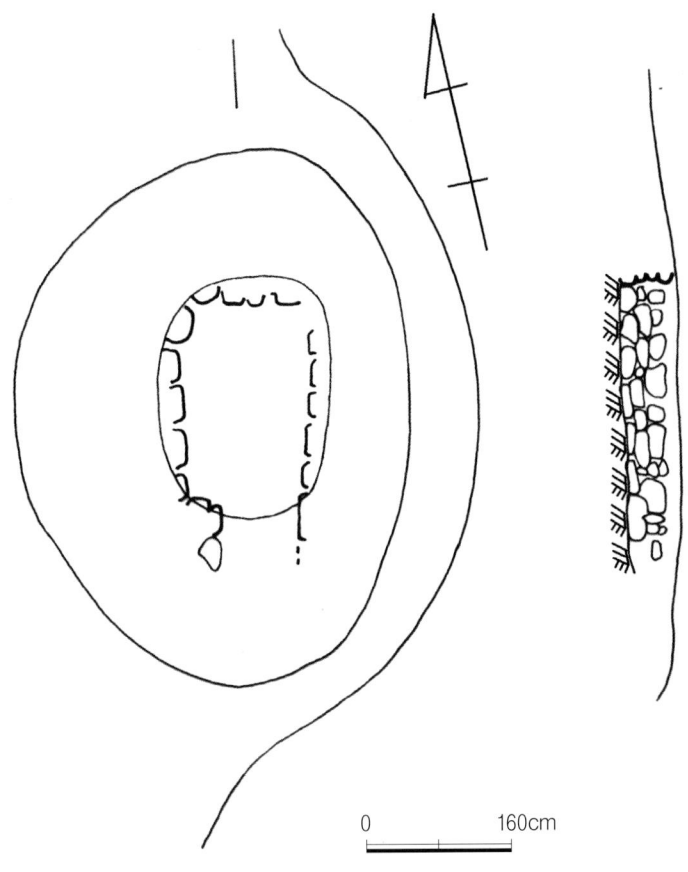

그림 27 • 평리1호분 봉분 평면도

크기는 대체로 큰 것이 40×28cm, 40×18cm, 작은 것이 20×15cm, 35×13cm 정도이다. 동벽의 길이는 220cm이다.

서벽은 윗부분에서 묘실 바깥쪽으로 약 60cm 너비로 돌들이 경사지게 넘어져 있다. 이것은 벽체 돌들이 묘실 밖으로 밀려나면서 생긴 결과로 생각된다. 서벽은 동벽과는 달리 제일 아랫단에 길이 70cm, 두께 45cm 정도의 큼직한 돌들과 그보다 좀 작은 돌들을 배합하여 묘실 안쪽 면을 맞추면서 한 벌 깔고, 그 위에 벽체 돌들을 수직으로 올려 쌓았는데, 바깥쪽으로 많이 밀려나 있다. 벽체는 동벽과는 달리 직선으로 축조되지 못하고 북벽 쪽으로 가면서 묘실 안쪽으로 약간 호선을 이루었다. 서벽은 현재 세 돌기 정도 남아 있으며, 높이는 68cm 정도이다. 서벽의 길이는 236cm이다.

북벽은 서벽을 쌓은 수법과 비슷한데 기초 부분에 길이 48cm, 높이 20cm 정도의 큰 돌과 그보다 작은 돌을 배합하여 쌓고, 그 위 동쪽 부분은 두께가 일정하지 않은 돌들로 3단 정도 올려 쌓고, 서쪽

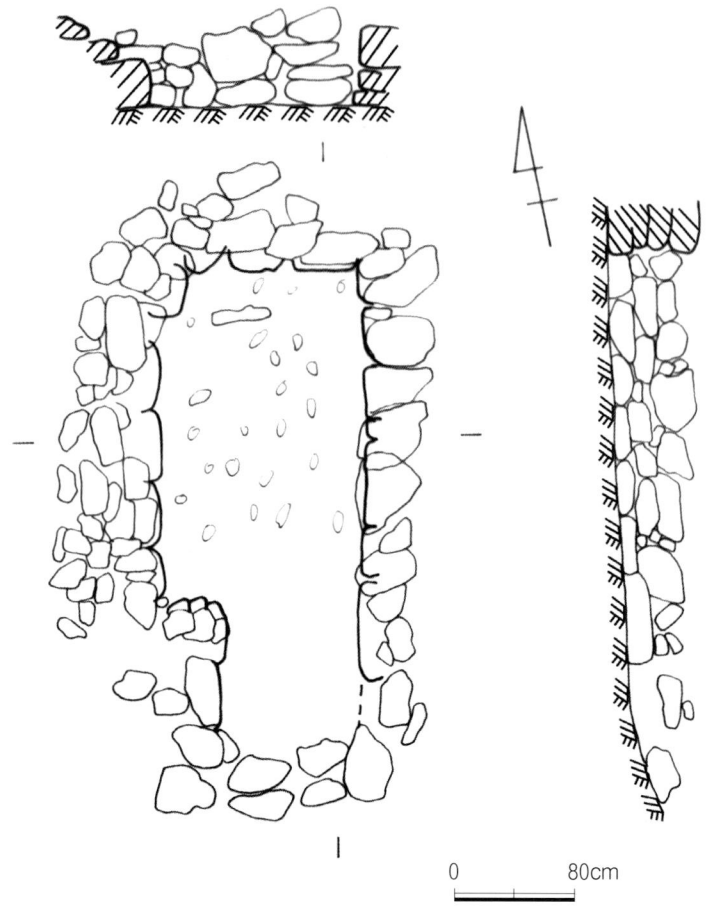

그림 28 • 평리1호분 평단면도

부분은 한 개의 큰 돌을 올려 벽체를 축조하였다. 북벽은 현재 네 돌기 정도 남아 있으며, 높이는 70cm 정도이다. 벽체를 축조하는 데 이용한 돌들의 크기는 대체로 48×20cm, 40×18cm이며, 큰 돌인 경우 48×40cm 정도이다. 북벽의 길이는 120cm이다.

남벽은 묘실 서남 모서리에서 안쪽으로 약 40cm 정도 축조되어 있으며, 현재 윗부분은 파괴되고 밑부분만 남아 있다. 남벽은 다른 벽체들과는 달리 그리 크지 않은 돌들로 축조하였다. 현재 2~3돌기 정도 남아 있으며, 높이는 96cm이다.

묘실의 크기는 남북 길이 236cm, 동서 너비는 묘실 입구 쪽이 144cm, 북쪽 부분이 120cm이다(그림 28, 사진 159~166).

발굴 과정에 묘실 입구에서 질그릇 파편 한 점이 나왔다. 질그릇은 쌀 함박의 아가리 파편으로 색

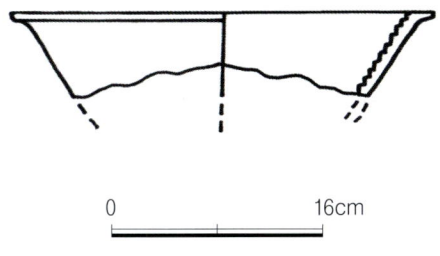

그림 29 · 평리1호분 출토 토기 파편

깔은 검은색이며, 그릇살은 매우 굳다. 크기는 아가리 직경이 44cm 정도로 추정되며, 그릇살 두께는 0.8cm이다(그림 29).

2호분

고분은 554호분에서 서남쪽으로 29m 정도 떨어진 곳에 위치하고 있다. 이 고분의 서북쪽 약 10m 정도에 1호분이 있다. 봉분은 다 없어지고 묘실 벽의 윗부분들이 지금 지표에 약간씩 드러나 있었다(사진 167).

고분은 묘도와 묘실로 이루어진 반지하식 단실석실봉토분이며, 방향은 180°이다. 묘도는 묘실남벽에서 동쪽으로 완전히 치우쳐 나 있다. 묘도 바닥은 강모래 바닥인 원토층을 그대로 다진 상태이다. 묘도 벽체는 강돌로 쌓았으며, 입구 쪽으로 가면서 많이 허물어졌다. 현재 3~4돌기로 곧추 올려 쌓은 벽체가 남아 있다.

묘도 동벽은 가운데의 밑돌이 밀려 들어와 있는 상태에서 직선으로 되어 있지만 묘도 서벽은 묘실 입구 쪽에서 밖으로 나가면서 사선으로 되어 있다. 따라서 묘도는 바깥쪽이 좁고, 묘실 입구 쪽이 넓다. 묘도 동벽의 길이는 150cm, 높이는 20cm이며, 묘도 서벽의 길이는 170cm, 높이는 68cm이다. 묘도 벽체를 축조하는 데 이용한 돌들의 크기를 보면 큰 것이 40×10cm, 작은 것이 20×12cm 정도이다.

묘도 천정은 허물어져 그 상태를 알 수 없다. 묘도의 크기는 길이 170cm, 너비 67cm, 높이 68cm이다.

묘실의 평면 형태는 남북으로 긴 장방형이다. 묘실 바닥은 강모래 바닥을 그대로 다진 원토층 위에 납작한 작은 강돌을 깔아 놓았는데, 현재 대부분 없어지고 북쪽 부분 일부에 얼마간 남아 있다. 바닥에

깐돌들은 26×20cm, 20×20cm의 둥글납작한 강돌들이다.

묘실 벽체는 큼직하고, 둥근 강돌을 일정하게 면을 맞추어 곧추 쌓아 올렸으며, 현재 3~4돌기 정도 남아 있다. 북벽을 쌓은 상형을 보면 제일 밑줄에 네 개의 강돌을 놓고, 그 위에 2~3돌기로 쌓았다. 세 번째 돌기의 돌들부터 안쪽으로 12cm 정도 기울임을 주었다. 벽체를 쌓는 데 이용한 돌들의 크기는 첫 번째 돌기의 것이 32×17cm, 29×10cm, 21×9cm 정도이고, 세 번째 돌기의 것이 45×19cm, 32×33cm, 25×14cm 정도이다. 북벽은 3~4돌기로 남아 있는데 높이는 61cm이다.

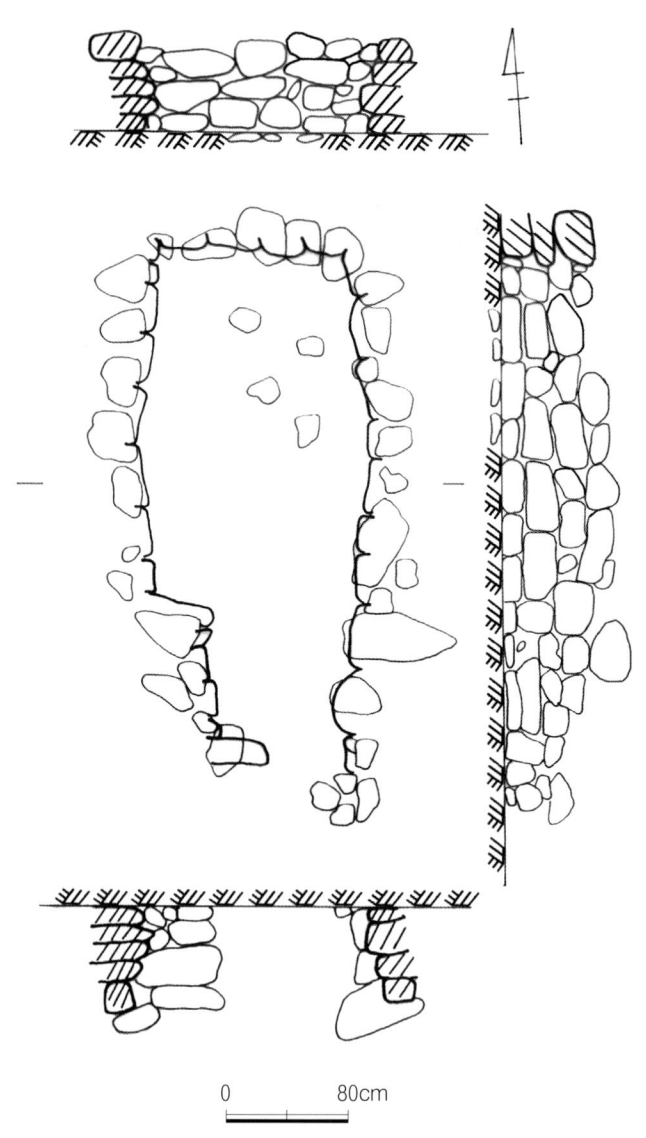

그림 30 · 평리2호분 평단면도

동·서·남벽은 네 돌기로 쌓았으며, 동벽과 서벽 가운데가 밖으로 약간 휘어 나가면서 평면상 호선을 이루었다. 동벽은 제일 밑줄에 놓은 벽체 돌들보다 두 번째, 세 번째 돌기의 돌들이 더 크다. 벽체를 쌓은 돌들 가운데 제일 큰 돌은 밑줄에서는 37×13cm 정도이고, 두 번째, 세 번째 돌기에서는 44×16cm, 45×17cm 정도이다. 동벽 높이는 70cm 정도이다.

서벽은 기본적으로 첫 번째 돌기에는 큰 강돌을 놓고, 그 위의 벽체 돌들은 같거나 작은 강돌들로 쌓았다. 그리고 윗부분에 쌓은 돌들은 대다수 고분들처럼 긴 축 방향으로 길게 놓은 것이 아니라 세로로 놓였다. 벽체를 쌓는 데 이용한 돌들의 크기를 보면 첫 번째 돌기에서 큰 것이 40×14cm 정도이며, 작은 것이 24×10cm이다. 네 번째 돌기에서는 큰 것이 26×15×37cm, 32×20×30cm 정도이다. 현재 서벽 높이는 68cm이다.

남벽은 묘도가 동쪽에 치우쳐 있으므로 서쪽 부분에 벽체가 세워졌다. 벽체는 큰 돌과 작은 돌을 배합하여 묘실 안쪽 면을 맞추면서 쌓았으며, 세 번째 돌기의 돌이 42×22cm 정도로 가장 크다. 벽체는 현재 네 돌기로 쌓아져 있는데, 높이는 69cm이다. 천정 돌은 없어져 그 형태를 알 수 없다.

묘실 크기는 남북 길이 240cm, 동서 너비 145cm, 현재 높이는 70cm 정도이다(그림 30, 사진 168~176).

고분에서는 아무런 유물도 나오지 않았다.

3호분

고분은 554호분으로부터 서북쪽으로 약 24m 떨어진 지점에 위치하고 있다. 고분의 서남쪽으로 20m 떨어진 지점에 1호분이 있고, 남쪽으로 26m 떨어진 지점에 2호분이 있다.

봉분은 매우 낮아져 윗부분이 거의 평지처럼 되어 있었으며, 묘실 벽체 돌들이 지표면에 일부 드러나 있었다. 봉분의 동쪽 부분이 북쪽과 서쪽 부분에 비하여 조금 낮게 남아 있다. 현재 남아 있는 높이는 동쪽에서 보면 60cm이고, 북쪽과 서쪽에서 보면 80cm 정도이다. 봉분 크기는 남북 길이 7.44m, 동서 너비 5.6m이다(그림 31, 사진 177).

고분은 묘도와 묘실로 이루어진 반지하식 단실석실봉토분이며, 방향은 195°이다.

묘도는 묘실 동벽에 완전히 치우쳐 있다. 묘도에는 발굴 당시 돌들이 꽉 차 있었는데, 특히 묘실 입구의 돌들은 마치 벽체를 쌓은 것처럼 차곡차곡 놓여 있었다. 돌들이 놓인 상태로 보아 묘도를 막았던 폐쇄석으로 인정된다.

묘도 바닥은 자그마한 강돌들이 섞인 모래층인 원토층을 그대로 다져 놓았다. 바닥은 묘도 입구로

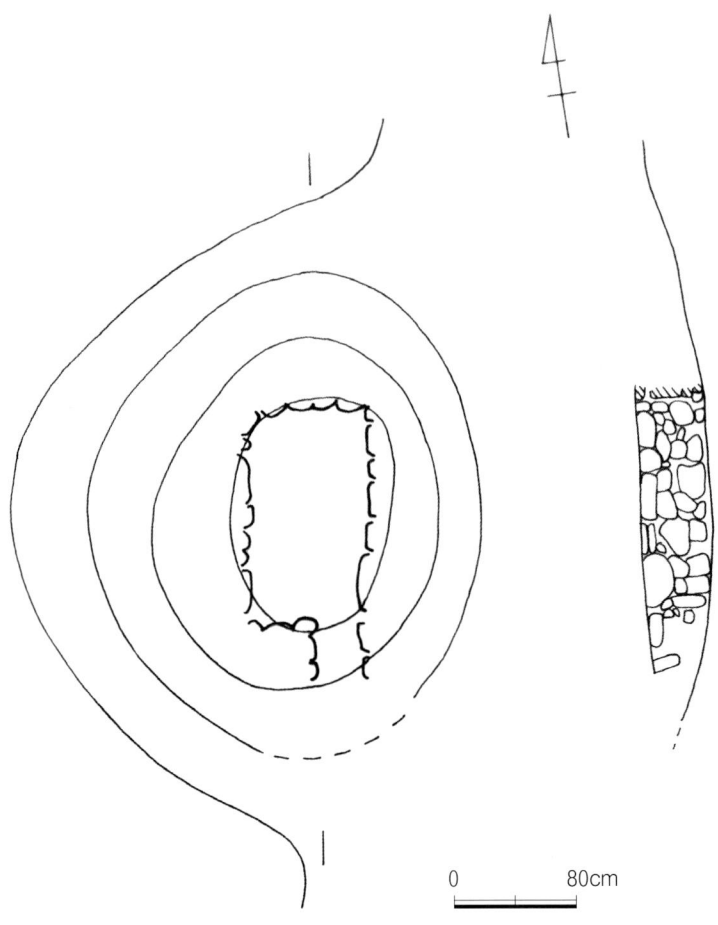

그림 31 • 평리3호분 봉분 평면도

부터 묘실 입구 쪽으로 가면서 약간 경사져 내려갔으며, 높이 차이는 8cm 정도이다.

묘도의 동·서 두 벽체는 많이 파괴되어 일부분만 남아 있다.

동벽은 묘실 동벽과 직선으로 쌓아져 있으며, 윗부분의 돌들은 다 파괴되어 밀려 나갔고, 기초 부분에 쌓은 1돌기의 벽체 돌만 남아 있다. 현재 두 개의 기초 돌이 남아 있는데, 하나는 묘실 입구 쪽에 치우쳐 긴 축 방향으로 놓여 있고, 다른 하나는 묘도 입구 쪽에 놓여 있으면서 안쪽으로 기울어진 상태로 세워져 있다. 남아 있는 벽체 높이에서 안으로 기울어진 차이는 약 20cm 정도이다. 벽체 돌의 크기는 48×30×28cm이고, 다른 하나는 44×33×24cm 정도이다. 벽체 크기는 길이 75cm, 높이 44cm 정도이다.

서벽은 비교적 잘 남아 있는데, 먼저 바닥에 큼직한 돌들을 놓고 그 위에 그보다 좀 작은 돌들로 쌓았다. 벽체는 현재 네 돌기 정도 남아 있으며, 높이는 96cm 정도이다. 벽체를 축조하는 데 이용한 돌들의 크기를 보면 큰 것이 30×28cm, 40×22cm 정도이고, 작은 것이 16×18cm, 20×17cm, 그 밖에 주먹만 한 작은 돌들도 있다. 서벽 길이는 약 80cm 정도이다. 묘도 천정은 파괴되어 본래 축조 상태를 알 수 없다. 묘도 크기는 남북 길이 80cm, 동서 너비 80cm 정도이다.

묘실의 평면 형태는 남북으로 긴 장방형이다. 묘실 바닥은 강자갈이 섞인 모래층을 그대로 다져 놓았다. 묘실 동·남벽은 비교적 직선으로 축조되어 있으나 서벽과 북벽 서북 모서리 부분은 약간 휘어지게 호선을 이루면서 쌓았다. 묘실 벽체 돌은 묘도 벽체 돌과 마찬가지로 크기가 서로 각이한 강돌들을 이용하여 쌓았다.

동벽은 기초 부분에 아랫면과 윗면이 비교적 평평하고 큼직한 강돌들을 놓은 다음 그 위에 크고 작은 돌들을 배합하여 여러 돌기를 올려 쌓았다. 벽체는 위로 올라가면서 안쪽으로 약간 기울어졌는데 현재 남은 높이에서 윗선과 아래선의 차이는 15cm 정도이다. 벽체를 쌓는 데 이용한 돌들의 크기는 큰 것이 80×34cm, 46×17cm, 52×20cm, 작은 것이 28×18cm, 20×15cm 정도이며, 여기에 주먹만 한 크기의 작은 돌들이 간혹 섞여 있다. 벽체는 현재 네 돌기 정도 남아 있으며, 높이는 84cm이다.

서벽은 동벽과는 달리 기초 부분에서부터 위로 올라가면서 가로 선과 세로 선을 맞추며 쌓지 않고, 크고 작은 돌들로 높이를 대충 맞추어 쌓아 매우 무질서하다. 특히 서벽 양쪽 모서리 부분에는 비교적 큰 돌들로 쌓아 안정감을 주지만, 가운데 부분은 기초 부분에서부터 대충 축조하여 견고하지 않게 보인다. 서벽은 위로 올라가면서 안쪽으로 약간 기울어졌으며, 그 차이는 약 16cm 정도이다. 벽체를 쌓은 돌들은 현재 4~5돌기로 남아 있으며, 높이는 약 100cm 정도이다.

북벽은 기초 부분을 동벽과 마찬가지로 윗면과 밑면이 고른 강돌들로 맞추어 쌓고, 그 위의 가운데 부분에 길이가 약 100cm, 높이 40cm 정도인 커다란 강돌을 놓고, 그 양옆과 위로 작은 강돌들을 쌓았다. 강돌들은 비교적 돌기를 맞추어 3단 정도로 올려 쌓았다. 벽체는 안쪽 면을 맞추면서 비교적 곧추 올려 쌓았으며, 현재 네 돌기 정도 남아 있다. 높이는 약 100cm 정도 된다.

남벽은 묘도가 동쪽으로 치우쳐 있어서 서쪽 부분만 쌓여져 있다. 남벽은 일정한 크기의 돌들을 비교적 정연하게 쌓았으며, 현재 네 돌기 정도만 남아 있다. 벽체를 축조하는 데 이용한 돌들의 크기는 대체로 28×23cm, 36×25cm 정도이다.

묘실 안에는 천정 돌로 인정되는 커다란 돌이 두 개 있었는데, 하나는 북벽 가까이에 치우쳐 동벽에 기대어 있었고, 다른 하나는 남벽 가까이에 치우쳐 바닥에 놓여 있었다. 천정 돌의 크기를 보면 북벽의 것은 길이 134cm, 너비 30~70cm, 두께 36cm이며, 남벽 가까이에 있는 것은 길이 125cm, 너비 35~68cm, 두께 32cm인데 남쪽의 것은 묘도 천정에 올려놓았던 이맛돌로 인정된다. 남벽의 제일 윗

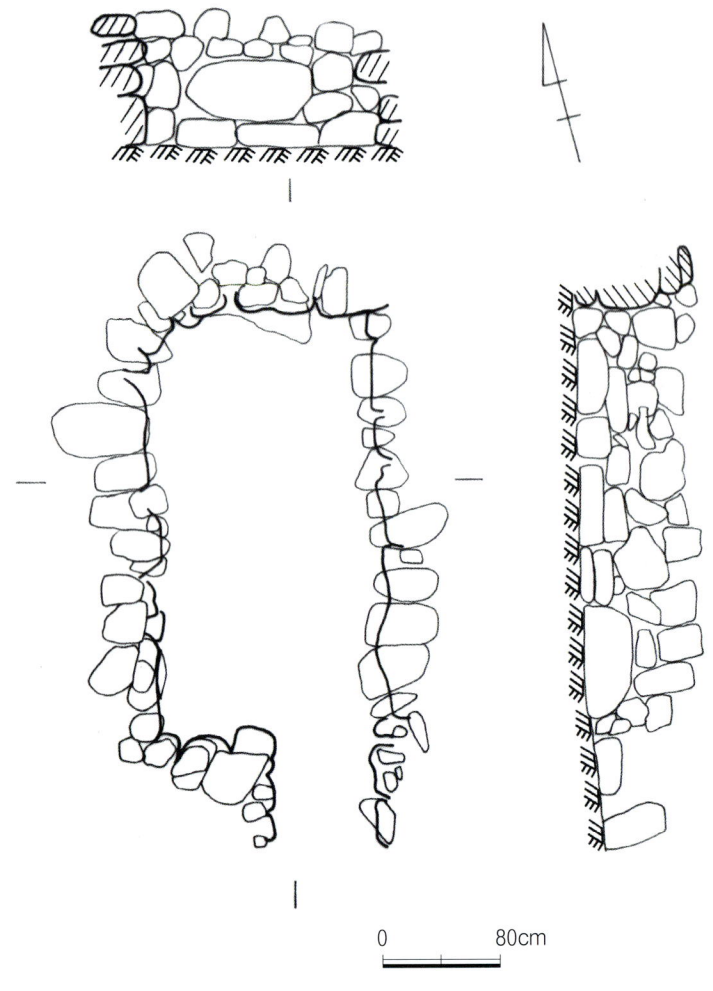

그림 32 • 평리3호분 평단면도

부분 돌들이 안쪽으로 약간 경사져 있는 것을 보면 이맛돌이 묘실 안쪽으로 떨어졌다고 판단된다.

묘실 크기는 남북 길이 300cm, 동서 너비 138cm, 높이 100cm 정도이다(그림 32, 사진 178~186).

고분에서는 아무런 유물도 나오지 않았다.

4호분

고분은 지난 시기에 발굴된 554호분에서 남쪽으로 108m 정도 떨어진 곳에 위치하고 있다. 고분에서 남쪽으로 17m 떨어진 곳에는 지난 시기에 발굴된 626호분이 있고 북쪽으로 45m 떨어진 곳에는 새

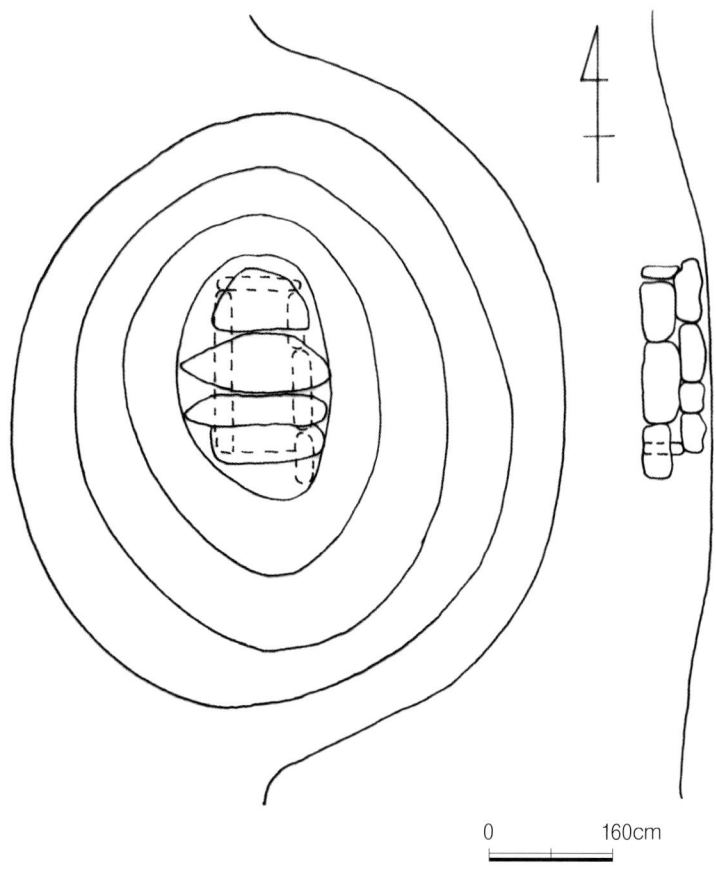

그림 33 · 평리4호분 봉분 평면도

로 발굴된 5호, 6호, 7호 등의 고분들이 있다.

봉분은 평면 형태가 남북으로 긴 타원형으로 되었는데 작은 강돌들이 흙에 섞여 있었다. 봉분의 크기는 남북길이 8.3m, 동서너비 6.8m이며 현재 높이는 0.8m이다. 봉분의 0.3m 깊이에서 뚜껑돌이 드러났다(그림33, 사진187).

고분은 반지하식의 단실석곽봉토분이며 긴 축이 남북으로 놓여 있다. 이 고분은 장방형의 구덩이를 파고 가공한 화강암판돌들로 벽을 세웠으며 뚜껑돌을 덮은 다음 주위에 강돌로 보강 벽을 한 고분이다. 묘실 바닥은 잔돌이 섞인 강모래 바닥으로 되어 있다.

석곽의 동·서 두 벽은 다듬은 판돌을 이어 대는 방법으로 세웠고 북벽과 남벽은 한 장의 판돌을 세우는 방법으로 세웠다.

동벽은 세 개의 판돌을 이어 대는 방법으로 세웠다. 벽체의 남쪽에서 첫 번째 판돌은 천정 돌의 남쪽선보다 20cm 더 나가 세웠다. 크기는 길이 55cm, 높이 43cm, 두께 18cm이다. 이 돌은 높이가 낮으므로 그 위에 길이 17cm, 두께 11cm인 강돌을 올려 높이를 맞추었다. 두 번째 판돌은 첫 번째 것에 잇대어 세워 놓았으며, 안쪽 면이 첫 번째 판돌의 돌 벽면보다 덜 가공되어 울퉁불퉁하다. 크기는 길이 105cm, 높이 60cm, 두께 24cm이다. 세 번째 판돌은 일정하게 다듬은 판돌로 크기는 길이 90cm, 높이 60cm, 두께 20cm이다.

서벽은 두 개의 판돌을 이어 대는 방법으로 세웠다. 서벽의 남쪽에서 첫 번째 판돌은 첫 번째 천정 돌의 남쪽선보다 28cm 들어가 세웠다. 이 판돌은 안쪽 면을 비교적 잘 다듬었는데 그 크기는 길이 83cm, 높이 63cm, 두께 23cm이다. 두 번째 판돌은 첫 번째 판돌보다 8cm 정도 바깥으로 나가 세웠는데 그 크기는 길이 136cm, 높이 63cm, 두께 20cm이다.

북벽은 동·서 두 벽의 북쪽 면과 마주한 상태에서 네 번째 천정 돌의 북쪽 가장자리 밑에 세웠다. 북벽의 돌 크기는 길이 96cm, 높이 52cm, 두께 16cm이다.

남벽은 서벽의 남쪽 면과는 마주해 있고, 동벽의 남쪽 면에서는 20cm 정도 안쪽으로 들어와 있다. 남벽의 돌 크기는 길이 80cm, 높이 56cm, 두께 10cm이다.

뚜껑돌은 화강암 판돌들을 장방형으로 가공하여 동서 방향으로 나란히 잇대어 올려놓은 것으로 모두 네 개다. 남쪽의 첫 번째 뚜껑돌은 밑면만 가공하고 윗면은 잘 가공하지 않아 고르지 못하다. 이 뚜껑돌은 석곽의 서벽 바깥 면과 거의 직선으로 맞지만 동쪽 벽에서는 벽체 바깥쪽으로 16cm 더 나가 덮여 있다. 크기는 길이 140cm, 너비 60cm, 두께 28cm이다.

두 번째 뚜껑돌은 일정하게 다듬은 장방형의 판돌로서 네 면이 비교적 직선으로 가공되었다. 이 뚜껑돌은 석곽의 동·서 양 벽보다 바깥쪽으로 더 나가 덮어져 있는데 동벽 바깥쪽으로는 20cm, 서벽 바깥쪽으로는 40cm 정도이다. 두 번째 뚜껑돌은 첫 번째 뚜껑돌보다 두께가 4cm정도 더 두껍다. 크기는 길이 184cm, 너비 40cm, 두께 32cm이다.

세 번째 뚜껑돌 역시 잘 다듬은 판돌로서 뚜껑돌 가운데 가장 크다. 이 돌은 타원형으로 가공되었으며, 두 번째 뚜껑돌과 같이 석곽의 동·서 두 벽 바깥선보다 좀 더 나간 상태로 되어 있다. 이 돌은 동벽 바깥선보다는 23cm, 서벽 바깥선보다는 36cm 더 나가 덮여져 있다. 윗면은 두 번째 뚜껑돌 윗면 수준과 같다. 크기는 길이 200cm, 너비 83cm, 두께 32cm이다.

네 번째 뚜껑돌은 위가 볼록한 제형의 돌로서 밑면만 가공하고 옆면과 윗면은 가공하지 않았다. 이 돌은 동쪽에서는 동벽 바깥선과 잘 맞물려 놓았지만, 서쪽에서는 8cm 정도 바깥쪽으로 더 나가 덮여 있다. 크기는 길이 140cm, 너비 58cm, 두께 36cm이다. 고분 주위에는 너비 40cm 정도로 보강 벽을 쌓았으며, 여기에 쓰인 강돌 크기는 대체로 10~20cm이다.

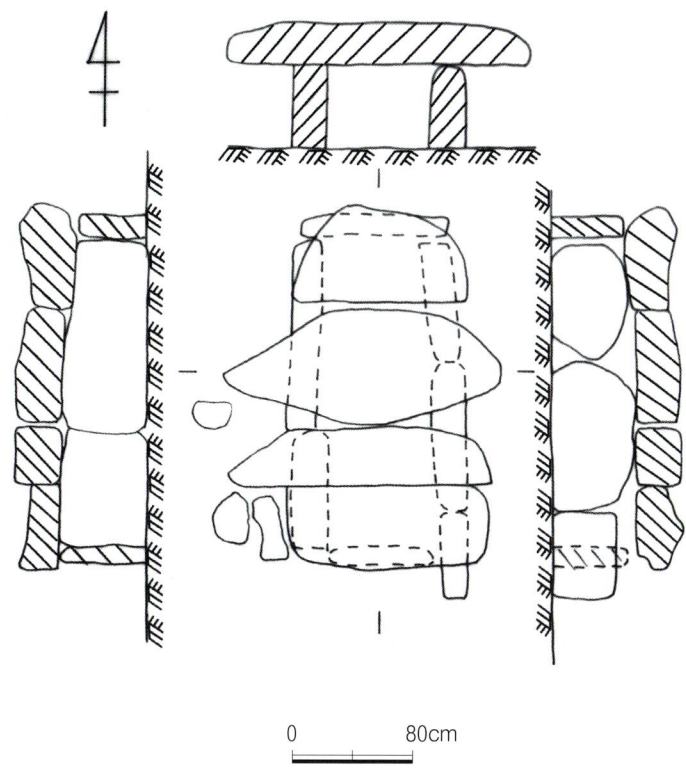

그림 34 • 평리4호분 평단면도

석곽의 크기는 남북 길이 260cm, 동서 너비 80cm, 높이 60cm이다(그림 34, 사진 188~194).

묘실에서는 사람 뼈와 검은색 단지 파편이 나왔다. 사람 뼈는 북쪽에 머리뼈가 있고, 남쪽으로 가면서 견갑골, 정강이뼈 순서로 놓여 있었다. 머리뼈에서 정강이뼈까지의 길이는 160cm 정도이다. 따라서 이 고분에 묻힌 자의 키는 160cm를 넘었을 것으로 추측된다. 사람 뼈는 대부분 없어지고 부분적인 파편들만이 나왔다. 머리뼈는 두개골 부분으로 크기는 길이 8cm, 너비 9.5cm, 두께 0.3cm이다. 견갑골은 파편으로 크기는 길이 10cm, 직경 2.2cm이다. 정강이뼈는 두 토막으로 되어 있으며, 윗부분은 무릎관절 부위 뼈로서 크기는 단면이 4cm, 길이 17cm이다. 아랫부분 정강이뼈 길이는 11cm, 단면이 3.5cm이다.

단지는 목 부분과 몸통 부분 파편이다. 단지 목 부분을 보면 짧은 목으로 보이며, 몸통 부분 파편에는 가운데에 0.1cm 정도의 가는 선을 한 줄 돌려 장식한 것이 보인다. 보드라운 진흙으로 만들었고, 검은 갈색을 띠며, 소성온도는 높은 편이다. 목 부분 파편의 크기는 길이 12cm, 너비 6cm이고, 몸통 부

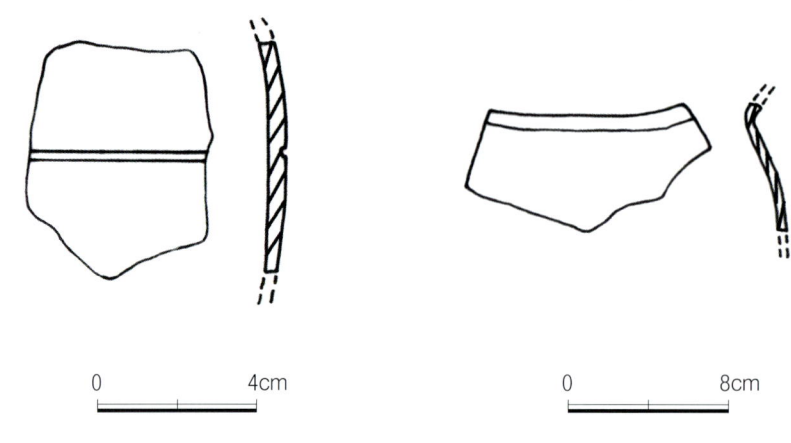

그림 35 • 평리4호분 출토 토기 파편

분의 파편은 길이 12cm, 너비 9.2cm이다. 그릇살 두께는 0.4cm이다(그림 35, 사진 195, 사진 196, 사진 394).

5호분

고분은 새로 발굴된 6호분으로부터 동쪽으로 약 5m 정도 떨어진 곳에 있다. 고분의 동쪽으로 새로 발굴된 7호분, 9호분이 있다.

봉분은 윗부분이 많이 내려앉아 천정 돌의 일부가 드러나 있었다. 그리고 봉분 북쪽 부분에도 흙이 벗겨져 고분의 북벽을 쌓은 돌들이 안쪽으로 무너진 것이 일부 드러나 있었다. 봉분의 크기는 남북 길이 5.28m, 동서 너비 4.08m이며, 높이는 남쪽과 서쪽 부분이 0.4m, 동쪽 부분이 0.6m, 북쪽 부분이 0.8m 정도이다(그림 36, 사진 197).

고분은 묘도와 묘실로 이루어진 반지하식 단실석실봉토분이며, 방향은 190°이다.

묘도는 묘실의 남벽 동쪽에 완전히 치우쳐 나 있다. 묘도에는 발굴 당시 묘도 입구에서 묘실 입구 쪽으로 96cm 정도 되는 곳까지 폐쇄석들이 꽉 차 있었다. 폐쇄석들은 묘도 입구에서 약간 경사져 올라가면서 묘실 입구에 있는 이맛돌 높이까지 쌓여 있었으며, 묘도 천정을 하지 않은 것으로 볼 수 있다. 폐쇄석은 강돌을 이용하였으며, 크기는 대체로 길이 20~38cm, 너비 10~21cm, 두께 12~20cm 정도이다.

묘도 바닥은 강자갈과 모래가 섞인 원토층을 그대로 이용하였으며, 묘도 입구에서 묘실 입구 쪽으

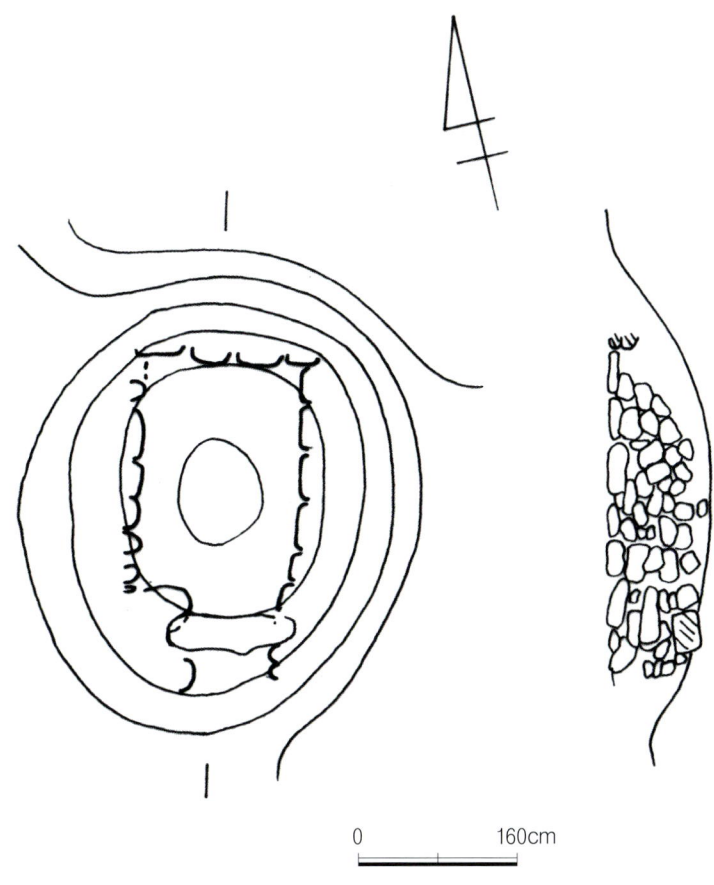

그림 36 · 평리5호분 봉분 평면도

로 가면서 약간 경사지게 만들었다. 높이차는 16cm 정도이다.

묘도 벽체는 오랜 세월이 흐르면서 많이 파괴되었으며, 두 벽체 가운데 서벽이 비교적 양호하다. 동벽을 보면 묘도 입구 쪽 윗부분 벽체는 파괴되어 밑의 한 돌기만 남아 있고, 묘실 입구 쪽 벽체는 네 돌기로 쌓은 벽체가 남아 있으며, 높이는 74cm 정도이다. 벽체를 쌓는 데 이용한 돌들의 크기는 70×20cm, 52×12cm, 44×20cm 정도이다.

서벽은 크고 작은 돌들을 배합하여 비교적 곧추 올려 쌓았으며, 동벽에 비하여 양호하다. 벽체는 네 돌기 정도 쌓았으며, 높이는 80cm이다. 서벽 길이는 112cm이다. 따라서 묘도의 크기는 남북 길이 112cm, 동서 너비 80cm, 높이 80cm 정도이다.

묘실의 평면 형태는 남북으로 긴 장방형이다. 묘실 바닥은 강자갈과 모래가 섞인 원토층을 그대로 다져서 마련하였다. 바닥은 거의 수평이라고 할 정도로 잘 다듬었다.

묘실 벽체는 동벽과 남벽이 잘 남아 있으며, 서벽과 북벽은 거의 파괴되고 밑부분에 1~2돌기 정도 남아 있다. 동벽은 제일 밑단에 아랫면과 윗면이 비교적 고른 길쭉길쭉한 강돌들을 쌓고, 그 위에 각이한 크기의 돌들로 안쪽 면을 맞추면서 올려 쌓았다. 현재 다섯 돌기 정도 쌓은 벽체가 남아 있다. 특히 동벽 윗부분에는 길이 70cm, 너비 20cm, 두께 20cm 정도 크기의 돌들을 무덤 바깥쪽으로 길게 올려놓았다. 벽체를 축조하는 데 이용한 돌들의 크기를 보면 큰 것이 44×20cm, 58×16cm, 작은 것이 20×12cm, 22×16cm 정도이며, 여기에 주먹만 한 작은 돌들이 간혹 섞여 있다. 벽체의 높이는 100cm 정도이다.

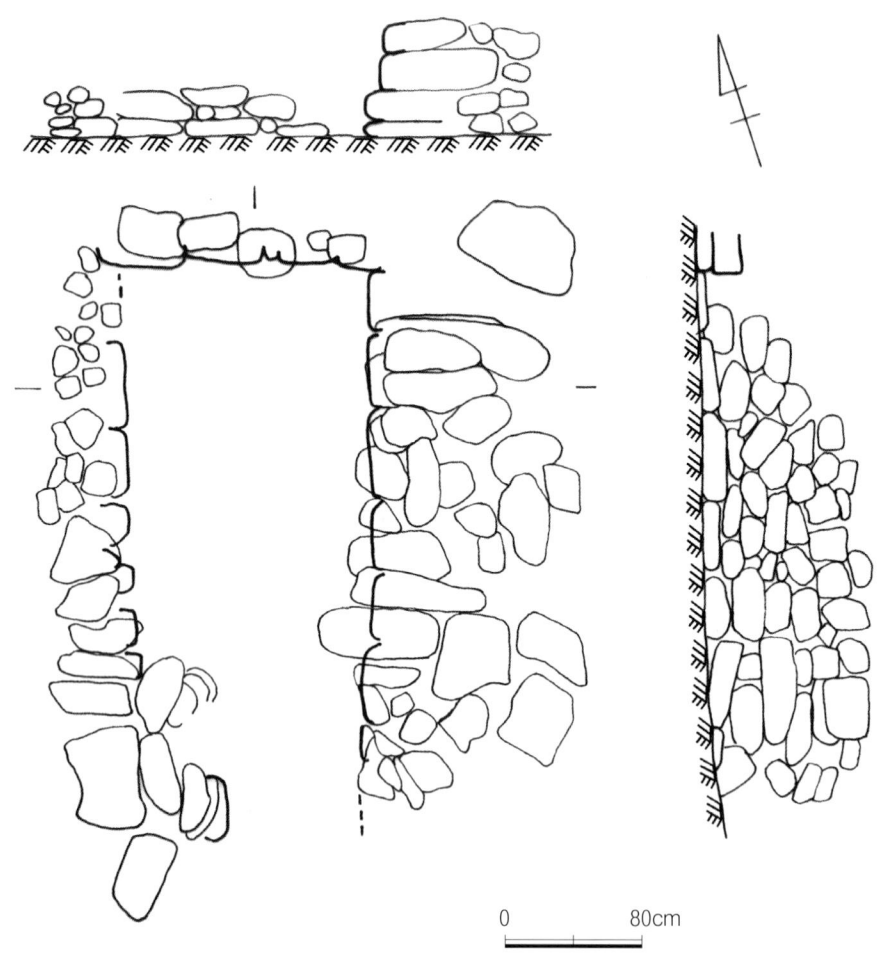

그림 37 · 평리5호분 평단면도

북벽과 서벽은 묘실 안쪽으로 기울어지면서 파괴되어 현재 두 돌기 정도 남아 있다. 북벽은 제일 밑단에 두께가 얇고 길쭉한 강돌들로 한 돌기 쌓고, 그 위에 그 보다 큰 돌들을 올려 쌓았는데, 동북 모서리 부분의 돌들은 거의 빠져 없어졌다. 벽체를 쌓는 데 이용한 돌들의 크기를 보면 40×10cm, 46×10cm, 48×16cm 정도의 것들과 그보다 좀 작은 돌들이다. 현재 남은 벽체의 높이는 32cm이다.

서벽도 북벽과 마찬가지로 밑단에 두께가 얇고 길쭉한 강돌들로 쌓고, 그 위에 큰 강돌들을 쌓았는데, 북쪽 부분의 두 번째 돌기는 무너지고, 벽체 바깥쪽으로 주먹만 한 크기의 돌들이 쌓여 있다. 남쪽 부분에만 두 돌기로 쌓은 벽체가 남아 있으며, 높이는 약 40cm 정도이다. 서벽의 북쪽 부분에 쌓은 주먹만 한 돌들은 벽체를 보강하기 위한 시설로 인정된다.

남벽은 동벽과 마찬가지로 비교적 잘 남아 있으며, 서벽과 이어지는 서북 모서리 부분의 돌들이 없어지고, 묘도 이맛돌 밑에 쌓은 벽체는 네 돌기 정도 그대로 남아 있다. 벽체는 둥글둥글한 강돌들로 쌓았으며, 크기가 대체로 35×30cm, 45×28cm 정도이다. 남벽 높이는 96cm 정도이다.

묘실 벽체들은 위로 올라가면서 안쪽으로 약간씩 기울어졌으며, 대표적으로 동벽 남쪽 부분에 잘 나타난다. 벽체의 밑선과 윗선 안으로 기울어진 차이는 13cm 정도이다.

이 고분에는 벽체를 보호하기 위하여 바깥쪽으로 벽 주위를 따라 돌을 쌓아 만든 벽체 보강시설이 있다. 동벽에 쌓은 보강시설을 보면 묘실 바깥쪽으로 110cm 폭으로 돌들을 쌓았으며, 돌들의 크기는 대체로 길이 50cm, 너비 32cm, 두께 5cm 정도이다.

묘실 크기는 남북 길이 248cm, 동서 너비 148cm, 높이 100cm 정도이다.

발굴 과정에서 묘실 천정 돌로 인정되는 돌들이 네 개 확인되었다. 세 개의 돌은 벽체가 무너지면서 묘실 안쪽으로 내려앉은 상태로 드러났고, 한 개는 봉분 바깥쪽으로 밀려나 있었다. 북쪽에서 드러난 천정돌은 북벽이 안쪽으로 무너지면서 내려앉은 상태였으며, 크기는 길이 140cm, 너비 52cm, 두께 32cm이다. 다른 하나는 한쪽이 깨져 봉분 바깥쪽으로 밀려 나간 상태이며, 크기는 길이 150cm, 너비 46~52cm, 두께 20~30cm이다. 그리고 다른 두 개의 천정돌도 묘실 안쪽으로 내려앉은 상태이며, 크기는 각각 136×50×24cm, 126×44×32cm 정도이다(그림 37, 사진 198~207).

이 고분에서는 묘실에서 철제품과 질그릇 파편이 나왔다. 철제품은 녹이 많이 쓸어 부식된 상태로 생김새로 보아 'ㄱ'자 모양으로 된 지금의 꺽쇠와 비슷하다. 그런데 꺾이는 부분의 한쪽이 멸실되어 정확한 용도는 알 수 없다. 크기는 길이 5.6cm, 너비 1.8cm, 두께 0.4cm이며, 꺾이는 부분은 길이 3.5cm, 너비 1.9cm, 두께는 위가 0.7cm, 아래가 0.4cm이다(그림 38-1).

질그릇 파편은 그릇의 몸체 파편으로 겉면에 격자무늬가 새겨져 있다. 보드라운 진흙으로 만들었으며, 갈색이다. 이 밖에 뼈 파편 한 개가 묘실 입구에서 드러났다(그림 38-2, 사진 395).

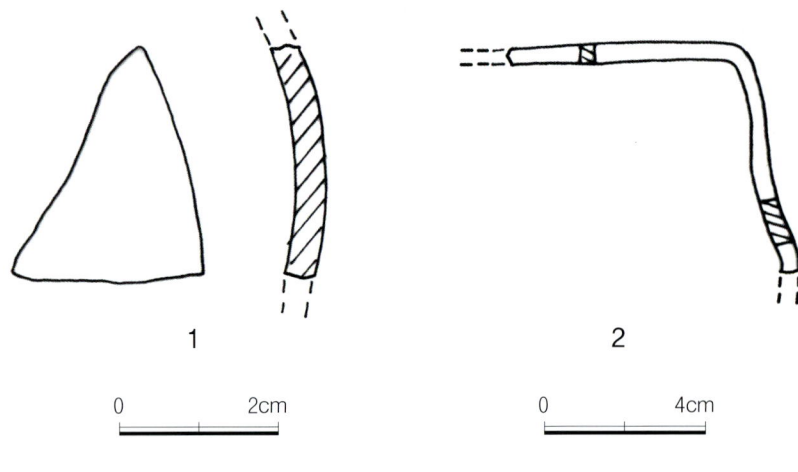

그림 38 • 평리5호분 출토 유물

6호분

고분은 554호분에서 남쪽으로 65m 떨어진 곳에 위치하고 있다. 고분에서 동쪽으로 5m 떨어진 곳에 5호분이 있고, 그 옆으로 9호분, 7호분이 나란히 있다.

봉분은 흙을 방형으로 크게 쌓아 만들었으며, 현재는 많이 유실되어 지표면에 허물어진 천정 돌들이 드러나 있는 상태이다. 봉분 크기는 남북 길이 10m, 동서 너비 9.2m, 높이 0.8m이다(그림 39, 사진 208).

고분은 묘도와 묘실로 이루어진 지상식 단실석실봉토분이며, 방향은 180°이다.

묘도는 묘실 남벽 중심에 있다. 묘도 바닥은 모래를 그대로 다진 상태이다. 묘도 바닥 위에는 발굴 당시 묘도 입구까지 폐쇄석이 꽉 차 있었다. 가장 큰 폐쇄석은 묘실 입구 가운데 있는 70×35×17cm 크기의 돌이고, 가장 작은 것은 묘도 입구 쪽에 있는 20×15×10cm이다.

묘도 벽체는 크고 작은 강돌들로 쌓았다. 묘도 동벽은 현재 세 돌기로 쌓은 벽체가 남아 있으며, 안쪽은 비교적 큰 돌로 쌓았고, 입구 쪽은 좀 작은 돌들로 곧추 쌓아 올렸다. 따라서 안쪽은 돌이 세 돌기로 쌓여져 있고, 높이가 64cm이며, 입구 쪽은 40cm 정도이다. 벽체를 쌓는 데 이용한 돌들의 크기는 32×12cm, 24×24cm 정도이며, 길이는 105cm이다.

묘도 서벽은 안쪽에 네 돌기로 쌓은 벽체가 남아 있고, 입구 쪽에 한 개의 돌이 남아 있다. 따라서

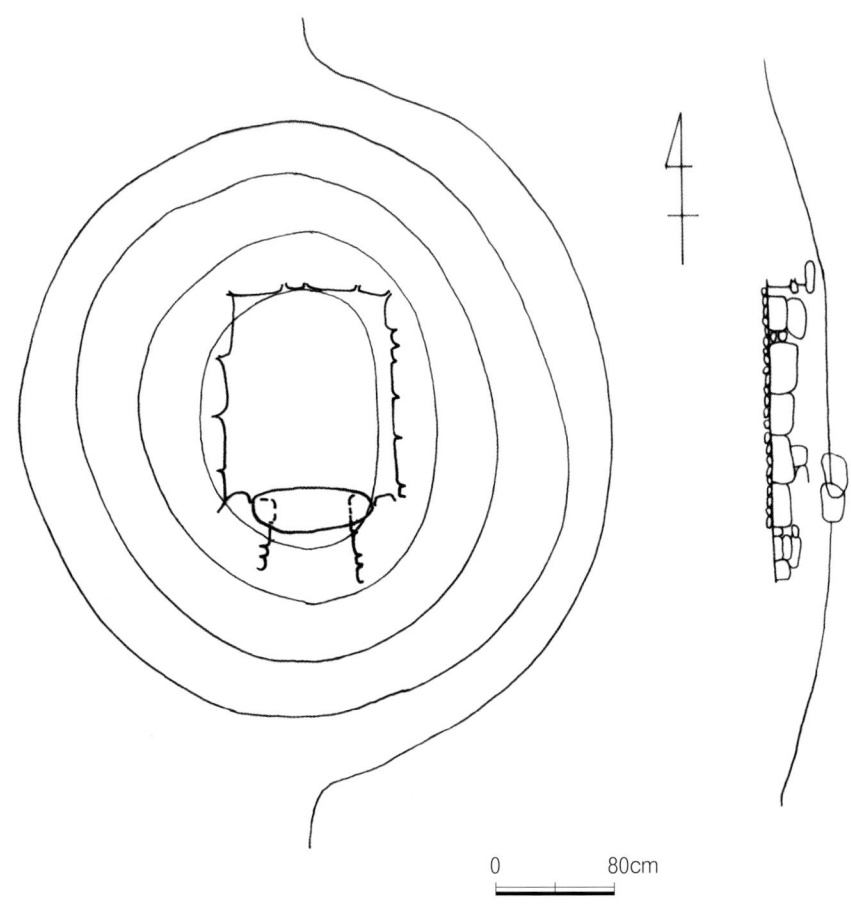

그림 39 • 평리6호분 봉분 평면도

안쪽은 벽체 높이가 70cm, 입구 쪽은 10cm이다. 입구 쪽의 벽체 돌은 오랜 세월이 흐르며 빠져 없어지고, 현재 한 개의 돌만 남았다. 서벽 길이는 100cm이다.

묘도 천정은 평천정을 하였던 것인데 다 없어지고 묘실 남벽 가까이에 올려놓았던 이맛돌만 남아 있다. 이맛돌은 모가 죽은 장방형의 큰 돌로 크기는 길이 152cm, 너비 57cm, 두께 40cm 정도이다. 이 돌은 발굴 과정에서 묘실 안쪽으로 바닥에 떨어졌다. 묘도의 크기는 길이 105cm, 너비 92cm, 높이 64cm 정도이다.

묘실의 평면 형태는 남북으로 긴 장방형이다. 묘실 바닥은 강모래 바닥을 다진 층위에 둥글고 넙적한 강돌들을 깔아 놓은 것으로 바닥에 깐 강돌들의 크기는 30×20cm, 22×18cm, 20×20cm이다.

묘실 벽체는 남벽을 제외한 북벽에 두 돌기, 나머지 벽에는 한 돌기 정도 남아 있다. 벽체는 대체로 아래 돌기에 비교적 큰 돌을 놓고, 그 위에 그보다 작은 돌들을 올려놓았다.

남벽은 묘도에 의해 동쪽 부분과 서쪽 부분으로 나누어지는데 벽체 위에 이맛돌이 놓여 있어서 상태가 제일 좋다. 벽체는 동쪽 부분에 네 돌기, 서쪽 부분에 세 돌기 정도 쌓았으며, 대체로 곧추 쌓아 올렸다. 벽체를 쌓는 데 이용한 돌들의 크기는 40×11cm, 40×20cm, 35×15cm이다. 남벽 높이는 묘도 벽 높이와 같은 64cm이다.

북벽은 두 돌기로 쌓은 벽체가 남아 있으며, 남벽에 쌓은 돌들보다 좀 더 큰 돌들로 쌓았다. 돌의 크기는 70×20cm, 60×30cm, 50×30cm 정도로 아랫면과 윗면이 비교적 평탄한 것들이다.

동·서벽에는 한 돌기로 쌓은 벽체만 남아 있다. 이 벽체들에는 각각 네 개의 큰 돌들을 놓았는데, 동벽에는 크기가 66×42×32cm, 65×30×30cm, 50×32×29cm인 돌을 이용하였고, 서벽에는 크기

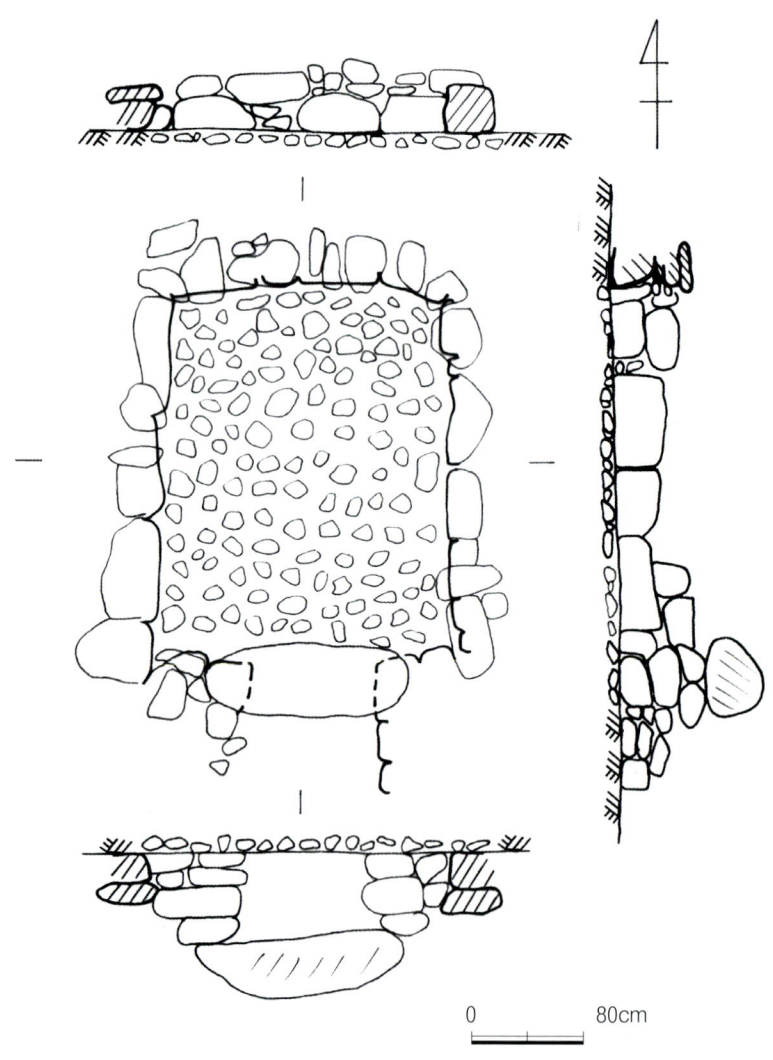

그림 40 · 평리6호분 평단면도

가 78×36×30cm, 70×26×30cm, 70×20×37cm인 것들을 이용하였다. 높이는 동벽이 32cm, 서벽이 37cm이다.

묘실 안에서는 발굴 과정에 허물어진 천정돌들이 여러 개 드러났다. 이 천정돌들은 화강암으로 된 장방형으로 크기는 각각 145×46×30cm, 154×40×34cm, 155×45×45cm, 107×20×33cm이다. 드러난 천정돌들로 보아 이 고분의 천정은 평행삼각고임천정으로 볼 수 있다.

묘실 크기는 남북 길이 280cm, 동서 너비 220cm, 높이 92cm이다(그림 40, 사진 209~219).

고분에서는 아무런 유물도 나오지 않았다.

7호분

고분은 새로 발굴된 5호분으로부터 동쪽으로 12m 떨어진 곳에 위치하고 있다. 고분의 서쪽으로 9호, 6호분이 있다.

봉분은 완전히 낮아져 지표면과 같은 평지로 되어 있었다. 지표면 위에는 고분의 벽체 돌로 인정되는 돌들이 드문드문 드러나 있었다. 그 가운데 천정돌로 추정되는 돌 하나가 드러나 있었으며, 아랫면은 가공하여 비교적 매끈하고 윗면은 가공하지 않은 자연 형태 그대로였다. 이 돌의 크기는 길이 88cm, 너비 44cm, 두께 10~22cm이다. 봉분 크기는 남북 길이 3.36m, 동서 너비 2.52m이다(그림 41, 사진 220).

고분은 장방형의 구덩이를 파고 강돌로 벽체를 축조한 단실석곽묘로서 긴 축은 서남-동북 방향으로 놓였다. 묘실 바닥은 강자갈과 모래가 섞인 원토층을 그대로 이용하였다.

묘실 네 벽은 모두 강돌을 이용하여 쌓았다. 동벽 남쪽 부분은 비교적 직선으로 쌓았고, 북쪽 부분은 점차 안쪽으로 휘어들게 쌓았다. 벽체는 위로 올라가면서 안쪽으로 약간 기울어졌는데 중간 부분이 가장 심하게 기울어졌다. 현재 잘 남아 있는 부분은 남쪽 네 돌기 정도이며, 높이는 64cm이다. 그리고 밑선과 윗선의 안으로 기울어진 차이는 22cm 정도이다. 벽체를 쌓는 데 이용한 돌들의 크기는 45×20cm, 44×10cm, 40×25cm 정도의 것들과 주먹만 한 것들이다.

북벽은 서쪽에서 동쪽으로 가면서 벽체가 바깥쪽으로 약간 벌어졌다. 벽체를 쌓는 데 이용한 돌들의 크기는 동벽의 돌들과 비슷하며, 현재 두 돌기 정도 남아 있다. 높이는 40cm 정도이다.

서벽은 동벽을 쌓은 방법과 비슷하다. 즉 남쪽 부분은 비교적 직선으로 쌓았고, 북쪽 부분은 점차 안쪽으로 휘어들게 쌓았다. 그러므로 남쪽 벽의 너비보다 북쪽 벽의 너비가 좁다. 벽체는 중간 부분에서 비교적 곧추 쌓았지만 남쪽 부분은 바깥쪽으로 약간 밀려난 상태이다. 벽체는 현재 세 돌기 정도

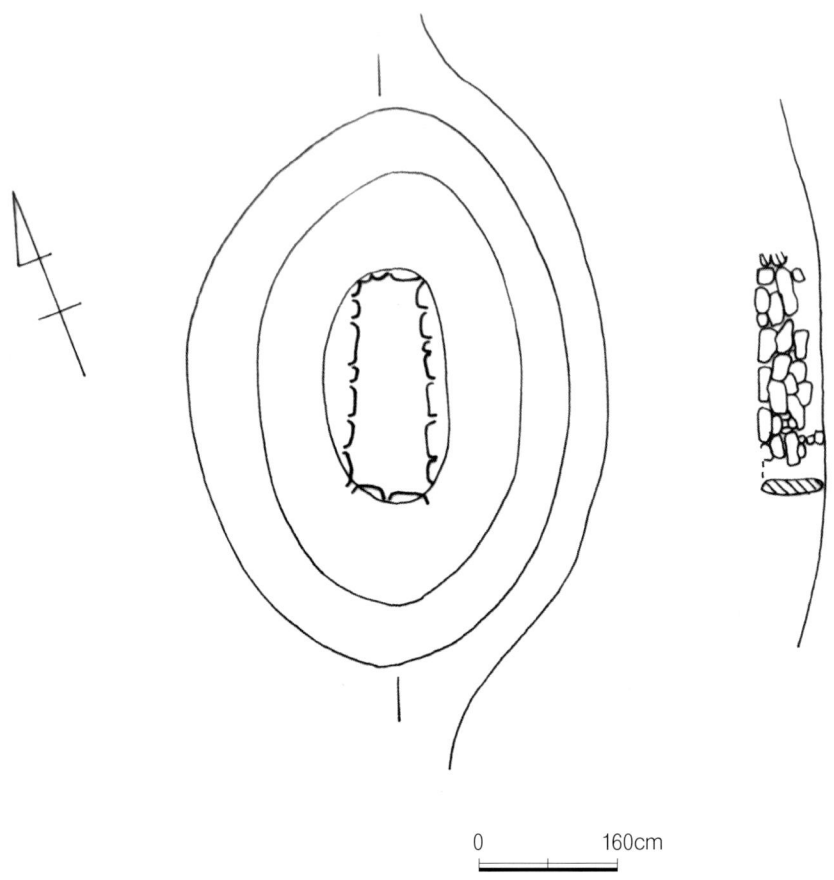

그림 41 • 평리7호분 봉분 평면도

남아 있으며, 높이는 68cm 정도이다. 벽체를 쌓는 데 이용한 돌들의 크기는 대체로 40×25cm, 48×19cm, 25×20cm, 37×18cm 정도이다.

남벽은 동·서·북벽과는 달리 동쪽 부분은 큰 강돌 한 개를 세워서 쌓았고, 서쪽 부분은 각이한 크기의 강돌들을 네 돌기 정도 올려 쌓았다. 따라서 동쪽 부분에 세운 큰 강돌은 마치 묘도를 막은 폐쇄석처럼 보인다. 남벽의 높이는 76cm이다.

묘실 크기는 남북 길이 260cm, 동서 너비는 남쪽 부분이 80cm, 북쪽 부분이 60cm이다.

이 고분에도 벽체들이 무너지지 않도록 보강시설을 하였다. 묘실 벽체의 바깥쪽으로 벽체 주위를 따라 길이 22cm, 너비 10cm 정도의 강돌들을 빙 둘러막아 놓았는데, 벽체 보강시설로 보인다(그림 42, 사진 221~226).

발굴 과정에서 발견된 유물은 없다.

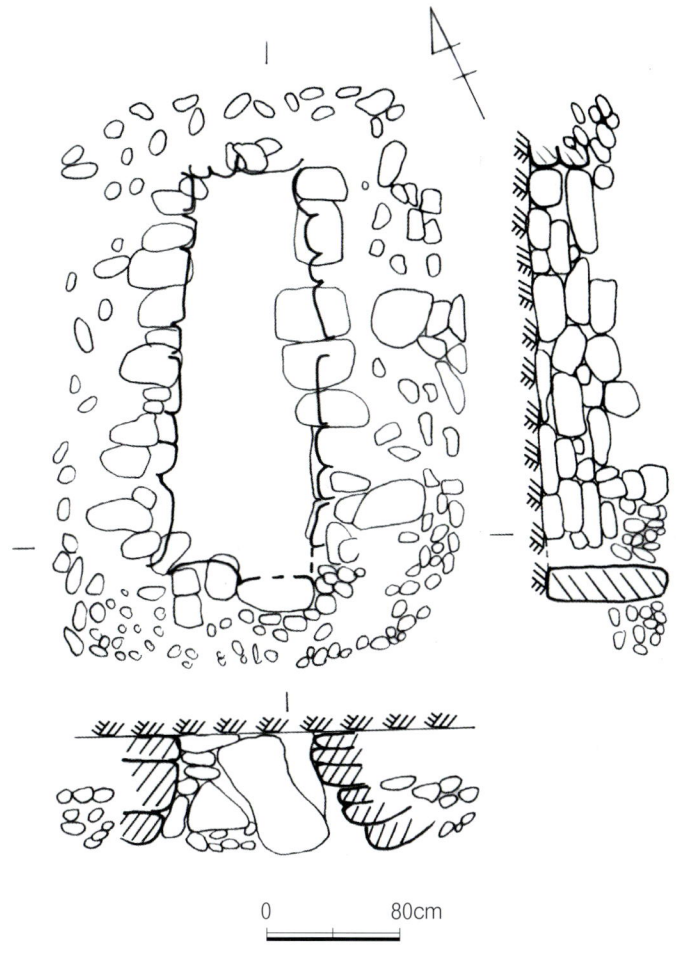

그림 42 • 평리7호분 평단면도

8호분

고분은 6호분에서 북쪽으로 5m 떨어진 곳에 위치해 있다. 고분의 서남쪽으로 10~15m 되는 곳에 5호분과 9호분이 있다.

흙으로 쌓은 봉분은 오랜 세월이 흐르며 많이 허물어졌다. 봉분의 평면 형태는 남북으로 긴 타원형으로 크기는 남북 길이 6.5m, 동서 너비 5.2m, 높이 0.5m이다(그림 43, 사진 227).

고분은 장방형의 구덩이를 파고, 강돌로 네 벽을 쌓아 만든 단실석곽묘이며, 긴 축은 남북으로 길게 놓였다.

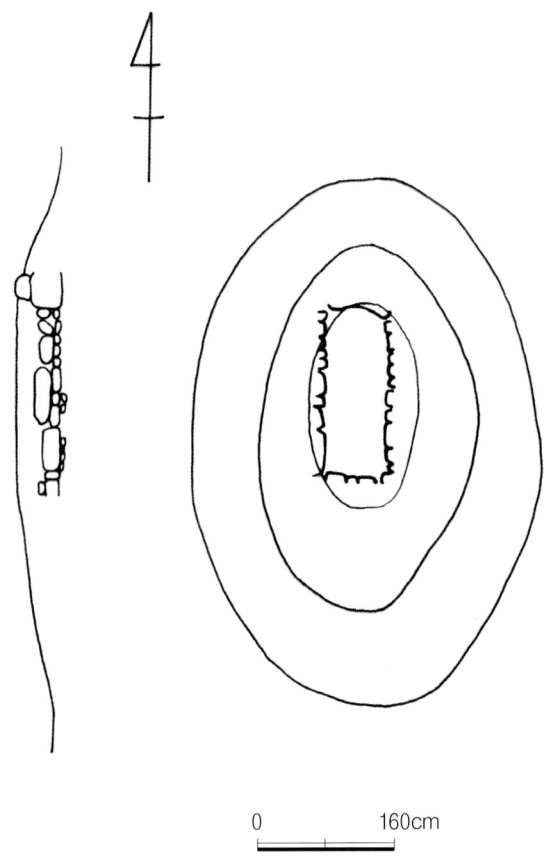

그림 43 · 평리8호분 봉분 평면도

묘실 바닥은 모래 바닥 위에 둥글납작한 작은 강돌들을 깔았는데, 대부분 없어지고 남쪽 부분에만 조금 남아 있다. 바닥에 깐 가장 큰 돌의 크기는 32×12cm이며, 작은 돌은 10×8cm이다.

묘실 벽체는 강돌을 쌓아 만들었는데, 윗부분은 없어지고 밑의 두 돌기만 남아 있다.

북벽은 큼직한 강돌을 한 개 놓고 그 위에 작은 강돌을 올려 쌓았다. 밑에 놓인 큰 돌은 윗부분 양쪽이 둥글어 마치 아치 모양으로 생겼으며, 크기는 70×32cm이고, 그 위에 놓인 돌은 25×20cm 정도이다. 현재 북벽의 높이는 47cm이다.

동벽은 한두 돌기로 쌓아져 있다. 동벽 남쪽 부분은 두 돌기 정도로 밑에는 크기가 25×20cm, 20×13cm, 18×10cm인 돌들을 놓고, 그 위에는 그보다 작은 돌을 올려 쌓았으며, 높이는 30cm 정도이다. 북쪽 부분은 한 돌기 정도 남아 있으며, 높이는 10cm이다.

서벽에는 두 돌기로 쌓은 벽체가 남아 있으며, 동벽과는 달리 밑에 작은 강돌을 놓고, 그 위에

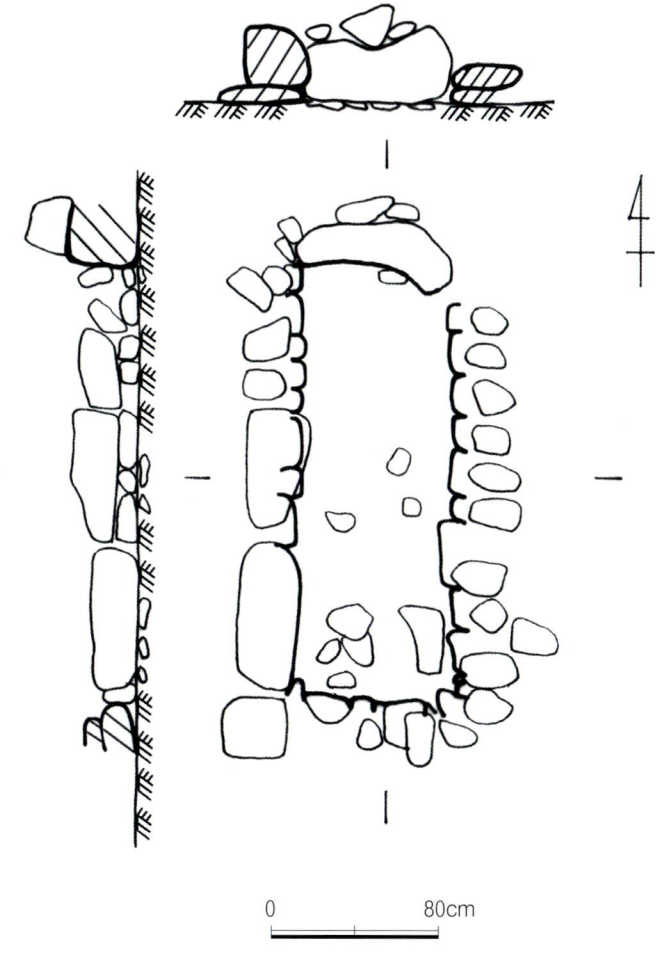

그림 44 • 평리8호분 평단면도

큰 강돌을 올려 쌓았다. 이 벽에서 큰 강돌은 남쪽 부분의 아랫돌기 첫 번째 돌과 두 번째 돌기의 중간 부분과 북쪽 부분에 있는 돌로서 크기는 65×25×20cm, 70×30×26cm 정도이다. 서벽 높이는 36cm이다.

남벽은 현재 한 돌기만 남아 있으며, 높이는 20cm이다. 벽체를 쌓는 데 이용한 돌들의 크기는 25×20cm, 23×20cm 정도이다.

석곽 크기는 남북 길이 212cm, 동서 너비 72cm, 높이 47cm이다(그림 44, 사진 228~233).

고분에서는 아무런 유물도 나오지 않았다.

9호분

고분은 5호분과 7호분 사이에 위치하고 있다. 즉 7호분으로부터 서쪽으로 약 8m, 5호분으로부터 동쪽으로 약 5m 정도 떨어져 있다.

봉분은 거의 파괴되어 없어지고, 동쪽과 서쪽 부분에 약간 남아 있다. 현재 봉분의 높이는 동북쪽 부분이 40cm, 서쪽 부분이 100cm 정도 남아 있다(그림 45, 사진 234).

고분은 묘도와 묘실로 이루어진 반지하식 단실석실봉토분이며, 방향은 195°이다.

묘도는 묘실 남벽의 동쪽으로 완전히 치우쳐 나 있다. 묘도에는 발굴 당시 폐쇄석이 차 있었다. 폐쇄석은 대체로 크기가 길이 20~30cm, 너비 11~20cm 정도의 강돌들을 이용하였다.

묘도 바닥은 강자갈과 모래가 섞인 원토층을 그대로 다져 만들었다. 바닥은 묘도 입구로부터 중간

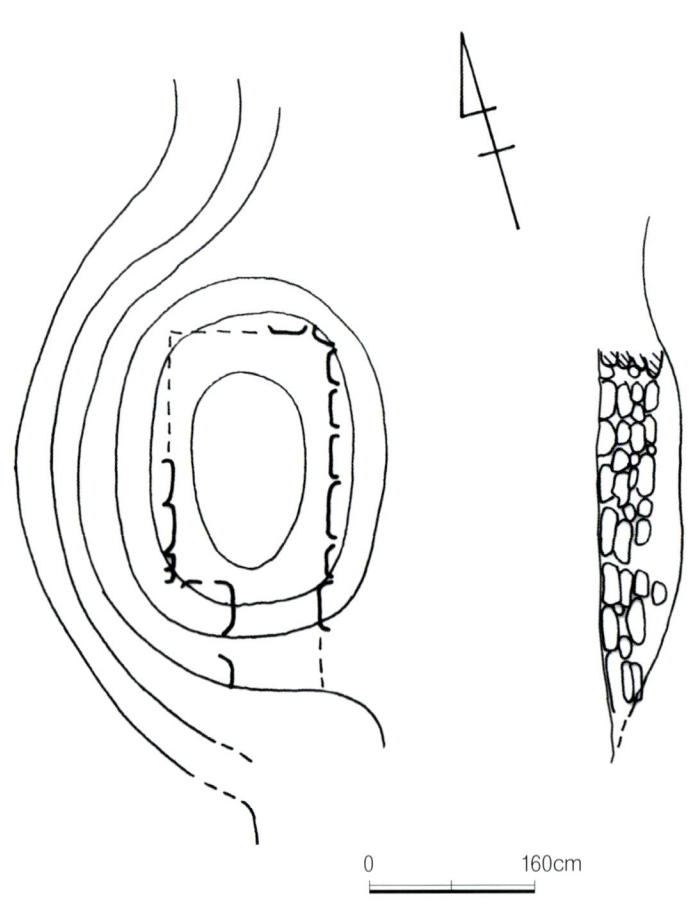

그림 45 • 평리9호분 봉분 평면도

부분까지 약간 경사져 내려가다가 그다음부터 수평을 이루면서 묘실 바닥과 이어졌다.

묘도 벽체는 많이 파괴되었다. 윗부분이 안쪽으로 경사졌으며, 현재 남아 있는 벽체 높이에서 윗선과 아랫선의 차이는 동벽이 20cm, 서벽이 10cm이다.

동벽은 묘도 입구 쪽 첫 번째 돌기의 돌이 빠져서 없어진 상태였고, 묘실 입구 쪽에 세 돌기 정도 남아 있었다. 벽체를 쌓는 데 이용한 돌들은 윗면이 비교적 고른 강돌들로 크기가 대체로 56×16cm, 32×15cm 정도이다. 남아 있는 벽체 높이는 50cm 정도이다.

서벽은 중간 부분의 돌들이 빠진 상태이고, 묘실 입구 쪽에 어느 정도 남아 있었다. 상태를 보면 크기가 비슷하고 윗면이 고른 강돌들로 네 돌기 정도 올려 쌓았다. 돌들의 크기는 51×11cm, 40×8cm 정도이다. 서벽 높이는 50cm이다. 묘도의 크기는 남북 길이 104cm, 동서 너비 88cm이다.

묘실의 평면 형태는 남북으로 긴 장방형이다. 묘실 바닥은 묘도 바닥과 같이 강자갈이 섞인 모래땅을 그대로 이용하였으며, 거의 수평을 이루었다.

묘실 벽체는 북벽과 서벽 일부분이 파괴되었으며, 현재 동벽과 남벽이 잘 남아 있다. 동벽은 비교적 직선으로 되어 있으며, 북쪽 모서리 부분이 점차 안쪽으로 휘어들면서 모를 죽여 쌓았다. 벽체는 제일 아랫단 돌기에 큼직큼직한 강돌들을 놓고, 그 위에 각이한 크기를 가진 돌들을 배합하여 쌓아 올렸으며, 현재 네 돌기 정도 남아 있다. 벽체를 쌓는 데 이용한 돌들의 크기는 큰 것이 50×16cm, 40×24cm 정도이고, 작은 것이 32×24cm, 20×10cm 정도이며, 벽체 높이는 60cm 정도이다.

남벽은 아랫면과 윗면이 고른 길쭉길쭉한 강돌들로 네 돌기 정도 쌓았으며, 가장 잘 남아 있다. 돌들의 크기는 44×18cm, 42×15cm 정도이며, 벽체 높이는 68cm 정도이다.

서벽은 북쪽 부분의 벽체가 완전히 파괴되어 없어졌고, 남쪽 부분에 약 110cm 정도 남아 있다. 현재 모서리 부분에 네 돌기로 쌓은 벽체가 남아 있으며, 제일 위에 놓인 돌이 안쪽으로 심하게 기울어진 상태이다. 벽체를 쌓는 데 이용한 돌들은 동벽 벽체를 쌓았던 돌들과 크기가 비슷하며, 비교적 잘 쌓은 벽체가 외부 요인에 의해 파괴되었음을 알 수 있다. 벽체 높이는 64cm 정도이다.

북벽은 거의 다 파괴되고 동북 모서리 부분에 네 돌기로 쌓은 벽체가 한 줄 정도 남아 있다. 벽체 돌들은 길쭉길쭉한 강돌들을 이용하였으며, 아랫면과 윗면이 비교적 평탄한 돌들이다. 벽체 높이는 동벽과 같은 60cm 정도이다.

묘실 벽체들은 윗부분이 안쪽으로 기울어졌으며, 윗선과 아랫선의 차이는 동벽에서 20cm, 북벽에서 24cm, 서벽에서 10cm 정도이다.

묘실 크기는 남북 길이 240cm, 동서 너비 136cm 정도이다.

묘실 바닥 위에는 관대시설이 있다. 관대는 서쪽으로 완전히 치우쳐 설치되었으며, 관대 서쪽과

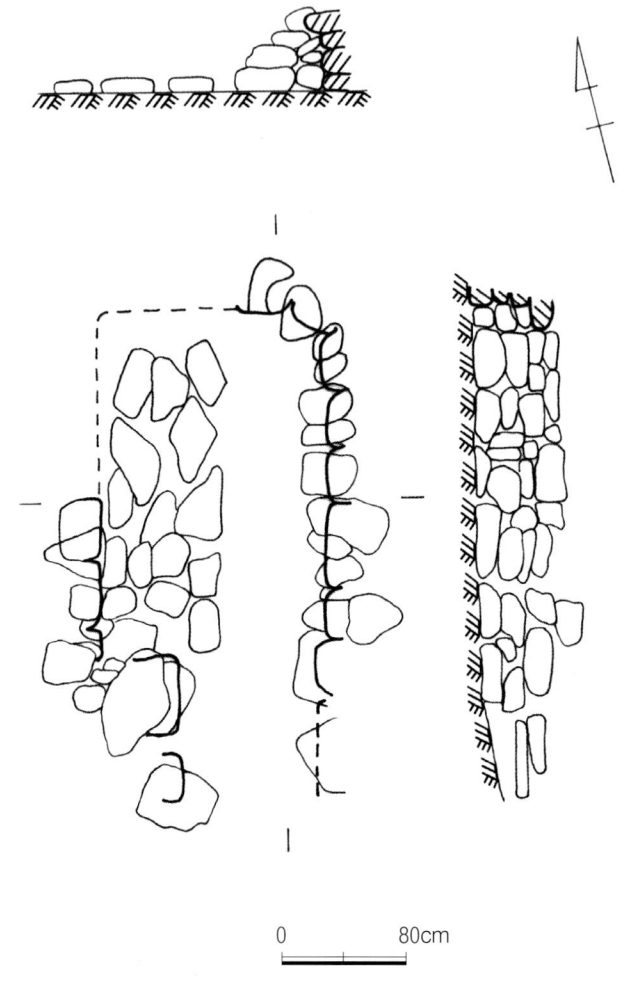

그림 46 · 평리9호분 평단면도

남쪽 끝은 묘실 서벽과 남벽에 잇닿아 있고, 북쪽과 동쪽은 벽체에서 떨어져 있다. 또한 북벽과는 약 20cm 정도, 동벽과는 약 72cm 정도 떨어져 있다.

관대는 얇은 강돌들을 1~2단 정도 쌓아 윗면이 수평이 되도록 만들었으며, 여기에 사용한 돌들은 크기가 60×40×5cm, 44×28×5cm, 30×30×6cm 정도의 것들이다. 관대의 크기는 남북 길이 216cm, 동서 너비 약 80cm이다(그림 46, 사진 235~245).

발굴 과정에서 아무런 유물도 나오지 않았다.

10호분

이 고분은 지난 시기에 발굴된 554호분에서 동남쪽으로 약 30m 정도 떨어진 곳에 위치하고 있다. 고분에서 서남쪽으로 약 40m 정도 떨어진 지점에 새로 발굴된 5호, 6호, 9호, 7호분이 있다. 봉분은 거의 다 없어져 평탄하며, 지표면에 무너진 천정돌들이 드러난 상태이다(사진 246).

고분은 강모래 바닥을 고르고, 강돌로 석곽을 마련한 다음, 천정돌을 올려놓은 지상식 석곽묘이다. 긴 축은 남북 선상에서 서쪽으로 5° 정도 치우쳐 길게 놓여 있다. 바닥에는 강모래 바닥을 다진 다음, 직경 8cm 정도 크기의 작은 강돌들을 깔았다.

벽체는 강돌로 쌓았으며, 북벽과 서벽은 네 돌기 정도, 동벽은 두 돌기 정도 남아 있으며, 남벽은 완전히 없어졌다.

북벽은 네 돌기로 쌓은 벽체가 남아 있는데, 비교적 곧추 올려 쌓았다. 다만 동북 모서리의 제일 위에 놓인 돌이 안쪽으로 12~24cm 정도 밀려 들어간 상태이다. 벽체를 쌓는 데 이용한 돌들의 크기는 48×24cm, 44×12cm, 42×20cm이며, 벽체 높이는 60cm이다.

벽체 가운데 가장 잘 남아 있는 벽체는 서벽이다. 서벽은 남쪽 벽체가 없어지면서 서남 모서리 부분이 조금 허물어졌으나, 가운데와 북쪽 부분의 벽체는 잘 남아 있다. 현재 남아 있는 벽체는 네 돌기로서 제일 아랫돌기에 크기가 53×12cm, 32×12cm 정도의 강돌을 놓고, 그 위에 크기가 비슷한 돌들을 여러 돌기 쌓았다. 그리고 윗면에는 밑의 돌들보다 큰 강돌들을 가로질러 놓았는데, 크기가 대체로 40×29cm, 44×20cm 정도의 것들이다. 서벽 높이는 67cm이다.

동벽은 현재 중간 부분에서부터 북쪽으로 가면서 아랫돌기에 네 개의 돌을 놓고, 그 위에 돌을 올려 쌓았으며, 중간 부분은 두 돌기 정도 남아 있고, 북쪽 부분은 한 돌기만 남아 있다. 그리고 남쪽 부분은 남벽이 파괴되면서 일부 벽체가 완전히 없어졌다. 밑에 놓인 돌들의 크기는 60×10cm, 40×30cm 정도이다. 현재 남아 있는 동벽 길이는 200cm, 높이는 35cm이다.

석곽 안에서는 천정돌로 볼 수 있는 장방형 화강암 판돌 한 개가 드러났다. 이 돌의 크기는 110×25×23cm이다.

석곽 크기는 남북 길이 255cm, 동서 너비 103cm, 현재 높이 67cm이다(그림 47, 사진 247~251).

고분에서는 아무런 유물이 나오지 않았다.

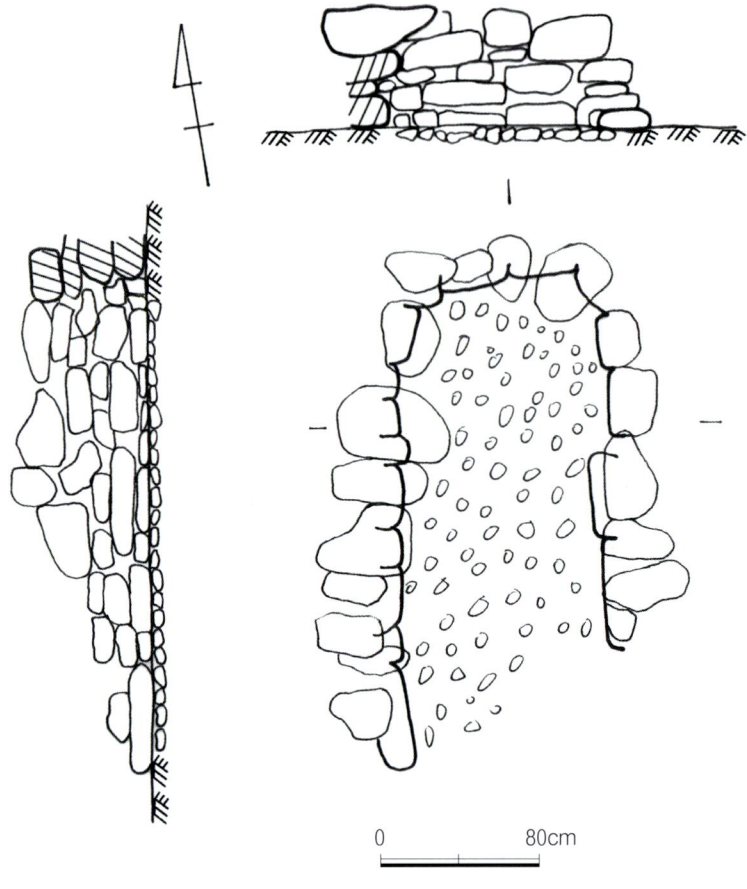

그림 47 • 평리10호분 평단면도

11호분

고분은 지난 시기에 발굴된 554호분에서 동쪽으로 19m 떨어져 위치하고 있다. 고분 남쪽으로 약 30m 떨어진 곳에 10호분이 있고, 서남쪽 40m에 3호분이 있다.

봉분은 세월이 흐르며 많이 낮아졌으며, 지표면에 천정돌로 보이는 두 개의 돌이 드러나 있었다. 그리고 봉분 서쪽 부분이 깎여 없어져 다른 부분보다 더 낮았다. 이 때문에 봉분 너비가 좁은 것처럼 보인다. 봉분 크기는 남북 길이 4.06m, 동서 너비 2.64m이고, 높이는 남쪽 부분이 64cm, 동쪽과 북쪽 부분이 61cm, 서쪽 부분이 40cm 정도이다(그림 48, 사진 252).

고분은 단실석곽묘로서 긴 축이 서남-동북 방향으로 약간 치우쳐 길게 놓여 있다. 묘실 바닥은 모래땅에 강자갈이 섞인 원토층을 그대로 이용하였다.

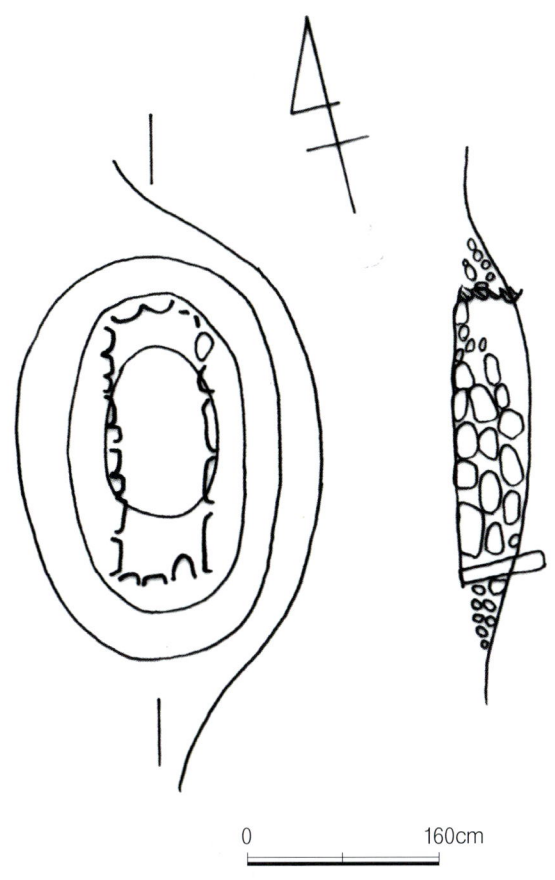

그림 48 • 평리11호분 봉분 평면도

고분의 네 벽은 모두 강돌들을 이용하여 쌓았다. 동벽은 다른 벽들에 비해 비교적 큰 강돌들로 쌓았으며, 제일 아랫돌기에는 크기가 비슷한 강돌들로 쌓고, 그 위는 큰 돌과 작은 돌을 배합하여 안쪽 면을 비교적 잘 맞추면서 곧추 올려 쌓았다. 벽체는 세 돌기로 쌓았으며, 높이는 약 48cm 정도이다. 벽체를 축조하는 데 이용한 돌들의 크기를 보면 큰 것이 68×20cm, 54×30cm, 작은 것이 28×16cm, 20×20cm 정도이며, 주먹만 한 작은 돌들도 끼어 있다. 동벽의 북쪽 모서리 부분은 북벽이 파괴되면서 함께 없어졌다.

북벽은 동쪽 부분이 파괴되고, 서쪽 부분이 조금 남아 있다.

서벽은 비교적 잘 남아 있는데, 동벽에 비하여 작은 돌들을 이용하여 벽체를 축조하였다. 벽체 양끝 모서리 부분은 비교적 잘 쌓았지만 가운데 부분은 짤름짤름한 돌들로 돌기를 맞추지 않고 쌓아 올렸다. 벽체를 쌓은 강돌들 가운데 가장 큰 것이 30×10cm, 그 밖의 돌들은 대체로 20×15cm, 10×8cm

V. 고분　109

정도로 작다. 서벽 높이는 50cm 정도이다.

    남벽은 다른 벽체들과는 달리 가공한 돌을 섞어서 쌓았다. 그 상태를 보면 서쪽 부분에 직사각형 모양의 가공한 돌을 세워놓고, 동쪽 부분인 나머지 공간에 큰 강돌 세 개를 이용하여 막는 형식으로 쌓았다. 직사각형 모양의 강돌은 크기가 76cm, 너비 18cm, 두께 21cm이며, 나머지 돌들의 크기는 44×32×28cm 정도이다. 남벽 높이는 80cm 정도이다.

    천정시설은 이미 파괴되어 있었으며, 한 개의 천정돌이 가운데 부분 벽체 위에 덮여 있었다. 그리고 두 개의 천정돌은 묘실 안에 내려앉아 있었는데, 하나는 북벽 모서리 부분에 내려앉아 있었고, 다른 하나는 남쪽 벽 가까이에 내려앉아 있었다. 나타난 상태로 보아 남쪽에서 드러난 천정돌과 중간 부분에 덮여 있는 천정돌 사이에 한 개의 천정돌이 더 있었을 것으로 추정된다.

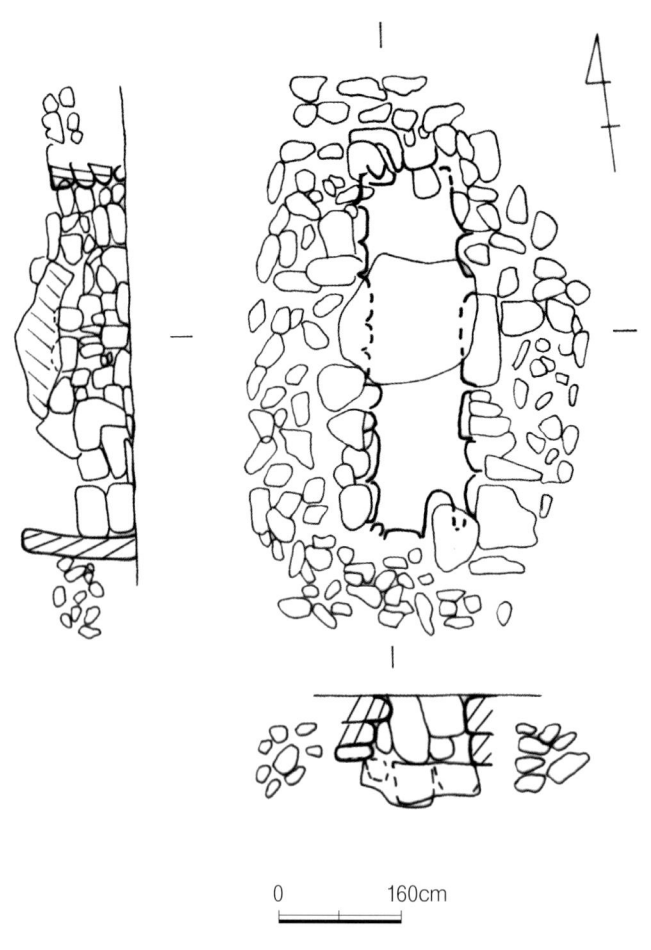

그림 49 · 평리11호분 평단면도

따라서 이 고분은 네 개의 판돌로 천정을 덮은 무덤이라고 할 수 있다. 천정돌 크기는 북쪽의 것이 87×76×16cm, 중간의 것이 96×80×32cm, 남쪽의 것이 96×40×32cm이다.

석곽 크기는 남북 길이 256cm, 동서 너비 64cm 정도이다.

고분의 네 벽 바깥쪽으로 강자갈들을 약 40~60cm 폭으로 깔아 놓았는데, 벽체 보호시설로 인정된다(그림 49, 사진 253~258).

고분에서는 아무런 유물도 나오지 않았다.

12호분

고분은 554호분에서 남쪽으로 66m 떨어진 곳에 위치하고 있다. 고분에서 서쪽으로 20m 떨어진 곳에는 6호분, 8호분이 있다.

봉분은 흙을 방형으로 쌓았으나 많이 허물어져 천정돌이 드러난 상태이다. 봉분 크기는 동서 길이 6.2m, 남북 너비 5.8m, 남은 높이는 1m이다(그림 50, 사진 259).

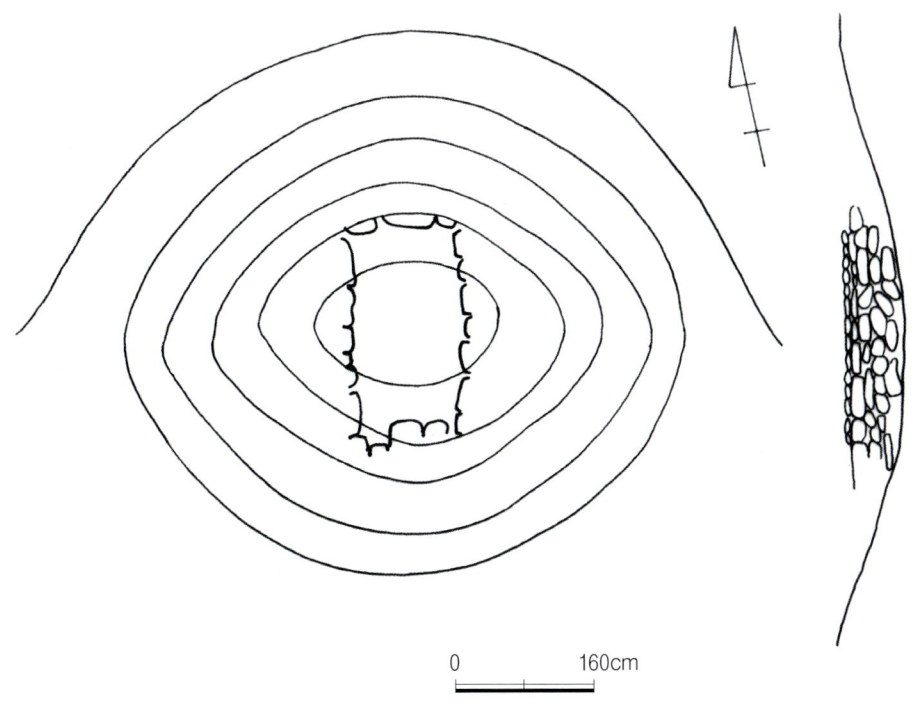

그림 50 • 평리12호분 봉분 평면도

고분은 강모래 바닥을 고르고, 강돌로 석곽을 마련한 다음, 천정돌을 올려놓은 지상식 단실석곽봉토분이며, 긴 축은 서쪽으로 5° 치우쳐 남북으로 길게 놓여 있다.

바닥에는 강모래 바닥을 다진 다음, 직경 8cm 크기의 짤름짤름한 강돌들을 깔았다.

석곽의 네 벽은 강돌로 쌓았으며, 동벽은 비교적 잘 남아 있고, 서벽과 남벽, 북벽은 현재 한두 돌기 정도 남아 있다.

동벽은 네 돌기로 쌓은 벽체가 남아 있으며, 가장 아랫돌기에는 아랫면과 윗면이 평탄한 길고 납작한 강돌들을 놓고, 그 위에 납작한 강돌들과 둥근 강돌들을 배합하여 곧추 올려 쌓았다. 벽체를 쌓는 데 이용한 돌들의 크기는 밑에 놓인 길고 납작한 것이 44×16cm, 36×20cm이며, 둥근 것은 큰 것이 52×12cm, 50×20cm, 작은 것이 10×12cm 정도이다. 벽체 높이는 73cm이다.

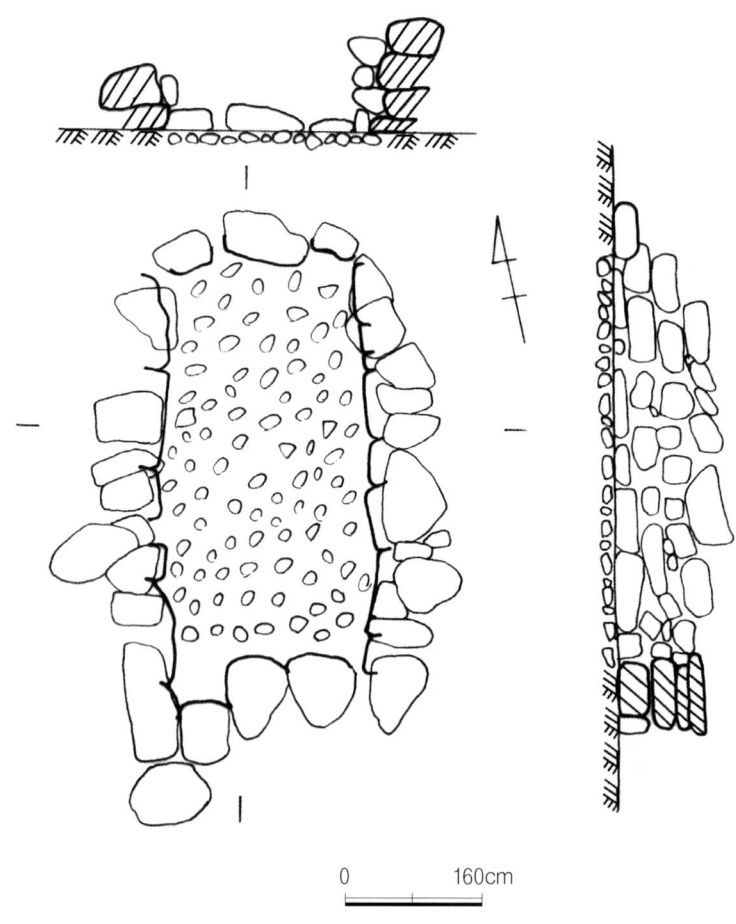

그림 51 • 평리12호분 평단면도

북벽은 현재 윗부분이 다 허물어지고 16cm 높이의 돌기 하나만 남아 있다. 이 벽체에는 세 개의 돌이 놓여 있는데, 가운데 놓인 돌이 크고, 그 양쪽은 작다. 가운데 놓인 돌의 크기는 52×16cm이다.

서벽은 가운데 부분이 세 돌기 정도 남아 있고, 남쪽과 북쪽 양끝은 두 돌기 정도 남아 있다. 가장 아랫돌기에 다섯 개의 납작하고 길쭉한 강돌을 놓고, 그 위에 둥글한 강돌로 곧추 올려 쌓았다. 서벽의 가장 큰 돌은 두 번째 돌기 남쪽에 있는 첫 번째, 세 번째 돌로서 크기는 54×20cm, 60×20cm이다. 서벽 높이는 60cm 정도이다.

남벽은 한 돌기 정도 남아 있으며, 두 개의 벽체돌이 놓여 있다. 이 돌의 크기는 30×20×30cm, 30×22×44cm이며, 벽 높이는 22cm 정도이다.

발굴 과정 중 석곽에서는 석회암질의 천정돌이 드러났다. 이 돌은 가공하지 않은 장방형 돌로서 크기는 170×25×50cm이다.

석곽 크기는 남북 길이 235cm, 동서 너비 118cm, 높이 60cm이다(그림 51, 사진 260~265).

고분에는 아무런 유물도 없었다.

13호분

고분은 4호분에서 남쪽으로 73m 정도 떨어진 곳에 위치하고 있다. 고분의 동북쪽으로 10m 정도 떨어진 곳에 이전에 발굴된 630호분이 있다.

봉분은 오랜 세월이 흐르면서 많이 유실되어 없어졌다. 봉분 동쪽과 서쪽은 북쪽과 남쪽에 비해 지대가 조금 높다. 봉분 크기는 남북 길이 5.3m, 동서 너비 3.45m이고, 높이는 북쪽과 남쪽이 60cm, 동쪽과 서쪽이 40cm 정도이다(그림 52, 사진 266).

고분은 지표면에 장방형의 구덩이를 파고, 큰 판돌로 네 벽을 만든 다음, 천정돌을 올려놓은 단실 석곽봉토분이며, 긴 축은 서남-동북 방향으로 놓여 있다. 묘실은 모래와 자갈이 섞인 원토층을 그대로 이용하였다.

석곽의 네 벽은 모두 가공한 판돌로 만들었다. 동벽은 두 개의 큰 판돌을 이어서 만들었고, 그 사이에 생기는 공간은 작은 판돌을 가공하여 끼워 넣었다. 남쪽에 세운 판돌은 화강암을 가공하여 만들었으며, 크기는 길이 80cm, 높이 54cm, 두께 8~10cm이다. 이 판석은 남쪽 모서리 윗부분이 깨져 없어진 상태이다. 북쪽에 세운 판돌은 점판암을 가공하여 만들었으며, 크기는 길이 120cm, 높이 48~56cm, 두께 8cm 정도이다.

이 판돌은 남쪽 윗부분이 조금 낮은데, 그로 인하여 생긴 공간은 먼저 자그마한 강돌을 놓고, 그 위

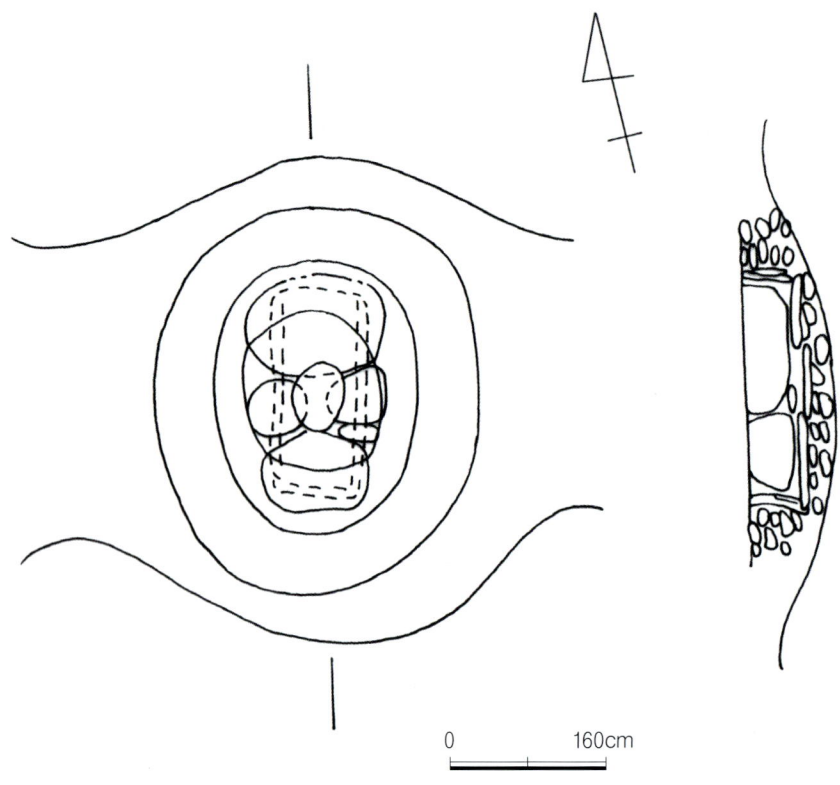

그림 52 • 평리13호분 봉분 평면도

에 판석을 가공하여 올려놓아 남쪽의 큰 판돌과 윗면을 수평으로 맞추었다. 또한 북쪽 모서리 윗부분도 이와 같은 공간이 생겼는데, 여기서는 먼저 화강암을 가공하여 놓고, 그 위에 높이 3cm 정도인 점판암을 올려 윗부분을 수평되게 맞추었다.

이 점판암 판돌은 무덤 바깥쪽으로 길게 눕혀져 있었고, 그 위에 큰 강돌들이 놓여 있었다. 이것은 점판암 위에 무거운 천정돌을 올려놓았을 때 천정돌의 하중을 견디기 위한 보강돌로 볼 수 있다. 이 점판암의 크기는 길이 24cm, 너비 20cm, 두께 3cm 정도이다.

점판암 판돌을 가공하여 만든 북벽은 한 개의 판돌을 가지고 동벽과 서벽의 북쪽 끝 가장자리에 덧붙여 세워 막는 방법으로 마련하였으며, 크기는 길이 82cm, 높이 60cm, 두께 5cm 정도이다.

북벽은 동벽과 마찬가지로 서북 모서리 부분에 생긴 공간을 강돌과 판돌을 이용하여 막았다. 먼저 4cm 정도 두께의 강돌을 놓은 다음 그 위에 세 개의 얇은 판돌을 서로 겹쳐 눕혀 놓는 방법으로 쌓았다. 강돌 위에 놓인 판돌이 서쪽으로 약간 경사지게 놓였기 때문에 그 윗부분에 두께가 3cm 정도인 작은 쐐기돌을 놓아 수평을 맞춘 다음 판돌을 올려놓았다. 그리고 그 위에 얇은 판돌을 놓아 벽체 윗면의

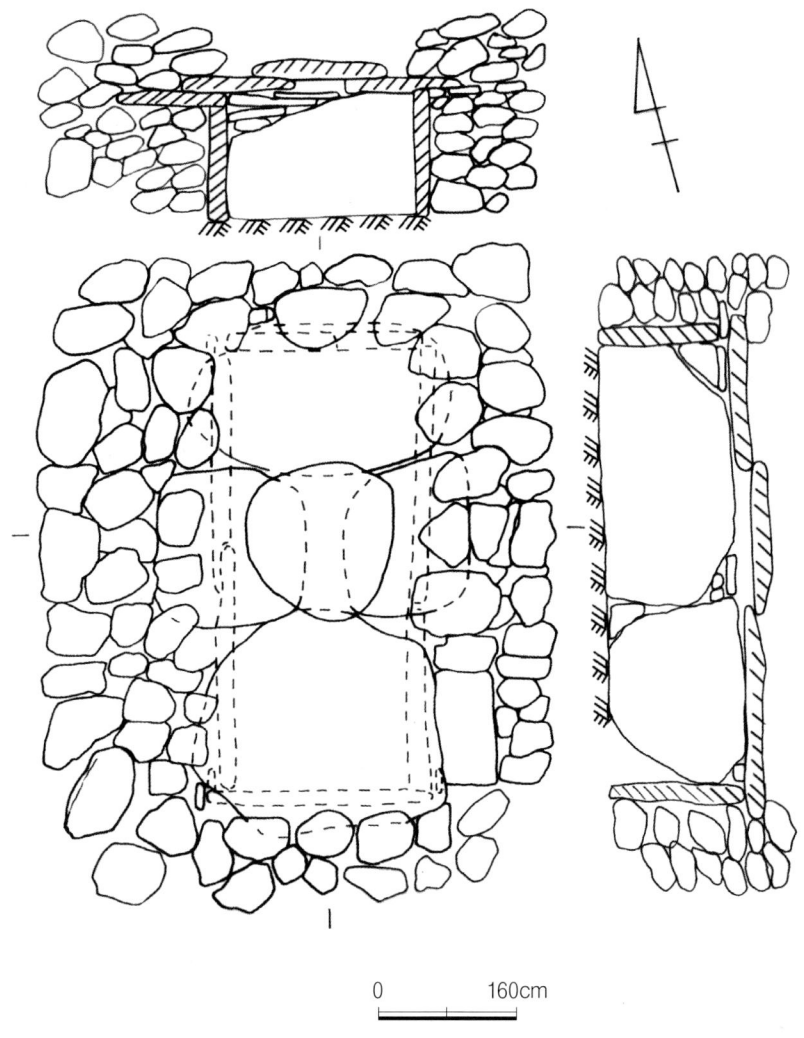

그림 53 • 평리13호분 평단면도

수평면을 맞추었다. 이 판돌들의 크기는 대체로 길이 26~40cm, 두께 2~4cm 정도이다. 북벽 윗면에 있는 판돌은 동벽과 같이 바깥쪽으로 길게 눕혀져 있고, 그 위에 큰 강돌이 놓여 있다.

서벽은 두 개의 판돌을 이용하여 만들었다. 서벽은 동벽과 달리 판돌을 서로 겹쳐 놓는 방법으로 만들었는데, 북쪽에 세운 판돌 바깥쪽을 3cm 정도 따내고, 거기에 남쪽의 판돌을 덧대어 벽체를 만들었다. 벽체돌이 서로 겹치는 부분의 길이는 20cm이다. 벽체가 서로 겹치면서 생긴 윗부분의 공간은 먼저 길이 26cm, 높이 16cm 정도의 강돌을 놓은 다음, 그 위에 얇은 판돌 두 개를 남북으로 나란히 놓았다. 이 돌들의 크기는 하나는 길이 50cm, 너비 10~30cm, 두께 5cm, 다른 하나는 길이 54cm, 너비

37cm, 두께 5cm이다.

　　이 판돌들도 고분 바깥쪽으로 길게 눕혀져 있었고, 그 위에 큰 강돌들이 놓여 있었다. 이것은 동벽처럼 벽체 윗면의 수평을 맞추고, 천정돌이 묘실 안으로 내려앉는 것을 막기 위한 벽체 축조 방법의 하나라고 볼 수 있다. 벽체돌 크기는 북쪽의 것이 길이 106cm, 높이 54cm, 두께 6~9cm, 남쪽의 것이 길이 106cm, 높이 54cm, 두께 5~6cm 정도이다.

　　남벽은 한 개의 큰 판돌을 세워 만들었다. 남벽은 점판암 재질의 판석을 가공하여 동·서 두 벽의 남쪽 가장자리에 덧대어 세워 놓았으며, 크기는 길이 94cm, 높이 58cm, 두께 6cm 정도이다.

　　석곽 크기는 남북 길이 202cm, 동서 너비 74~82cm, 높이 58cm 정도이다.

　　고분에는 천정시설이 그대로 남아 있었으며, 그 정형을 보면 다음과 같다. 천정은 두꺼운 점판암 판돌 두 개를 가공하여 덮었으며, 북쪽과 남쪽에 각각 한 개씩 판돌이 있다. 크기를 보면 북쪽의 것이 길이 110cm, 너비 68cm, 두께 6~8cm 정도이며, 남쪽의 것은 길이 102cm, 너비 96cm, 두께 8cm이다. 그리고 중간 부분에는 천정돌을 서로 겹쳐 놓았는데, 동서 양쪽에 돌을 마주 놓고, 그 위에 다시 뚜껑돌을 덮은 형식이다.

　　천정돌 위에는 큰 강돌들을 올려 천정돌이 묘실 안쪽으로 내려앉는 것을 막았다. 묘실 벽체 바깥쪽으로도 강돌들을 빙 둘러놓았는데 벽 보호시설로 인정된다(그림 53, 사진 267~272).

　　고분에서는 아무런 유물도 나오지 않았다.

14호분

　　고분은 12호분에서 서북쪽으로 10m 떨어진 곳에 위치하고 있다. 봉분은 오랜 세월이 흐르는 과정에 다 허물어지고, 묘실 벽 윗부분이 지표면에 드러나 있는 상태이다(사진 273).

　　고분은 묘도와 묘실로 이루어진 지상식 단실석실봉토분이며, 방향은 180°이다.

　　묘도는 묘실 남벽에서 동쪽으로 완전히 치우쳐 나 있다. 묘도 입구에서 묘실 입구까지 40×13cm 정도 크기의 돌들로 봉하였다. 묘도 바닥은 강모래 바닥을 다져 마련하였다.

　　묘도 벽은 윗부분이 파괴되어 없어지고, 안쪽 아랫돌기만 남아 있다. 묘도 동벽은 묘실 동벽과 이어져 있으며, 묘도 입구 쪽 벽체는 파괴되어 없어지고, 안쪽으로 놓인 벽체돌 한 개만 남아 있다. 이 돌은 화강암을 가공하여 만들었으며, 크기는 64×40×34cm 정도이다.

　　묘도 서벽은 묘실 서남 모서리에서 안쪽으로 56cm 들어와 있으며, 묘도 입구 쪽이 파괴되어 없어지고, 안쪽에 놓인 벽체돌 한 개만 남아 있다. 이 돌도 화강암을 긴 장방형으로 가공하여 만들었으며,

크기는 52×35×32cm 정도이다.

묘도 크기는 길이 64cm, 너비 70cm, 높이 34cm이다.

묘실의 평면 형태는 남북으로 긴 장방형이다. 묘실 바닥은 묘도 바닥과 같이 강모래 바닥을 수평으로 고른 후 다졌다.

묘실 벽체는 강돌과 화강암을 이용하여 쌓았다. 현재 벽체 윗부분은 다 없어지고, 아랫돌기에 한두 돌기 정도 남아 있다.

동벽은 대충 가공한 화강암을 한 돌기 정도로 축조하여 놓았으며, 남쪽 부분과 같이 벽체돌이 움직이지 않도록 납작한 강돌들을 밑에 깔거나 양옆에 쐐기처럼 박아 넣어 축조하였다. 벽체는 대체로 큼직큼직한 돌들로 만들었으며, 크기를 보면 110×55×30cm, 78×54×30cm, 54×54×30cm 정도의 것들이다. 동벽 높이는 60cm 정도이다.

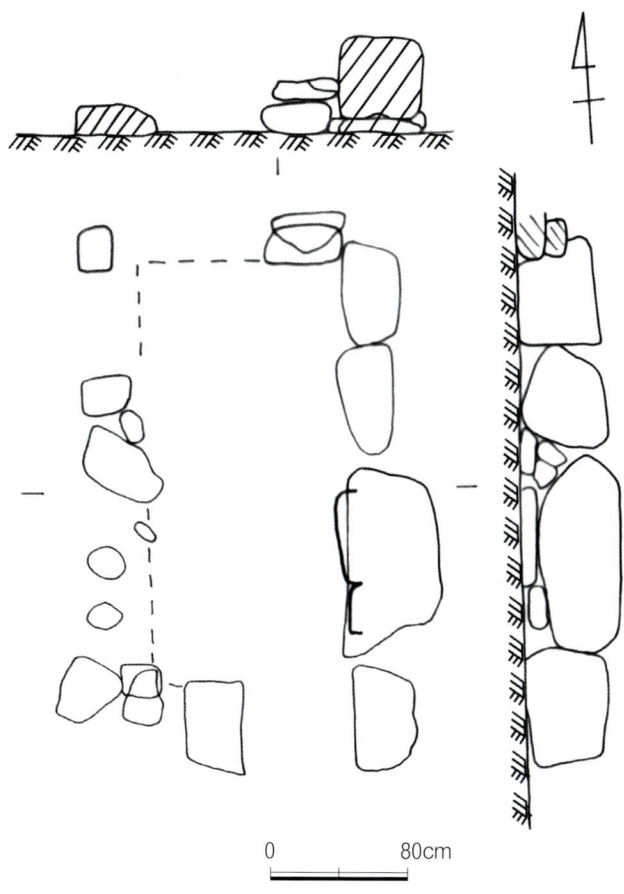

그림 54 • 평리14호분 평단면도

북벽은 동북 모서리와 서쪽 모서리 부분이 한두 돌기 정도 남아 있고, 가운데 부분은 완전히 없어진 상태이다. 동북 모서리에는 40×10cm 정도의 강돌 위에 38×12cm 정도 되는 강돌이 놓여 있고, 서쪽 모서리에는 20×20cm 정도의 강돌 한 개가 놓여 있다.

서벽은 거의 다 허물어져 본래의 벽체 상태를 알 수 없으나 묘실 안으로 밀려 들어온 화강암 돌들로 동벽처럼 밑 부분에 납작한 강돌들을 놓고, 그 위에 큼직한 강돌들을 올려놓았던 것으로 볼 수 있다. 이 화강암 돌들의 크기는 100×90×36cm, 77×55×30cm이다.

남벽은 묘도가 동쪽으로 치우쳐 있으므로 서쪽 부분에만 있다. 남벽은 현재 서남 모서리 부분에 강돌로 쌓은 두 돌기 정도의 벽체와 그 동쪽으로 묘도의 서벽으로 이용된 큰 돌의 북쪽 면이 남벽으로 이용되었다. 두 돌기로 쌓은 서남 모서리 부분의 높이는 33cm이다.

묘실 크기는 남북 길이 270cm, 동서 너비 120cm, 높이 60cm이다(그림 54, 사진 274~281).

고분에서는 아무런 유물도 나오지 않았다.

15호분

봉분은 다른 고분과 같이 많이 깎여 없어져 윗부분이 거의 평평하다. 봉분의 남북 길이는 5.4m, 동서 너비는 5.8m, 높이는 동·남·북쪽이 40cm, 서쪽 부분은 60cm 정도이다(사진 282).

고분은 땅을 파고, 강돌로 네 벽을 만든 다음, 그 위에 뚜껑돌을 덮은 석곽묘이다. 고분의 방향은 긴 축이 동북-서남 방향이다.

고분의 네 벽은 모두 강돌로 쌓았다. 동벽은 남쪽 끝에서 중심 부분까지 어느 정도 직선으로 쌓고, 중심 부분부터 북쪽 끝으로 가면서 안쪽으로 들어가게 쌓았다. 벽을 쌓은 상태를 보면 먼저 맨 아랫돌기에 두께가 얇고 아랫면과 윗면이 평평한 강돌들을 놓은 다음, 그다음 돌기들을 쌓았다. 맨 아랫돌기를 쌓은 돌들의 크기는 길이가 16~68cm이고, 두께가 6~8cm로서 비슷하다. 그다음 돌기부터는 여러 가지 크기의 돌들을 서로 섞어 쌓았다. 크기를 보면 가장 큰 것이 길이 48cm, 두께 20cm이고, 중간 것이 길이 28cm, 두께 20cm이며, 가장 작은 것은 길이와 너비가 각각 8cm 정도이다.

북벽과 남벽은 비교적 직선으로 되어 있다. 다만 서벽도 동벽과 같이 남쪽 끝에서부터 160cm 정도까지 어느 정도 직선으로 쌓고, 그 이후부터 점차 안쪽으로 들어가게 쌓았는데, 그 차이가 동벽보다 더 심하다. 북·서·남, 세 벽은 크기가 제각각인 돌들을 서로 섞어 가면서 쌓았으며, 크기는 대체로 동벽을 쌓은 돌들의 크기와 비슷하다.

고분의 남북 길이는 2.32m, 동서 너비는 남쪽 끝부분이 80cm, 북쪽 끝부분은 52cm로서 남쪽 벽보다 28cm 작다.

천정시설은 이미 파괴되었고, 묘실 바닥에 천정돌 일부가 내려앉은 상태였다. 고분 북쪽과 남쪽 끝에서 천정돌이 나타났으며, 크기를 보면 북쪽 부분 천정돌은 길이 88cm, 너비 60~74cm, 두께 12cm이고, 남쪽 부분 천정돌은 길이 70cm, 너비 48cm, 두께 15cm이다. 천정돌들은 강돌 아랫면과 윗면을 평평하게 가공한 것이다. 묘실 바닥은 모래와 강자갈이 섞인 원래 땅을 그대로 이용하였다(그림 55, 사진 283~288).

묘실 바닥에서는 유물이 발견되지 않았다.

묘실 벽 바깥에는 벽 보강시설이 있으며, 크기는 너비가 76cm, 깊이가 30cm 정도이다. 벽 보강시설의 동북 모서리 부분에서 질그릇이 나왔다. 질그릇은 깨졌으나 아가리와 밑굽 상태로 원래 질그릇 형

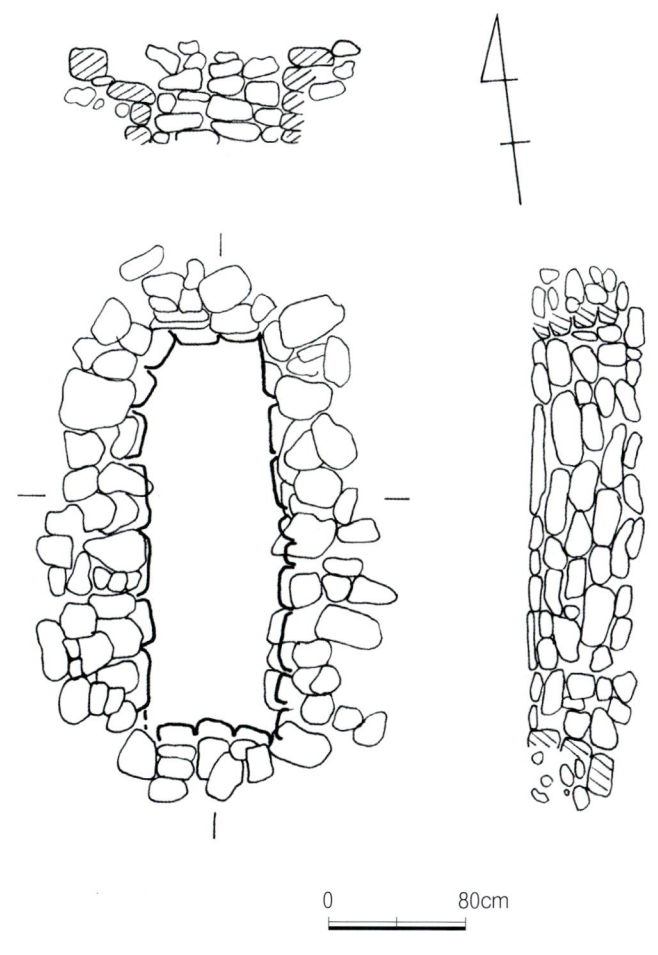

그림 54 • 평리15호분 평단면도

태를 가늠해 볼 수 있다. 질그릇의 색깔은 검은색이고, 굳은 질이며, 아가리가 바깥쪽으로 8cm 정도 쳐져 있다. 복원한 질그릇의 크기는 아가리 직경이 25.2cm, 밑바닥 직경 16.4cm, 높이 16cm, 그릇살 두께 0.4cm이다. 질그릇은 생김새로 보아 바리로 볼 수 있다.

16호분

고분은 554호분에서 북쪽으로 40m 떨어진 곳에 위치하고 있다. 봉분은 흙을 반구형으로 쌓았는데 윗부분은 허물어져 있다(사진 289).

고분은 땅을 파고 돌로 네 벽을 쌓은 다음 뚜껑돌을 덮은 석곽묘이다. 무덤 방향은 긴 축이 동북-

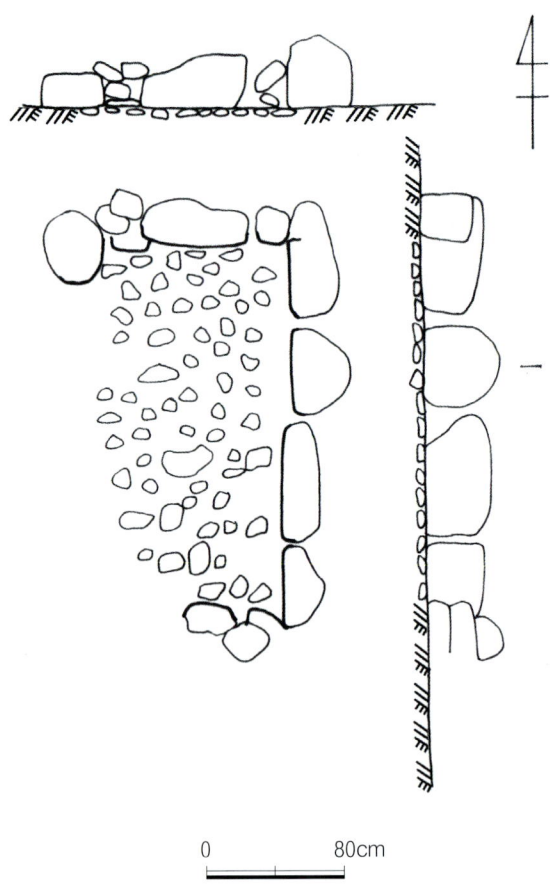

그림 56 · 평리16호분 평단면도

서남 방향이다. 석곽 크기는 남북 길이 2.4m, 동서 너비 1.2m, 현재 높이 0.4m이다.

석곽의 벽은 강돌과 화강암으로 쌓았으며, 발굴 당시 서벽은 윗부분이 이미 파괴된 상태였고, 동벽이 잘 남아 있었다. 동벽은 화강암을 나란히 세우고, 공간에는 작은 돌을 끼워 놓았다. 돌 크기는 길이 48~70cm, 너비 30~40cm, 두께 28~35cm이다. 북벽은 길이가 68cm, 너비와 두께가 각각 30cm인 큰 강돌을 한가운데에 놓고 그 좌우에 이것보다 작은 강돌을 놓아 만들었다. 벽 높이는 30cm이다. 남벽은 현재 세 돌기 남아 있으며, 높이는 30cm이다.

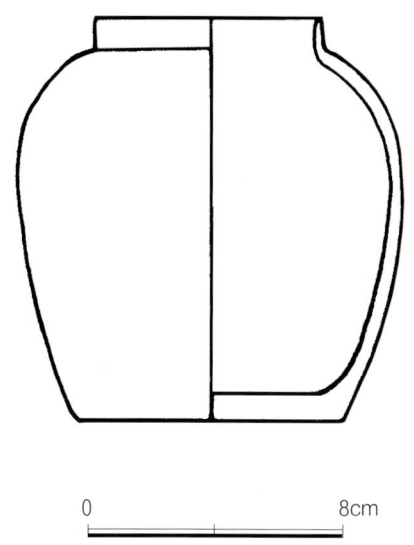

그림 57 • 평리16호분 출토 단지

석곽의 바닥은 강모래를 다지고 그 위에 윗면이 납작한 작은 강돌을 깔아 놓았다. 바닥돌은 대체로 14×14cm, 20×10cm, 15×13cm 크기의 돌로 가장 큰 것은 24×10cm이고, 가장 작은 것은 6×4cm이다. 무덤의 동·북·남벽 바깥에는 강돌들로 보강을 하였다(그림 56, 사진 290~294).

석곽의 동남 모서리에서는 검은색 단지 한 개가 나왔다. 단지는 아가리가 직선이고, 납작한 밑창이 달렸다. 단지는 바탕흙에 가는 모래를 섞어 만들었으며, 색깔은 검은색이고, 소성온도는 높은 편이다. 단지의 크기는 높이 12.8cm, 아가리 직경 7.2cm, 몸통 직경 12cm, 밑창 직경 8.4cm, 그릇살 두께 0.8cm이다(그림 57, 사진 295, 사진 396).

17호분

무덤은 1호분에서 남쪽으로 10m 떨어진 곳에 자리하고 있다. 봉분은 다 흘러내려 발굴 당시 석곽 벽체 윗부분이 드러난 상태였다.

무덤은 돌로 네 벽을 쌓은 반지하식 석곽묘로서 무덤의 긴 축은 남북 방향으로 놓여 있다. 석곽묘의 크기는 남북 길이 172cm, 동서 너비 80cm이다.

석벽 중에서 서벽은 이미 파괴되어 없어졌고, 동·북·남벽만 남아 있다. 이들 중에서도 동벽과 북벽은 비교적 양호하며, 남벽은 좀 허물어졌다. 동벽은 둥글납작한 강돌과 둥근 강돌을 배합하여 쌓앉으며, 현재 네 돌기가 남아 있다. 벽을 축조하는 데 사용된 돌들의 크기는 길이 33~38cm, 너비 28~32cm, 두께 8~28cm 정도이다. 동벽 높이는 80cm이다.

북벽은 동·남벽과는 달리 가공한 화강암 판돌 한 개로 벽체를 만들었다. 돌 크기는 길이 90cm, 너비 53cm이다. 남벽은 강돌로 쌓았으며, 두 돌기가 남아 있다. 맨 아랫돌기에는 두 개의 강돌을 놓고, 그 위에 한 개의 강돌로 쌓았다. 맨 아랫돌기에 쓰인 둥글납작한 강돌들의 크기는 하나가 길이 29cm, 두께 12cm, 다른 하나는 길이 35cm, 두께 15cm이다. 두 번째 돌기에 쓰인 강돌의 크기는 길이 35cm, 두께 18cm이다.

무덤 바닥은 모래땅인 원래 바닥을 다져서 만들었다(그림 58, 사진 296~300).

무덤에서는 유물이 나오지 않았다.

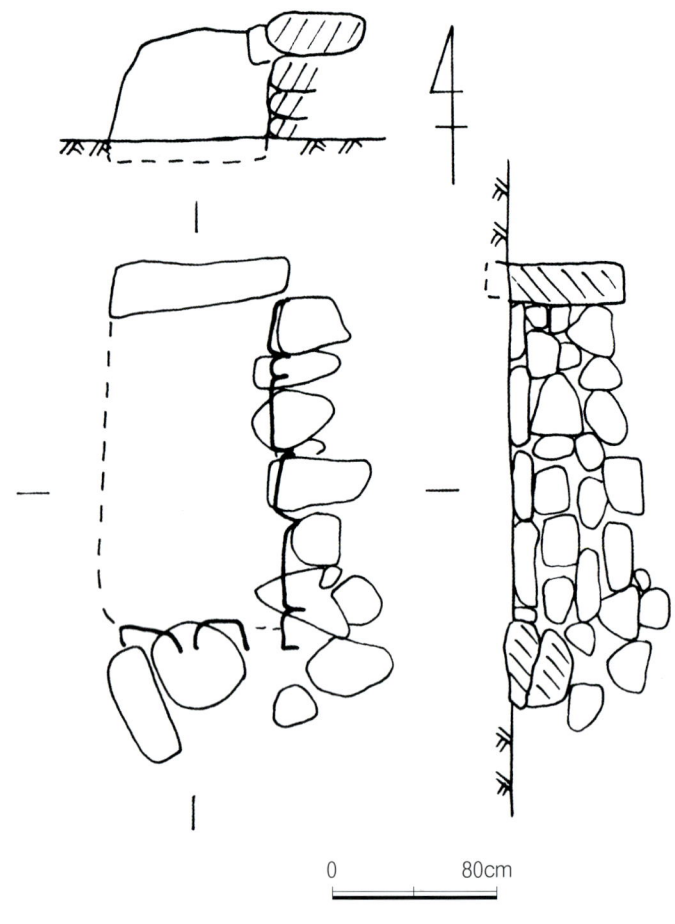

그림 58 • 평리17호분 평단면도

18호분

봉분은 오랜 세월이 흐르면서 거의 다 흘러내려 없어져 현재는 평지나 다름없다(사진 301).

무덤은 땅을 파고 강돌로 곽을 만든 다음, 그 위에 천정돌을 덮은 석곽묘이다. 무덤 생김새는 남북으로 긴 장방형이며, 무덤 방향은 동북-서남 방향이다. 무덤의 남북 길이는 200~216cm이고, 동서 너비는 80~88cm이다.

동벽은 남쪽 끝부분에서부터 중간 부분까지는 거의 직선으로 쌓았고, 중간 부분에서부터 북쪽 끝으로 가면서는 안쪽으로 약간 들어가게 쌓았다. 동벽은 현재 네댓 돌기 남아 있으며, 대표적으로 맨 아랫돌기를 쌓은 정형을 보면 다음과 같다.

동벽의 맨 아랫돌기는 비교적 아랫면과 윗면이 평평하고, 두께가 서로 비슷한 돌들로 쌓았다. 두께가 서로 다를 경우 바닥에 납작한 강돌들을 깔고, 그 위에 돌을 올려 돌들의 크기를 서로 맞추었다. 이것은 그다음에 놓이는 돌들이 편안하게 놓이게 하여 벽이 무너지는 것을 막기 위한 벽 축조 수법의 하나로 볼 수 있다. 돌들의 크기는 길이 28~36cm, 두께 12~16cm 정도이다. 동벽의 두 번째 돌기부터는 크기가 각이한 강돌들을 서로 섞어 가면서 쌓았다. 돌들의 크기는 가장 큰 것이 길이 44cm, 두께 22cm이며, 중간 것은 길이 28cm, 두께 20cm, 작은 것은 길이 16cm, 두께 11cm 정도이다. 동벽은 나타난 상태로 보아 안으로 기울임을 조성하며 쌓았다. 기울임이 가장 잘 나타난 부분은 중간 부분이며, 무덤 바닥으로부터 40cm 높이에서 약 11cm 정도, 북쪽과 남쪽 부분은 6cm 정도 기울였다. 동벽 윗부분의 돌들은 바깥으로 밀려나 있었다. 동벽 높이는 가장 잘 남아 있는 중간 부분이 78cm, 북쪽 부분이 54cm, 남쪽 부분이 64cm이다.

북벽은 동쪽 끝에서 중간 부분까지 바깥쪽으로 나가게 쌓다가 중간 부분에서 서쪽 끝까지 안쪽으로 들어오게 축조하였다. 북벽을 쌓은 돌들의 크기는 가장 큰 것이 길이 40cm, 두께 14cm이고, 중간 것은 길이 30cm, 두께 12cm이며, 작은 것은 길이 14cm, 너비 8cm 정도이다. 현재 남아 있는 북벽 높이는 58cm이다. 북벽은 나타난 상태로 보아 안으로 기울이지 않고 수직으로 쌓았다.

서벽은 남쪽 끝에서 북쪽으로 60cm 정도까지 직선으로 쌓고, 그 이후 중간 부분까지는 점차 바깥쪽으로 나가게 하고, 다시 북쪽 끝으로 가면서 점차 안쪽으로 들어가게 쌓았다. 서벽도 동벽과 쌓은 수법이 비슷하다. 맨 아랫돌기에 비교적 아랫면과 윗면이 평평하고 두께가 비슷한 돌들을 놓았으며, 돌 두께가 다를 경우 바닥에 자그마한 돌을 깔고, 그 위에 돌을 놓아 돌들의 크기를 서로 맞추었다. 서벽을 쌓은 돌들 중에서 가장 큰 것은 길이가 28~35cm이고, 두께는 12~16cm 정도이다. 두 번째 돌기 이후에는 크기가 각이한 돌들을 서로 섞어 가면서 쌓았으며, 가장 큰 것은 길이 40cm, 두께 12cm이며, 중간 것은 길이 30cm, 두께 12cm이고, 작은 것이 길이 12~18cm, 두께 8~14cm 정도이다. 서벽도 안으로 기울임을 조성하였으며, 대체로 묘실 바닥으로부터 30cm 높이에서 상하 차이가 8cm, 46cm 높이에서는 12cm이다. 서벽 맨 윗부분 돌들은 북쪽 부분이 바깥쪽으로 밀려나 있고, 남쪽 부분이 안쪽으로 밀려 들어왔다. 이것은 아마도 천정돌 무게에 의해 안쪽으로 밀려난 것으로 생각된다. 이는 발굴 당시 이 부분을 덮었던 천정돌 한쪽 면인 서쪽 부분이 무덤 바닥에 떨어져 있는 것으로도 짐작할 수 있다. 남쪽 부분에서 무덤 안쪽으로 밀려난 정도는 무덤 바닥으로부터 66cm 높이에서 28cm이다. 서벽 높이는 북쪽 부분이 52cm, 남쪽 부분이 66cm이다.

남벽은 비교적 직선으로 쌓았으나 파괴되어 윗부분의 돌들이 떨어진 상태이고, 중간 부분만 남아 있다. 북벽처럼 안으로 기울임을 조성하지 않았다. 남벽을 쌓은 돌들의 크기는 길이 24~28cm이고, 두께가 12~18cm 정도이다. 남벽 높이는 42~62cm이다.

바닥은 원래 바닥을 다지고 돌을 깔았는데, 북쪽과 남쪽 부분은 비교적 넙적한 강돌들을 깔고, 가운데 부분은 자그마한 돌들을 드문드문 깔았다. 넙적한 돌들의 크기는 길이 38cm, 너비 26cm, 두께

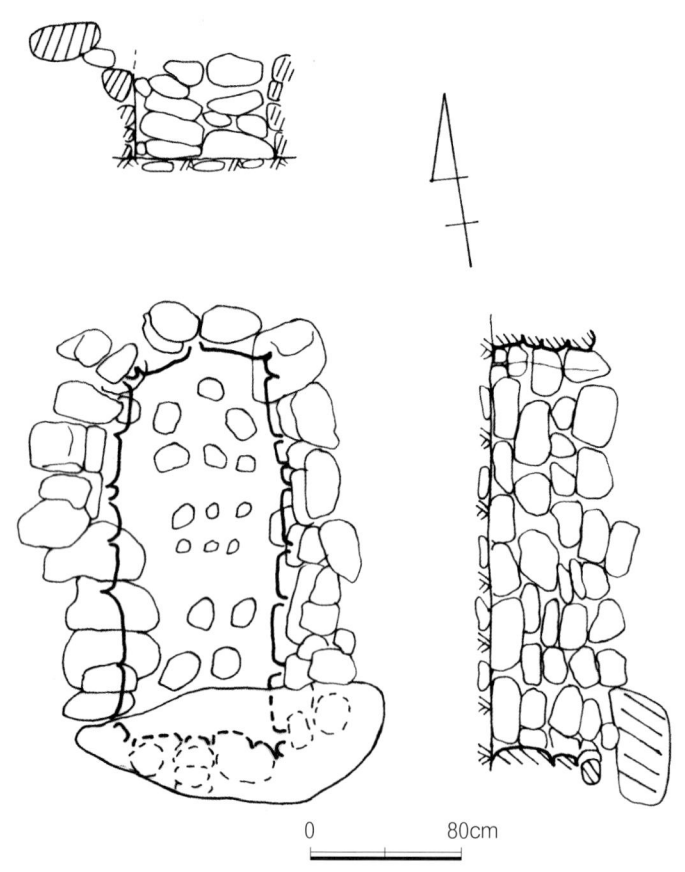

그림 59 · 평리18호분 평단면도

10cm 정도이며, 자그마한 돌들의 크기는 길이와 너비가 각각 5~8cm, 두께가 4cm 정도이다.

천정돌은 네 개가 알려졌는데 모두 아랫면은 가공하여 매끈하고, 윗면은 자연석 그대로였다. 발굴 당시 남쪽 끝부분을 덮었던 돌만 온전하게 덮어져 있고, 나머지 세 개는 바닥에 떨어져 있었다.

남쪽 끝부분에 있는 돌은 한쪽이 62cm로 넓고, 다른 쪽은 18cm로 좁다. 두께는 26~36cm이다. 두 번째 돌은 생김새가 장방형이며, 크기가 길이 102cm, 너비 46cm, 두께 28cm이다. 세 번째 돌은 생김새가 거의 삼각형에 가까우며, 길이가 100cm, 제일 넓은 부분의 너비는 50cm, 두께는 18cm이다. 네 번째, 즉 북쪽 끝부분을 덮었던 천정돌은 장방형이며, 크기는 길이 98cm, 너비 28~37cm, 두께 22cm이다(그림 59, 사진 302~307).

무덤에서는 질그릇 파편이 나왔다. 색깔은 검은 갈색이며, 가는 모래에 진흙이 약간 섞인 태질로서 원래의 그릇 상태를 잘 알 수 없다(그림 73-1, 사진 397).

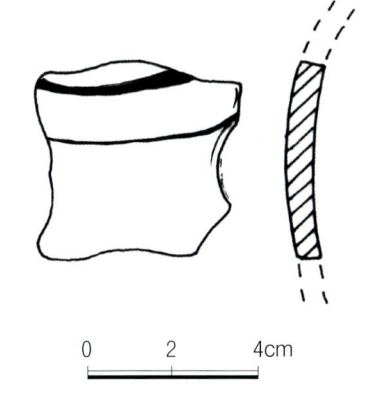

그림 73-1 • 평리 2015년도 발굴 출토 유물(18호분)

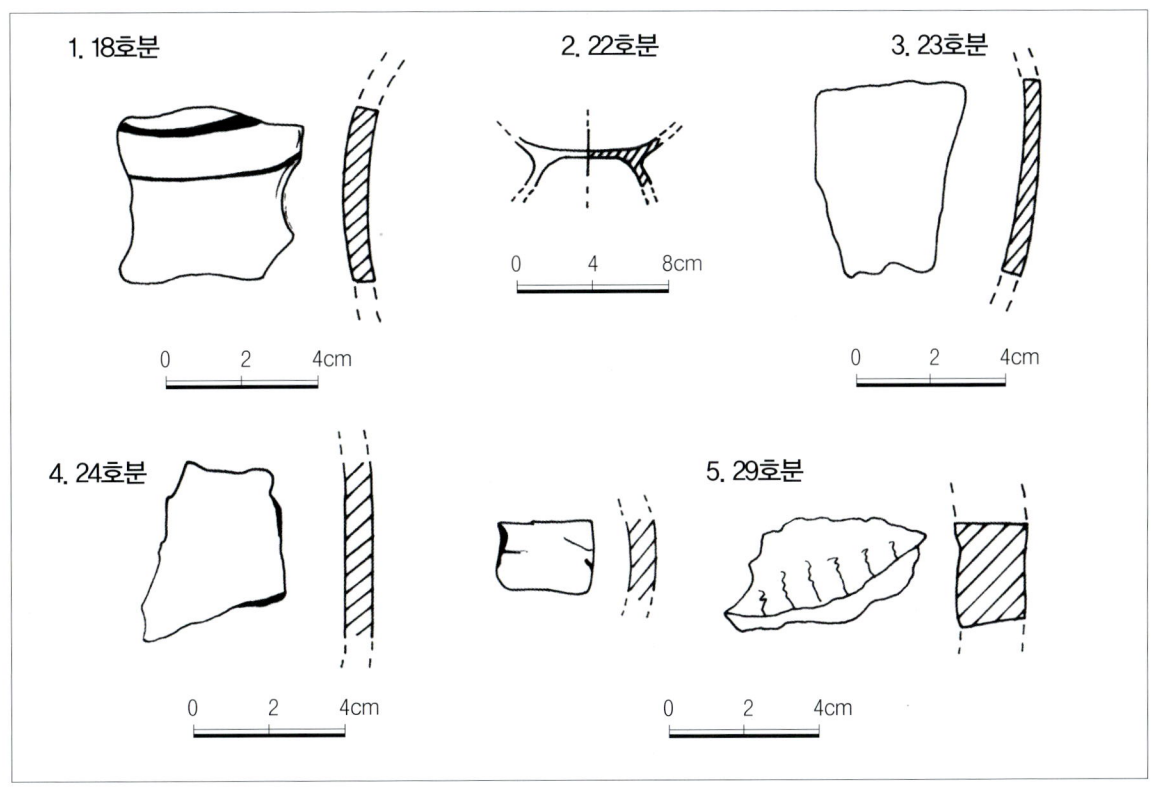

그림 73 • 평리 2015년도 발굴 출토 유물들

19호분

무덤은 18호분에서 북쪽으로 약 8m 정도 떨어진 곳에 자리하고 있다. 봉분은 이미 없어져 거의 평지나 다름없이 되었다(사진 308).

무덤은 묘도와 묘실로 이루어진 반지하식 단실석실봉토분로서 무덤의 방향은 190°이다. 발굴 당시 묘도에 강돌들이 현재 남아 있는 벽 높이까지 꽉 차 있었으며, 묘도를 막았던 돌로 인정된다. 이러한 폐쇄돌들은 묘도 입구에서부터 남쪽 바깥쪽으로 60cm까지 쌓여 있었다.

묘도는 묘실 서쪽에 완전히 치우쳐 있으며, 묘도 길이는 동벽이 40cm, 서벽이 46cm이다. 동벽은 비교적 직선으로 쌓았다. 동벽의 맨 아랫돌기는 아랫면과 윗면이 평평한 강돌을 깔았다. 동벽을 쌓은 강돌들의 크기는 길이 28~30cm, 너비 12~20cm, 두께 8~14cm 정도이다. 묘도 동벽은 안으로 기울임을 조성하면서 축조하였다. 동벽 기울임은 두 번째 돌기, 즉 바닥에서 20cm 정도 높이에서부터 시작되며, 기울임 정도는 30cm 높이에서 12cm이다. 맨 윗부분은 안쪽으로 많이 밀려 들어왔으며, 그 정도는 묘실 바닥으로부터 46cm 높이에서 16cm 정도이다. 현재 남아 있는 묘도 동벽 높이는 46cm이다.

묘도 서벽도 동벽과 같이 직선으로 쌓았다. 묘도 서벽은 현재 네 돌기 남아 있으며, 맨 아랫돌기를 쌓은 정형을 구체적으로 보면 다음과 같다. 맨 아랫돌기는 모두 세 개의 돌로 이루어졌다. 남쪽 부분은 두 개의 돌을 놓고, 북쪽 부분, 즉 묘실 입구 부분에는 한 개의 큰 돌이 묘도서벽이자 곧 묘실 남벽이 되게 놓았다. 서벽을 쌓은 돌들의 크기는 길이 12~44cm, 너비 10~20cm, 두께 8~10cm 정도이다. 묘도 서벽에서는 안으로 기울인 상태가 잘 나타나지 않는다. 현재 남아 있는 서벽 높이는 52cm이다.

묘실 생김새는 남북으로 긴 장방형이다. 묘실 동벽은 묘실 입구에서부터 북쪽으로 가면서 바깥쪽으로 약간 나가게 쌓았다. 동벽은 현재 대여섯 돌기 남았으며, 이 중에서 맨 아랫돌기가 품을 들여쌓은 것 같다. 맨 아랫돌기는 비교적 아랫면과 윗면이 평평한 돌을 놓고, 다음 돌기를 쌓는 방법으로 축조하였는데, 이것은 벽의 안전성을 보장하기 위한 축조 수법의 하나라고 보아진다. 동벽을 쌓은 돌들의 크기는 길이가 대체로 30~50cm, 너비 20~30cm, 두께 6~22cm 정도이다. 또한 동벽 맨 윗부분의 돌들은 비교적 윗면이 평평한 큰 돌들을 놓았으며, 돌들의 크기는 길이 40~54cm, 너비 24~26cm, 두께 8~20cm이다. 동벽은 안으로 기울임을 조성하면서 쌓았다. 안으로 기울임을 한 곳은 묘실 입구 부분이 가장 심하며, 그 차이는 무덤 바닥에서부터 60cm 높이에서 22cm이다. 북쪽 끝부분은 안으로 기울인 상태가 그리 심하지 않으며, 72cm 높이에서 16cm이다. 현재 남아 있는 동벽 높이는 북쪽 부분이 72cm, 묘실 입구 부분이 52cm이다.

북벽은 비교적 직선으로 쌓았다. 북벽은 현재 3~5돌기 남아 있으며, 쌓은 정형을 보면 다음과 같다. 북벽 서쪽 부분은 맨 아랫돌기에 두 개의 큰 돌을 놓고, 동쪽 부분은 두께가 작은 돌들을 두 돌기로 쌓아 서쪽 부분의 돌들과 거의 일직선이 되게 쌓았다. 따라서 동쪽 부분은 다섯 돌기, 서쪽 부분은 세 돌기이다. 모두 아랫면과 윗면이 평평하고 두께가 고르다. 돌들의 크기는 서쪽 부분의 것은 길이가 20~44cm, 두께가 약 24cm이며, 동쪽 부분의 것은 길이가 24~32cm, 두께가 12cm 정도이다. 그다음 돌기 이후로는 두께가 각이한 강돌들을 서로 섞어 가면서 쌓았으며, 크기를 보면 길이가 20~40cm, 너비가 18~24cm, 두께가 4~20cm 정도이다. 북벽도 서벽처럼 안으로 기울임을 조성하면서 축조하였다. 안으로 기울인 상태는 묘실 바닥에서부터 현재 남아 있는 72cm 높이에서 14cm이다. 북벽 높이는 동쪽 부분이 72cm, 서쪽 부분이 62cm이다.

서벽은 남쪽 끝부분에서 중간 부분까지 비교적 직선으로 쌓고, 중간 부분에서부터 북쪽으로 가면서 점차 안쪽으로 들어가게 쌓았다. 서벽은 다섯 돌기로 되어 있으며, 벽 축조 수법은 동·북벽과 비슷하다. 즉 아랫돌기는 아랫면과 윗면이 평평하고 납작한 돌들로 깔고, 그다음 돌기를 쌓았다. 서벽을 쌓

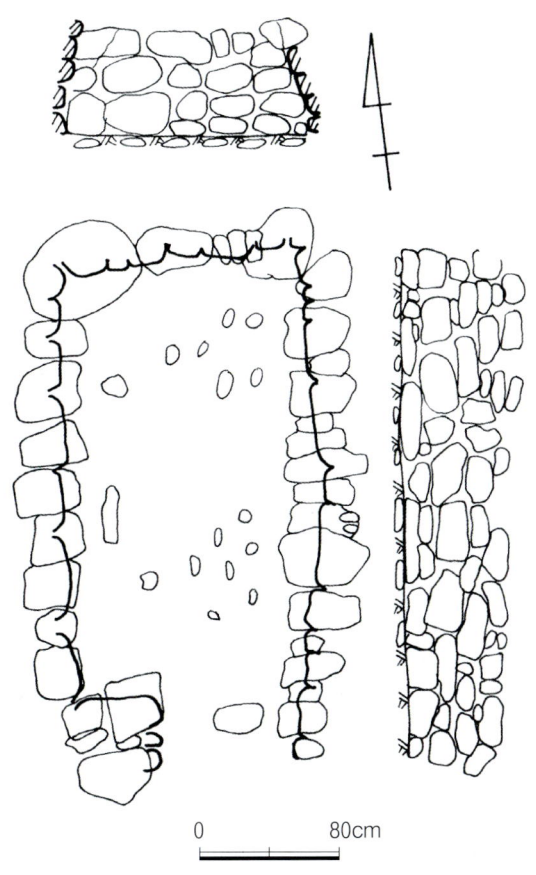

그림 60 · 평리19호분 평단면도

은 돌들의 크기는 길이 12~40cm, 너비 10~24cm, 두께는 8~20cm이다. 서벽도 다른 벽들과 같이 안으로 기울임을 조성하였으며, 묘실 바닥으로부터 54cm 높이에서 12cm이다. 서벽 높이는 북쪽 부분이 74cm, 남쪽 부분이 54cm이다.

남벽은 네 돌기로 이루어졌다. 맨 아랫돌기는 큰 돌 한 개를 사용하였으며, 동쪽 끝이 묘도 서벽이 되게 쌓았다. 또한 두 번째 돌기는 두 개의 돌로 쌓았으며, 동쪽 부분의 돌이 묘도 서벽이 되게 축조하였다. 세 번째와 네 번째 돌기도 위와 같은 방법으로 쌓았다. 돌들의 크기는 길이 28~56cm, 너비 22~40cm, 두께 8~14cm 정도이다. 묘실의 남북 길이는 260~270cm, 동서 너비는 142~146cm이다.

묘실 바닥은 다진 바닥에 자그마한 돌들을 한 벌 깔았다. 천정시설은 파괴되어 본래 상태를 알 수 없다(그림 60, 사진 309~317).

묘실 바닥에서는 서벽 가까이에서 사람 뼈들이 발견되었다. 북쪽 부분에 머리뼈가 놓여 있고, 중간 부분에서 다리뼈가 드러났다. 다리뼈 길이는 약 20cm이다.

20호분

무덤은 18호분으로부터 동쪽으로 3m 떨어진 곳에 자리하고 있다. 봉분이 다 흘러내려 지표면에 천정돌이 드러나 있었다(사진 318).

무덤은 땅을 파고 돌로 묘실을 만든 다음 천정돌을 덮은 반지하식 단실석실봉토분로서 무덤의 방향은 180°이다.

무덤은 묘도와 묘실로 되어 있으며, 묘도 크기는 남북 길이 60~68cm, 동서 너비는 안쪽이 60cm, 바깥쪽이 68cm이다. 묘도는 동쪽으로 완전히 치우쳐 있으며, 폐쇄돌로 인정되는 돌들이 있었다. 이 폐쇄돌들은 묘도 입구부터 묘실 입구 부분까지 꽉 차 있었으며, 돌들의 크기는 대체로 길이가 24~60cm, 너비가 18~30cm, 두께가 10~30cm 정도이다.

묘도 동벽은 맨 아랫돌기에 두 개의 돌을 깔았으며, 남쪽 부분의 것은 없어진 상태이다. 묘도 서벽도 동벽과 같이 아랫돌기를 두 개의 돌로 깔았으며, 묘실 입구 쪽은 큰 돌로, 묘도 입구 쪽은 작은 돌로 축조하였다. 묘도 벽을 축조하는 데 쓴 돌들의 크기는 대체로 길이 16~58cm, 너비 22~40cm, 두께 12~20cm이다. 현재 남아 있는 동벽 높이는 50cm, 서벽 높이는 56cm이다.

묘도 바닥은 원토층을 그대로 이용하였으며, 묘도 입구 쪽에서 묘실 쪽으로 가면서 점차 낮아지게 만들었다. 묘도 입구 쪽과 묘실 입구 쪽의 바닥 높이차는 12cm이다. 묘도 천정은 파괴되어 원래 상태를 알 수 없다.

묘실의 평면 형태는 남북으로 긴 장방형이다. 묘실 크기는 남북 길이 244cm, 동서 너비는 북쪽이 116cm, 남쪽이 128cm이다.

동벽은 남쪽 끝부분에서 거의 중심 부분까지 바깥으로 나가게 쌓았고, 중심 부분에서 북쪽 모서리 부분까지는 다시 안쪽으로 들어가게 쌓았다. 동벽은 현재 2~4돌기 정도 남아 있으며, 대표적으로 맨 아랫돌기를 쌓은 정형을 보면 다음과 같다. 동벽 맨 아랫돌기에는 아랫면과 윗면이 비교적 평평하고 크기가 비슷한 돌들을 놓았다. 돌들의 크기는 대체로 길이 32~44cm, 두께 6~16cm이다. 두 번째 돌기 이후로는 크기가 각이한 강돌들을 서로 섞어 가면서 쌓았는데, 어떤 부분에서는 성벽 쌓듯이 서로 어긋물림 한 부분도 있다. 동벽 북쪽 윗부분은 안쪽으로 밀려 들어왔으며, 밀려 들어온 정도는 묘실 바닥에서부터 현재 남아 있는 52cm 높이에서 16cm이다. 현재 남아 있는 동벽 높이는 북쪽 부분이 52cm, 남쪽 부분이 56cm이다.

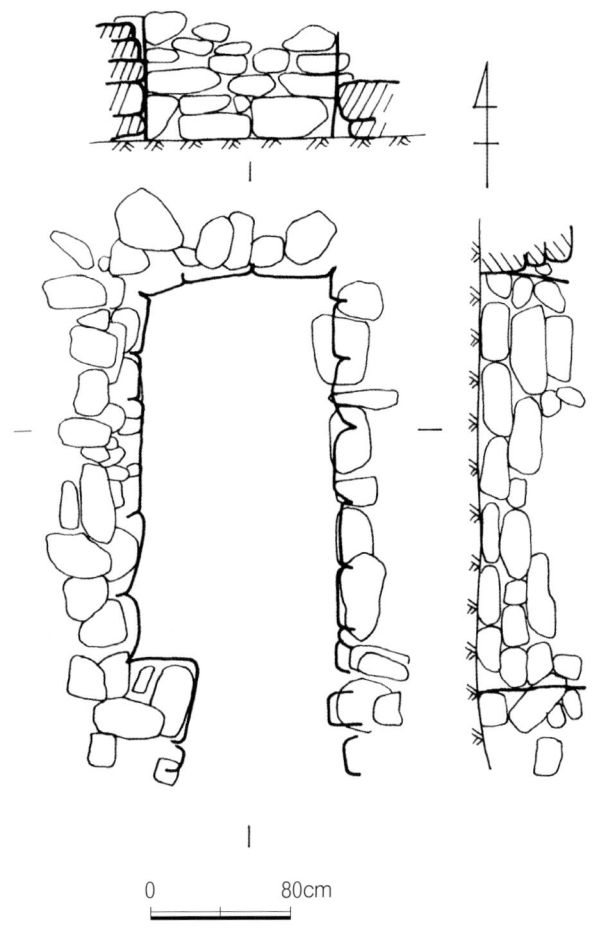

그림 61 • 평리20호분 평단면도

서벽은 남쪽 끝부분에서 북쪽으로 가면서 점차 안쪽으로 들어가게 쌓았다. 서벽은 현재 3~5돌기 정도 남아 있다. 서벽도 동벽과 축조 수법이 비슷하다. 즉 맨 아랫돌기에 아랫면과 윗면이 평평하고 두께가 16~20cm 정도인 돌들을 놓은 다음, 벽체를 성벽 쌓듯이 서로 어긋물림 하면서 축조하였다. 서벽을 쌓은 돌들의 크기는 대체로 길이 30~52cm, 너비 23~41cm, 두께 16~35cm 정도이다. 서벽 높이는 74~80cm이다.

북벽은 동쪽 끝부분에서부터 서쪽으로 가면서 점차 안쪽으로 들어가게 쌓았다. 북벽은 현재 3~5돌기 정도 남아 있다. 발굴 당시 북벽 윗부분이 바깥쪽으로 밀려나 있었다. 북벽 축조 방법을 보면 맨 아랫돌기의 양쪽 끝부분은 두께가 비슷한 큰 돌들을 하나씩 놓고 가운데에 그 절반만한 두께의 돌을 두 개 놓아 돌들의 윗면이 서로 수평을 이루게 하고, 그 위에 돌들을 어긋물려 쌓아 올렸다. 북벽 축조에 쓴 돌들의 크기는 대체로 길이가 24~30cm, 너비가 20~28cm, 두께는 12~30cm이다. 북벽 높이는 80cm이다.

남벽은 직선으로 쌓았으며, 세 돌기가 남아 있다. 가장 아랫돌기에는 크기가 길이 40cm, 너비 24cm인 큰 돌을 놓고, 그 위에 그보다 작은 돌들로 올려 쌓았다. 남벽 높이는 60cm이다.

묘실 바닥은 묘도 바닥과 같이 원토층을 그대로 이용하였다. 천정은 무너져 그 형태를 알 수 없다. 발굴 과정에서 천정돌로 인정되는 돌들이 세 개가 알려졌다. 그중 하나는 발굴 당시 표면에 드러나 있던 것으로서 크기가 길이 78cm, 너비 48cm, 두께 18cm이다. 다른 두 개는 무덤 바닥에 떨어져 있었으며, 크기를 보면 하나는 길이 90cm, 너비 74cm, 두께 30cm이고, 다른 하나는 길이 76cm, 너비 60cm, 두께 18cm이다(그림 61, 사진 319~328).

무덤에서는 유물이 나오지 않았다.

21호분

무덤은 18호분으로부터 동북쪽으로 20m 떨어진 곳에 자리하고 있다. 봉분은 이미 흘러내려 없어지고, 지표면에 천정돌이 드러나 있었다(사진 329).

무덤은 묘도와 묘실로 이루어진 단실석실봉토분으로서 방향은 185°이다. 묘도는 동쪽으로 완전히 치우쳐 있으며, 크기는 남북 길이 72cm, 동서 너비 약 50cm이다. 묘도에는 발굴 당시 강돌들이 꽉 차 있었으며, 나타난 상태로 보아 폐쇄돌로 여겨진다. 폐쇄돌들의 크기는 길이가 16~44cm, 너비가 16~32cm, 두께가 10~16cm이다.

동벽은 묘실 동벽에 잇닿아 축조하였으며, 발굴 당시 많이 파괴되어 묘실 입구 쪽에 한 개의 돌만 남아 있었다. 이 돌은 아랫면과 윗면이 비교적 평평하다. 동벽 크기는 남은 길이 72cm, 남은 높이 20cm이다.

서벽도 많이 파괴된 상태였다. 묘실 입구 쪽과 묘도 입구 쪽의 돌만 남아 있고, 중심 부분의 돌은 이미 없어진 상태였다. 서벽의 묘실 입구 쪽 맨 아랫돌기에 놓았던 돌도 안쪽 면과 윗면이 비교적 평평하다. 현재 남아 있는 서벽 높이는 40cm이다. 묘도 벽을 축조하는 데 사용된 돌들의 크기는 대체로 길이가 16~44cm, 너비가 16~36cm, 두께가 8~16cm이다.

묘도 바닥은 원토층 위에 강자갈을 깔아 만들었으며, 묘도 입구에서 묘실 입구 쪽으로 가면서 점차 낮아진다. 바닥의 높이차는 6cm이다.

묘실의 평면 형태는 남북으로 긴 장방형으로서 남북 길이는 144~160cm, 동서 너비는 82cm이다.

묘실 벽체는 강돌들로 성벽 쌓듯이 어긋물림 하여 축조하였다. 동벽은 남쪽에서 북쪽으로 가면서 점차 안쪽으로 들어가게 쌓았다. 동벽은 발굴 당시 두 돌기가 남아 있었다. 맨 아랫돌기에는 다섯 개의 돌을 이용하여 쌓았고, 남쪽 부분의 두 개의 돌이 북쪽 부분에 있는 돌보다 비교적 크다. 두 번째 돌기 이후에는 이보다 좀 더 큰 돌들로 벽체를 쌓아 올렸다. 동벽을 쌓은 돌들의 크기는 대체로 길이가

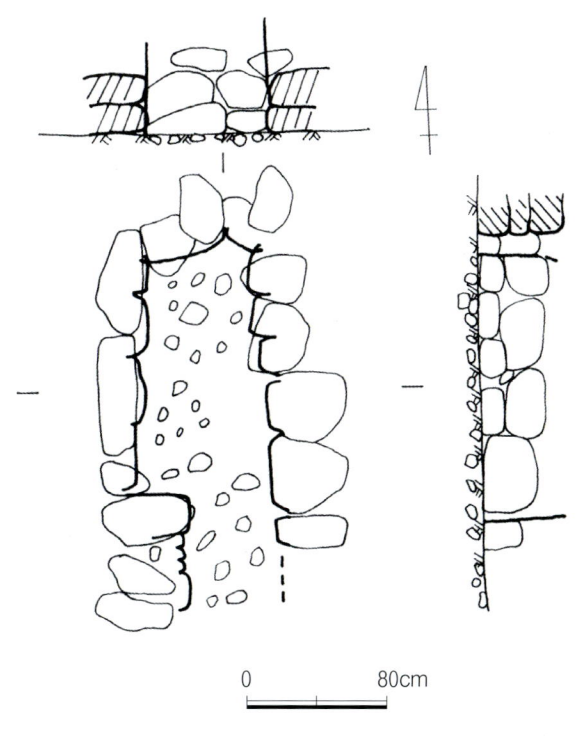

그림 62 · 평리21호분 평단면도

24~48cm, 두께가 12~32cm이다. 현재 남아 있는 동벽 높이는 44cm이다.

서벽은 남쪽 끝부분에서부터 북쪽 모서리 부부까지 점차 바깥으로 나가도록 쌓았다. 서벽은 현재 두 돌기가 남아 있으며, 돌들의 아랫면과 윗면은 비교적 평평하다. 서벽 축조에 이용된 돌들의 크기는 대체로 길이 20~66cm, 너비 28~32cm, 두께 14~20cm 정도이다. 서벽 축조 방법도 동벽과 비슷하다. 서벽의 남은 높이는 36cm이다.

북벽은 동쪽 끝부분에서 서쪽으로 12cm 정도까지 바깥쪽으로 나가게 쌓았고, 이후부터 안쪽으로 들어가게 쌓았다. 북벽은 발굴 당시 세 돌기의 벽체가 남아 있었다. 북벽을 축조하는 데 쓰인 돌들의 크기는 대체로 길이 32~48cm, 너비 22~32cm, 두께 14~24cm이다. 북벽 높이는 현재 52cm이다.

남벽은 거의 직선으로 쌓았다. 현재 두 돌기 남아 있으며, 맨 아랫돌기에는 길이 36cm, 너비 20cm, 두께 18cm의 돌을 서벽과 거의 직각이 되도록 놓았다. 현재 남은 남벽 높이는 42cm이다.

묘실 바닥은 묘도 바닥과 같이 원토층 위에 강자갈을 깔아 만들었다. 돌들의 크기는 길이와 너비가 각각 8~12cm, 두께가 4cm이다. 무덤이 많이 파괴되어 천정 형식은 알 수 없다(그림 62, 사진 330~335).

무덤에서는 유물이 나오지 않았다.

22호분

무덤은 21호분으로부터 북쪽으로 42m 떨어진 곳에 자리하고 있다. 발굴 당시 봉분은 많이 흘러내린 상태였고, 봉분 가운데에 천정돌이 드러나 있었다. 천정돌 크기는 길이 132cm, 너비 52cm, 두께 48cm이다(사진 336).

무덤은 땅을 파고, 강돌로 석곽을 만든 다음, 천정돌을 덮은 석곽묘이다. 무덤의 긴 축은 서북—동남 방향이다.

석곽의 평면 생김새는 남북으로 긴 장방형이며, 북쪽 부분이 좁고, 남쪽 부분이 넓다. 무덤의 크기는 남북 길이 212~220cm, 동서 너비 40~80cm이다.

무덤의 네 벽체는 강돌로 어긋물림 하여 축조하였다. 동벽은 남쪽에서 북쪽으로 가면서 점차 안쪽으로 들어가게 쌓았다. 동벽은 현재 3~6돌기 남아 있다. 첫 번째 돌기에는 여섯 개의 돌을 놓았으며, 남쪽 끝부분을 내놓고는 거의 큰 돌들을 이용하였다. 두 번째 돌기의 돌들은 첫 번째 돌기의 돌보다 바깥쪽으로 약간씩 나가게 쌓았고, 세 번째 돌기부터는 대체로 돌들을 곧추 쌓아 올렸다. 동벽을 쌓은 돌들의 크기는 대체로 길이 20~48cm, 너비 16~38cm, 두께 8~30cm이다. 동벽 높이는 68cm이다.

서벽은 세 돌기만 남아 있었다. 맨 아랫돌기에는 크기가 비슷한 다섯 개의 돌을 호선을 이루도록

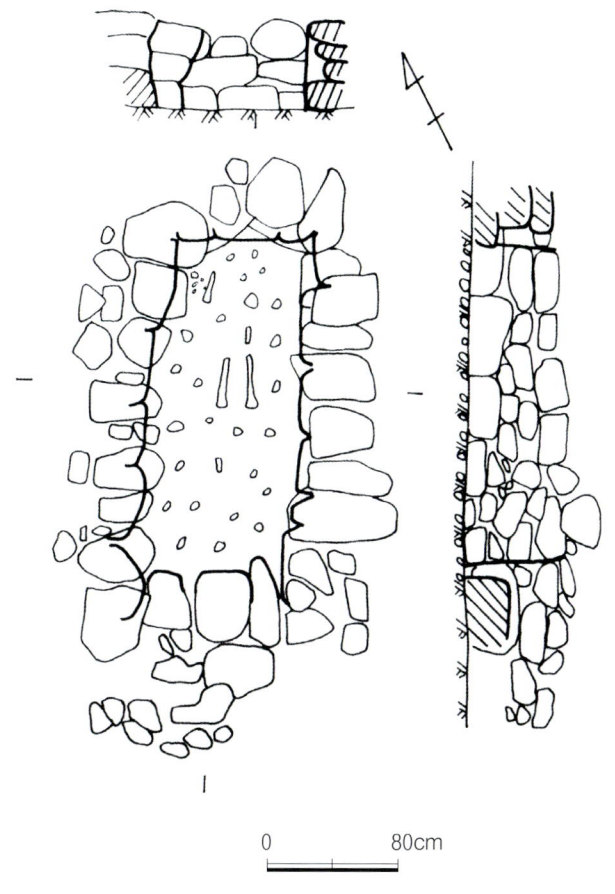

그림 63 • 평리22호분 평단면도

놓았는데, 그 정형을 구체적으로 보면 다음과 같다. 북쪽 끝부분의 첫 번째 돌은 북벽과 호선을 이루도록 놓고, 두 번째 돌은 비교적 직선으로 놓았다. 그다음 세 번째 돌은 두 번째 돌보다 안쪽으로 4~6cm 가량 들어오게 놓고, 네 번째 돌은 그 앞에 놓은 세 번째 돌에 비해 8~10cm가량 안쪽으로 들어가게 놓았다. 마지막 돌 역시 앞 돌보다 8cm가량 안쪽으로 들여 남벽과 호선을 이루도록 놓았다. 서벽은 안으로 기울임을 주면서 축조하였다. 기울임은 두 번째 돌기부터 시작되며, 묘실 바닥으로부터 두 번째 돌기까지의 기울임은 4~6cm, 그리고 마지막 세 번째 돌기에서는 거의 12cm 정도 된다. 서벽을 쌓은 돌들의 크기는 길이 26~56cm, 너비 18~40cm, 두께 18~24cm이다. 서벽 높이는 현재 72cm이다.

북벽은 벽선이 호선을 이루도록 쌓았다. 북벽은 세 돌기가 남아 있으며, 쌓은 정형을 보면 다음과 같다. 맨 아랫돌기는 세 개의 돌로 쌓았으며, 동쪽 끝에 있는 돌과 가운데 있는 돌의 호선은 심하지 않으나 서벽 끝에 있는 돌은 가운데 돌에 비해 6cm 정도 안쪽으로 호선을 지으며 서벽과 이어졌다. 두 번째 돌기를 보면 두 개의 큰 돌로 쌓았으며, 동·서벽과 호선을 이루도록 쌓은 것이 뚜렷하다. 두 돌의 동

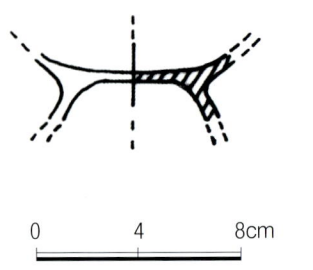

그림 73-2 • 평리 2015년도 발굴 출토 유물(22호분)

쪽 끝과 서쪽 끝은 맨 아랫돌기의 가운데 돌보다 바깥으로 14cm 정도 나가 있다. 세 번째 돌기도 동쪽에서 서쪽으로 가면서 호선을 이루도록 쌓았는데, 서쪽에 있는 돌을 안쪽으로 4cm가량 기울여 쌓았다. 북벽을 쌓는 데 쓴 돌들의 크기는 길이 18~40cm, 너비 12~36cm, 두께 20~24cm이다. 북벽 높이는 64cm이다.

남벽은 비교적 직선으로 쌓았다. 현재 한 돌기 남아 있다. 세 개의 돌로 축조하였으며, 동쪽 돌이 안쪽으로 8cm가량 들어와 있다. 현재 남벽의 높이는 36cm이다.

바닥은 원토층 위에 강자갈을 깔아 마련하였다. 강자갈 크기는 16×12cm, 14×10cm, 8×4cm, 4×4cm이다.

천정은 무너져 그 형식을 알 수 없다. 묘실 벽체 주위에는 보강시설로서 크고 작은 돌들이 돌려져 있었다. 묘실에서는 도기 파편과 사람의 머리뼈, 치아, 다리뼈들이 나왔다(그림 63, 사진 337~342). 도기 파편은 굽이 있는 단지로서 밑굽 파편이다. 색깔은 회색이고, 낮은 굽으로 몸체 밑면에서 곧추 내려오다가 밖으로 약간 벌어졌다. 밑굽의 직경은 7.2cm, 굽 높이는 1.2cm이다. 그릇살 두께는 0.4cm, 밑굽살 두께는 0.8cm이다(그림 73-2, 사진 398).

23호분

무덤은 22호분으로부터 서북쪽으로 15m 떨어진 곳에 자리하고 있다. 발굴 당시 봉분은 이미 다 없어지고, 지표면에 벽체돌이 드러나 있었다. 무덤 서북쪽에는 조선시대 무덤이 있다(사진 343).

무덤은 땅을 파고, 돌로 관을 만든 다음, 천정돌을 덮은 석관묘이다. 무덤의 긴 축은 동북-서남 방향이다.

묘실 평면 생김새는 남북으로 긴 장방형이며, 북쪽에서 남쪽으로 가면서 점차 넓어졌다. 석관의 남북 길이는 136~144cm, 동서 너비는 44~56cm이다.

네 벽은 강돌로 축조하였다. 동벽의 축조 방법을 보면 북벽과 이은 곳에 작은 돌 두 개로 축조하였고, 가운데는 큰 통돌로 벽체를 만들었으며, 매끈한 면이 안쪽에 놓이게 하였다. 남벽과 이어지는 곳은 길고 납작한 돌 한 개만 남아 있다. 동벽을 쌓는 데 쓴 돌들의 크기는 가장 큰 것이 길이 70cm, 너비 32cm, 두께 24cm이고, 중간 것이 길이 44cm, 너비 12cm, 두께 28cm이며, 작은 것이 길이 24cm,

너비 16cm, 두께 8cm이다. 동벽은 북쪽에서 남쪽으로 가면서 바깥으로 벌어졌다. 동벽 높이는 32cm이다.

서벽은 한두 돌기가 남아 있으며, 축조 방법은 동벽과 비슷하다. 북벽과 이어지는 곳에는 길이가 64cm, 너비 34cm, 두께 38cm의 큰 돌을 놓았으며, 이 돌은 안쪽 면과 윗면을 매끈하게 가공하였다. 가운데에는 밑에 큰 돌을 놓고, 그 위에 납작한 돌을 올려 쌓아 축조하였다. 남쪽에는 밑에 납작한 돌을 놓고, 그 위에 큰 돌을 올려 쌓았다. 서벽은 북쪽에서 남쪽으로 가면서 바깥으로 벌어졌다. 서벽을 쌓는 데 쓴 돌들 중 큰 것은 길이 52cm, 너비 28cm, 두께 24cm이고, 중간 것은 길이 40cm, 너비 24cm, 두께 12cm이며, 작은 것은 길이 36cm, 너비 24cm, 두께 12cm이다. 서벽의 남은 높이는 36cm이다.

북벽은 두 돌기가 남아 있다. 맨 아랫돌기는 두 개의 돌로 쌓았으며, 두께만 차이가 날 뿐 길이는 비슷하다. 웃돌기의 서쪽에 작은 돌 한 개가 있을 뿐이다. 북벽을 축조하는 데 사용된 돌들의 크기는 길이 16~24cm, 너비 12~20cm, 두께 4~20cm이다. 북벽의 현재 높이는 24cm이다.

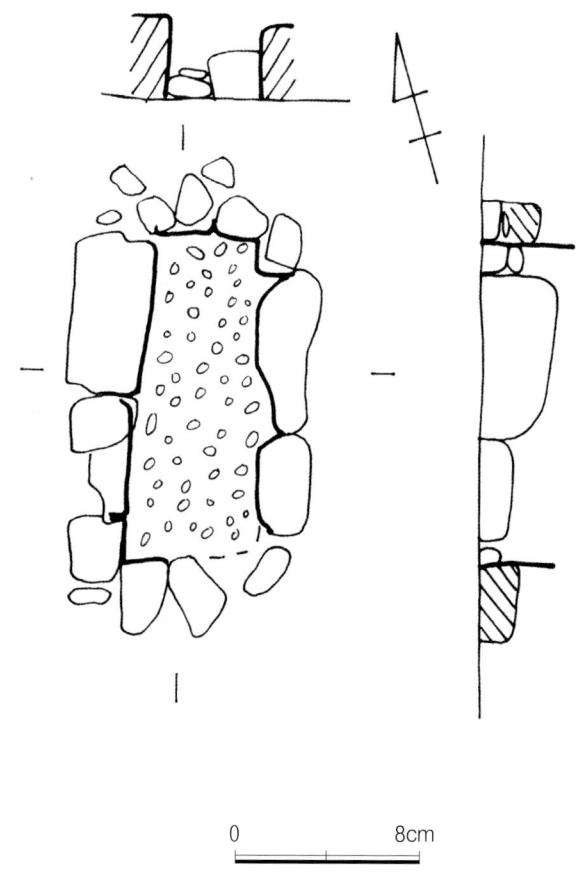

그림 64 · 평리23호분 평단면도

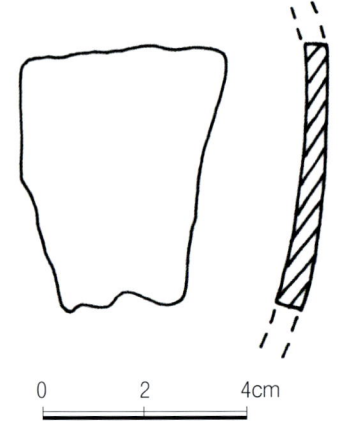

그림 73-3 • 평리 2015년도 발굴 출토 유물(23호분)

남벽은 한 돌기만 남아 있다. 남벽 축조에 사용된 두 개의 돌 크기는 하나는 길이 20cm, 너비 34cm, 두께 20cm이고, 다른 하나는 길이 24cm, 너비 30cm, 두께 20cm이다. 남벽의 현재 높이는 20cm이다.

석관의 바닥은 원토층 위에 강자갈을 깔아 만들었다. 석관 바닥돌 크기는 길이 6~8cm, 너비와 두께가 4~6cm이다.

무덤 축조에서 주목되는 것은 동·서 양 벽에 크기가 비슷한 통돌을 한 개씩 놓은 것이다. 특히 서벽의 통돌은 안쪽 면과 윗면을 매끈하게 가공하였다. 이 돌의 높이가 동쪽에 있는 큰 돌의 높이와 같은 것을 보면 이것이 곧 석관의 높이와 같음을 짐작할 수 있다. 즉 이 돌들 위에 천정돌을 올려놓았을 것으로 추정된다. 천정 형식은 파괴되어 알 수 없으나 평평했을 것이다(그림 64, 사진 344~349).

무덤에서는 질그릇 파편이 나왔다(그림 73-3, 사진 399).

24호분

무덤은 23호분으로부터 서북쪽으로 17m 떨어진 곳에 자리하고 있다. 봉분은 이미 없어졌고, 지표면에 벽체돌이 드러나 있었다(사진 350).

무덤은 땅을 파고, 강돌로 묘실을 만든 다음, 천정돌을 덮은 단실석실봉토분으로서 방향은 185°이다.

무덤은 묘도가 파괴되어 없어졌고, 묘실 동·서·북벽 일부가 남아 있다. 묘실의 평면 생김새는 남북으로 긴 장방형이다. 묘실 크기는 현재 남북 길이 92cm, 동서 너비는 144cm이다.

묘실 벽체는 강돌들로 안쪽 면을 맞추면서 쌓아 올렸으며, 일부 아랫돌기만 남아 있다. 동벽은 파괴되었고, 맨 아랫돌기에 쌓았던 두 개의 돌만 남아 있다. 돌 크기는 하나가 길이 36cm, 너비 36cm, 두께 20cm이고, 다른 하나는 길이와 너비가 각각 32cm, 두께는 12cm이다. 현재 남아 있는 동벽 높이는 20cm이다.

서벽에는 북쪽 부분의 맨 아랫돌기에 쌓았던 두 개의 돌만 남아 있다. 돌 크기는 하나가 길이 40cm, 너비 28cm, 두께 20cm이고, 다른 하나는 길이 32cm, 너비 44cm, 두께 14cm이다. 서벽의 남은 높이는 24cm이다.

북벽에는 서쪽 부분에 맨 아랫돌기를 쌓았던 두 개의 돌만 남아 있다. 돌 크기는 하나가 길이와 너비 44cm, 두께 20cm이고, 다른 하나는 길이 44cm, 너비 32cm, 두께 12cm이다. 북벽은 서벽과 호선을 지으며 잇닿아 있다. 북벽의 남은 높이 12~20cm이다.

묘실 바닥은 원토층 위에 강자갈을 깔아 만들었으며, 돌 크기는 길이 6~24cm, 너비 16~14cm, 두께 4~8cm이다(그림 65, 사진 351~352).

무덤의 서북 모서리 부분에서 토기 파편이 여러 점 나왔는데, 색깔은 회색이고, 가는 모래를 섞어서 만들었다. 그릇살 두께는 0.6cm이다(그림 73-4, 사진 400).

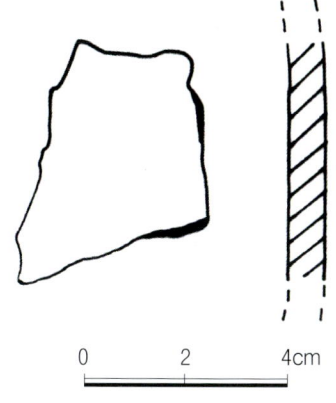

그림 73-4 • 평리 2015년도 발굴 출토 유물(24호분)

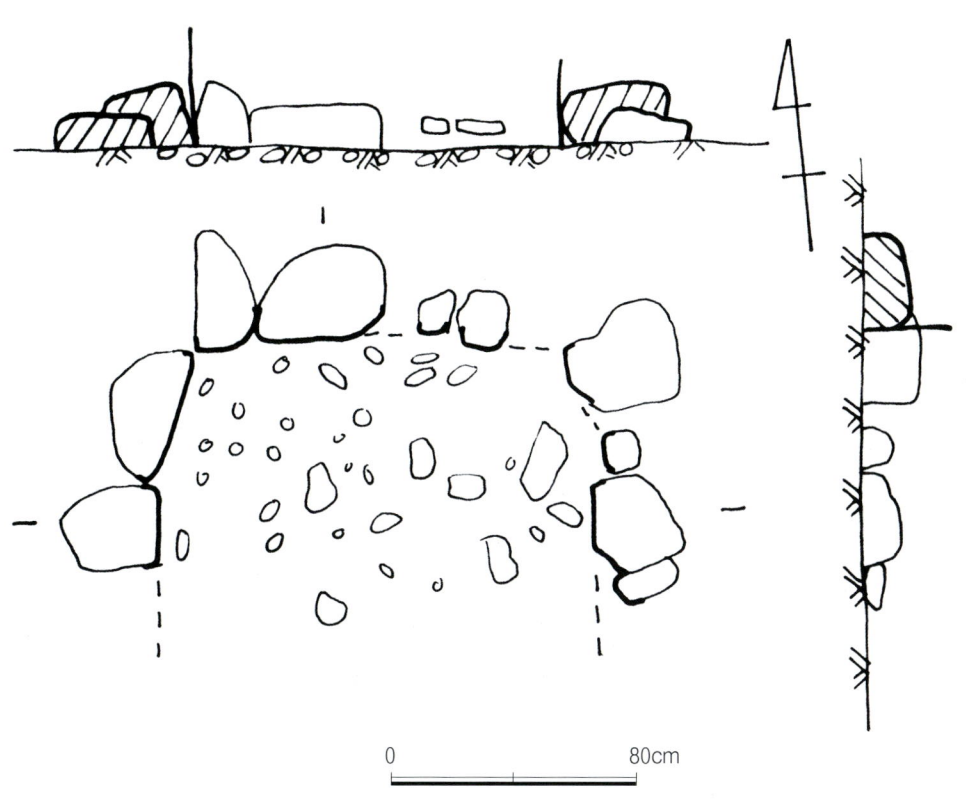

그림 65 • 평리 24호분 평단면도

25호분

무덤은 7호분에서 동북쪽으로 24m 정도 떨어진 곳에 자리하고 있다. 봉분은 많이 흘러내려 원래 상태를 알 수 없었으며, 봉분 윗부분에는 천정돌이 드러나 있었다(사진 353).

무덤은 땅을 파고, 곽을 만든 다음, 뚜껑돌을 덮은 석곽묘이다. 무덤의 긴 축은 동북-서남 방향이다.

석곽의 평면 생김새는 남북으로 긴 장방형이며, 북쪽에서 남쪽으로 가면서 점차 넓어졌다. 무덤 크기는 남북 길이 208cm, 동서 너비 약 80cm이다.

무덤의 네 벽체는 강돌로 축조하였다. 동벽은 남쪽 끝부분에서 북쪽으로 가면서 바깥쪽으로 벌어

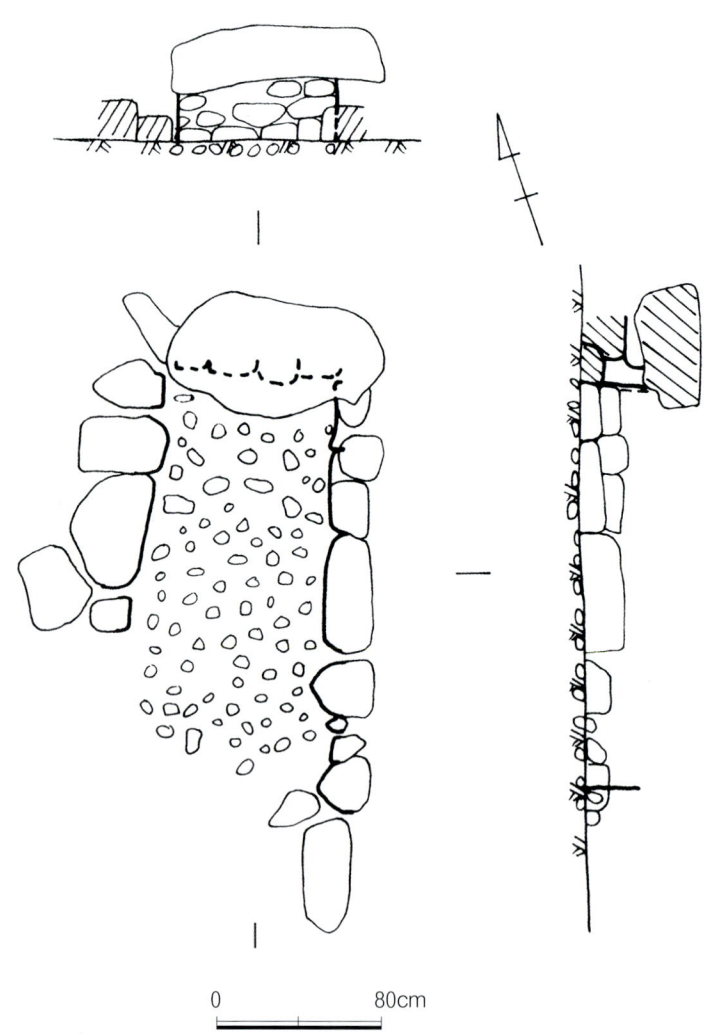

그림 66 · 평리25호분 평단면도

지게 쌓았다. 동벽은 현재 두 돌기가 남아 있으며, 쌓은 정형을 보면 다음과 같다. 동벽 맨 아랫돌기에는 일곱 개의 돌을 놓았다. 북쪽의 세 개 돌은 안쪽 면과 윗면을 비교적 매끈하게 가공하였으나 남쪽의 네 개 돌은 가공하지 않았다. 남쪽 부분의 두 번째, 세 번째 돌들은 작은 돌로서 벽체돌로 보기는 어렵다. 원래 그 자리에 큰 돌이 있던 것이 빠져 없어지고 흘러들어온 것으로 짐작된다. 두 번째 돌기에는 북쪽의 세 개 돌만 남아 있으며, 아랫돌기에 쌓은 돌과 같이 안쪽 면과 윗면을 비교적 매끈하게 가공하였다. 동벽을 쌓는 데 사용된 돌들의 크기는 길이 24~60cm, 너비 12~30cm, 두께 10~20cm이다. 현재 남아 있는 높이는 20cm이다.

서벽은 남쪽에서 북쪽으로 가면서 점차 안쪽으로 들어가게 쌓았다. 서벽은 남쪽 절반 부분이 파괴되어 없어졌고, 북쪽 부분에 한두 돌기만 남아 있다. 북쪽 모서리 부분에 두 돌기가 남아 있고, 나머지 부분에는 한 돌기가 남아 있으며, 비교적 매끈한 면을 안쪽 면으로 하였다. 서벽을 축조하는 데 사용된 강돌들의 크기는 대체로 길이 16~60cm, 너비 8~24cm, 두께 4~24cm이다. 현재 남아 있는 서벽 높이는 24cm이다.

북벽은 현재 파괴되어 세 돌기 정도만 남아 있다. 축조 방법을 보면 가장 아랫돌기에는 크기가 비슷한 돌들을 놓아 수평을 맞추고, 다음 돌기를 쌓음으로써 천정돌의 하중이 벽체에 골고루 실리게 하였다. 북벽을 축조하는 데 사용된 돌들의 크기는 길이 18~28cm, 너비 12~24cm, 두께 10~16cm이다. 현재 남아 있는 북벽 높이는 32cm이다. 남벽은 많이 파괴되어 동쪽 부분에 한 개의 돌만 남아 있다.

바닥은 원토층 위에 강자갈을 깔아 만들었다. 돌들의 크기는 대체로 길이 6~16cm, 너비 4~12cm, 두께 4~6cm이다. 천정시설은 이미 파괴되어 원래 상태를 알 수 없다(그림 66, 사진 354~358).

묘실 북벽에서 남쪽으로 30cm, 동벽에서 서쪽으로 50cm 떨어진 곳에서 사람의 머리뼈 파편이 나왔다.

26호분

무덤은 5호분으로부터 서북쪽으로 약 70m 정도 떨어진 곳에서 발견되었다. 발굴 당시 봉분은 없어진 상태로 평지와 같았으며, 북벽에 쌓았던 돌이 드러나 있었다(사진 359).

무덤은 묘도와 묘실로 이루어진 반지하식 단실석실봉토분으로서 방향은 200°이다.

묘도 입구 부분에는 폐쇄돌로 인정되는 두 개의 돌이 발견되었다. 폐쇄돌 크기를 볼 때 하나는 길이 50cm, 너비 26cm, 두께 12cm이고, 다른 하나는 길이 58cm, 너비 28cm, 두께 20cm이다. 또한 묘도 입구 바깥쪽에는 천정돌로 인정되는 돌 한 개가 발견되었다. 아랫면이 가공된 돌로서 생김새가 장방형이며, 크기는 길이 112cm, 너비 47cm, 두께 22cm이다.

묘도 벽은 이미 파괴되어 있었으며, 동벽은 한 돌기만 남아 있다. 돌 크기는 길이 40~48cm, 너비 20~28cm, 두께 4~8cm 정도이다. 서벽도 묘도 부분은 없어지고, 묘실 입구 부분에 한 개의 돌만 남아 있었다. 이 돌은 남벽 동쪽 모서리 부분에 놓이도록 하였으며, 돌 크기는 길이 52cm, 너비 24cm, 두께는 8cm이다. 묘도 바닥은 자그마한 강돌들을 한 벌 깔았으며, 그 두께는 거의 28cm나 된다. 묘도 크기는 남북이 약 68cm, 동서가 72cm이다.

묘실도 이미 파괴되어 동벽과 북벽 그리고 남벽이 조금 남았으며, 서벽은 완전히 파괴되었다.

동벽은 현재 한 돌기 남아 있다. 비교적 아랫면과 윗면이 평평하고 납작한 돌들을 깔았다. 돌 크기는 길이가 15~40cm, 너비 24~38cm, 두께는 약 8cm 정도이다.

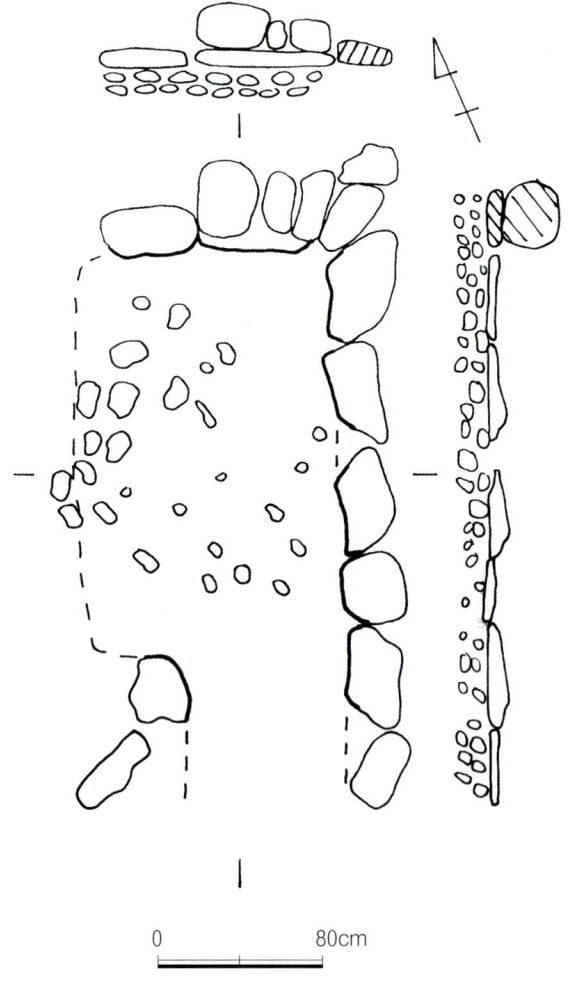

그림 67 • 평리26호분 평단면도

북벽은 파괴되고 두 돌기만 남아 있었다. 동벽과 같이 맨 아랫돌기는 비교적 아랫면과 윗면이 평평하면서도 납작한 돌을 깔았다. 돌들의 크기를 보면 서쪽 부분의 돌은 길이 48cm, 너비 28cm, 두께 8cm 정도이고, 동쪽 부분의 돌은 길이 64cm, 너비 32cm, 두께 8cm이다. 이외에 두 번째 돌기는 맨 아랫돌기에 쌓은 돌들에 비해 비교적 두꺼운 돌을 올려 쌓았다. 크기는 대체로 길이 20cm, 너비 32~36cm, 두께 16~20cm이다. 서벽은 이미 파괴되어 없어진 상태다. 남벽은 동쪽 모서리 부분만 남아 있다.

묘실 바닥은 묘도 바닥과 같이 자그마한 돌들을 28cm 두께로 깔았다. 묘실 크기는 남북 길이 196cm, 동서 너비는 묘실에 깔아놓은 돌들의 상태로 보아 128cm이다(그림 67, 사진 360, 사진 361).

무덤에서는 유물이 발견되지 않았다.

27호분

무덤은 26호분에서 동쪽으로 약 6m 떨어진 곳에 있다. 봉분은 없어지고 평지와 다름없이 되어 있었고, 일부 벽체돌들이 드러나 있었다(사진 362).

무덤은 땅을 파고, 강돌로 네 벽을 만든 다음, 천정을 덮은 석곽묘이다. 무덤 방향은 긴 축이 동북-서남 방향이다.

동벽은 남쪽 부분을 거의 직선으로 쌓았으며, 북쪽 부분은 두 개의 돌 중에서 하나는 바깥으로 나가게, 다른 하나는 안쪽으로 들어오게 쌓았다. 동벽은 남쪽 끝부분과 북쪽 부분 한 돌기만 남아 있고, 중간 부분은 2~4돌기 남아 있다. 동벽을 쌓은 강돌들의 크기는 가장 큰 것이 길이 50cm, 너비 38cm, 두께 28cm이고, 중간 것이 길이 36cm, 너비 24cm, 두께 20cm이며, 작은 것이 길이 16cm, 너비 12cm, 두께 12cm이다. 동벽은 점차 안쪽으로 경사졌으며, 나타난 상태로 보아 안으로 기울임을 조성하였던 것 같다. 기울임은 중간 부분에서 잘 나타나며, 묘실 바닥에서부터 36cm 높이에서는 5cm, 76cm 높이에서는 10cm이다. 동벽 높이는 중간 부분이 76cm, 북쪽 부분과 남쪽 부분은 44~48cm이다.

북벽은 동쪽 끝에서 서쪽으로 가면서 안쪽으로 들어가게 쌓았다. 북벽은 네 돌기가 남아 있다. 북벽의 맨 아랫돌기는 두 개의 돌로 쌓았으며, 모두 아랫면과 윗면이 평평하다. 돌 크기는 길이가 24~42cm, 두께는 서로 비슷하며 12~16cm이다. 두 번째 돌기 이후에는 두께가 서로 다른 강돌들을 사용하였다. 크기는 길이 17~26cm, 너비 14~32cm, 두께 12~32cm이다. 북벽도 동벽과 같이 안으로 기울임을 조성하였던 것 같다. 두 번째 돌기부터 점차 안으로 기울임을 조성하면서 쌓았으며, 묘실 바닥으로부터 높이 58cm에서 기울임은 12cm이다. 북벽 높이는 58cm이다.

서벽은 남쪽 부분을 어느 정도 직선으로 쌓았고, 중간 부분에 이르러 점차 안쪽으로 들어가게 쌓았다. 서벽은 현재 네 돌기 남아 있으며, 돌들의 크기는 길이 38~50cm, 너비 25~38cm, 두께 15~30cm 이다. 서벽은 점차 안쪽으로 경사져 있는데 나타난 상태로 보아 안으로 기울임을 조성한 것 같다. 서벽 기울임은 현재 남아 있는 78cm의 높이에서 12cm 정도이다. 서벽 높이는 중간 부분이 78cm, 남쪽 부분이 50cm이다.

남벽은 발굴 당시 파괴되어 벽을 쌓았던 돌들이 묘실 안쪽으로 밀려 들어와 있었다. 현재 한두 돌기 정도 남아 있으며, 돌들의 생김새는 대체로 장방형으로 크기는 길이 40~50cm, 너비 20~24cm, 두께 12~20cm이다. 현재 남아 있는 남벽 높이는 서쪽 부분이 24cm, 동쪽 부분이 12cm이다.

묘실 바닥은 작은 돌들을 한 벌 깔았으며, 크기는 길이 8~10cm, 너비 6~8cm, 두께 4cm 정도이

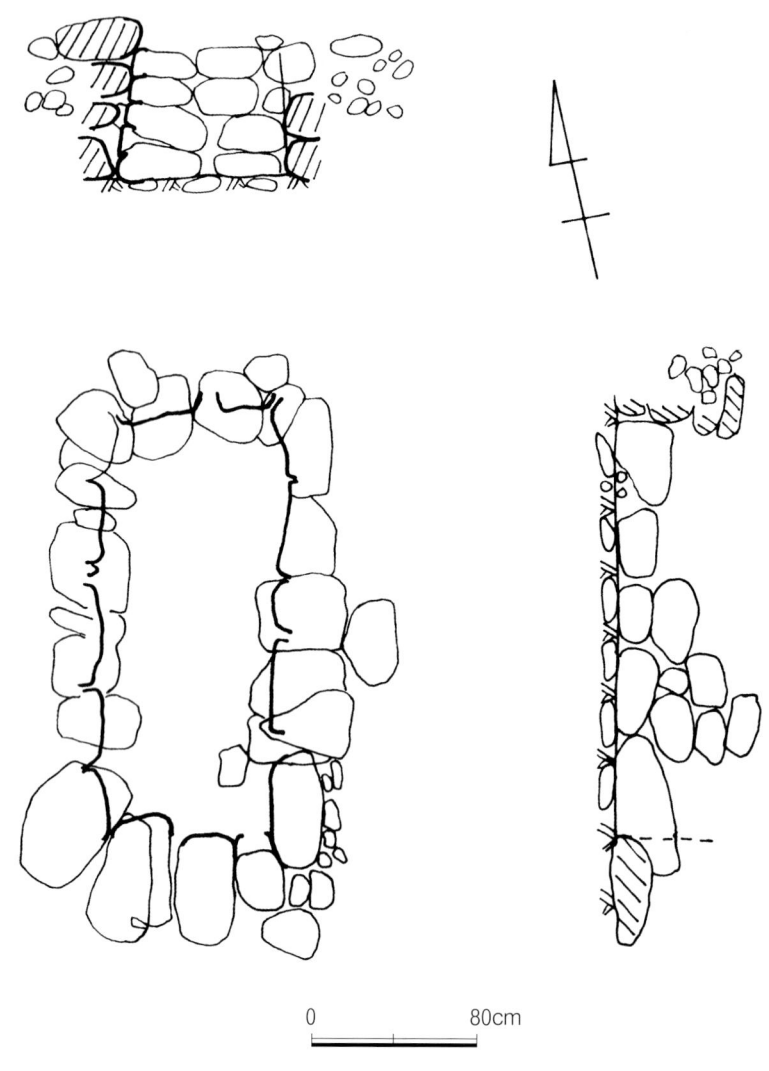

그림 68 • 평리27호분 평단면도

다. 묘실 천정시설은 이미 없어져 본래 상태를 알 수 없다. 묘실 바닥에서 천정돌로 보이는 돌이 한 개 드러났는데, 크기는 길이 70cm, 너비 64cm, 두께 22cm이다. 아랫면과 윗면이 비교적 매끈하게 가공되었다.

묘실 네 벽 주위에는 돌들이 깔려 있었으며, 나타난 상태로 보아 묘실 벽이 무너지는 것을 방지하기 위한 보강시설의 하나로 볼 수 있다. 이 보강시설은 벽 바깥으로 60~100cm, 깊이는 묘실 벽의 맨 윗부분에서 36cm나 달한다.

무덤이 이미 파괴되었기 때문에 무덤 벽의 본래 높이를 잘 알 수 없다. 그런데 여기에서 주목되는 것은 서벽 중간 부분이 높이 78cm로서 다른 벽들에 비해 비교적 잘 남아 있으며, 드러난 맨 윗부분의 돌도 비교적 평평하게 놓여 있다. 이것은 여기에 천정돌이 놓일 수 있는 가능성이 가장 크다는 것을 보여 주며, 따라서 무덤의 본래 높이가 바로 78cm라는 것을 알려준다. 무덤의 남북 길이는 210cm, 동서 너비는 82cm이다(그림 68, 사진 363~368).

무덤에서는 질그릇 파편이 나왔는데 색깔은 연한 갈색이다. 파편 상태이므로 생김새는 알 수 없다.

28호분

무덤은 27호분에서 북쪽으로 약 7m 정도 떨어진 곳에 위치해 있다. 봉분은 오랜 세월이 흐르면서 많이 유실되어 없어지고 현재 거의 평지나 다름없이 되었다. 발굴 당시 봉분 위에는 벽체 돌로 인정되는 돌들이 일부 드러나 있었다(사진 369).

무덤은 묘도와 묘실로 이루어진 반지하식 단실석실봉토분로서 방향은 200°이다. 묘도 입구 바닥에는 두 개의 돌이 나란히 깔려 있었으며, 이 돌들은 묘도 바깥쪽을 향해 길게 놓였는데, 아마 묘도를 막았던 폐쇄돌인 것 같다. 폐쇄돌 크기를 보면 하나는 길이 25cm, 너비 30cm, 두께 20cm이고, 다른 하나는 길이 25cm, 너비 18cm, 두께 10cm 정도이다.

묘도는 묘실 동벽에 완전히 치우쳐 있다. 묘도는 현재 많이 파괴된 상태이다. 묘도 동벽은 두 돌기 남아 있으며, 남쪽 아랫돌기에 쌓았던 돌은 없어지고 다음 돌기에 쌓았던 돌이 내려앉은 상태이다. 돌들의 크기는 대체로 길이 30~56cm, 너비 30~38cm, 두께 22~24cm이다.

묘도 서벽은 한 돌기가 남아 있으며, 남쪽 부분은 큰 돌로 쌓고, 북쪽 부분은 비교적 작은 돌들로 쌓았다. 남쪽 부분을 쌓은 돌의 크기는 길이 46cm, 너비 18cm, 두께 8cm이며, 북쪽 부분의 돌의 크기는 길이 13cm, 두께 8cm이다.

묘도 바닥은 본래 땅을 다지고 자그마한 강돌을 한 벌 깔았다. 묘도 천정은 파괴되어 본래 상태를 알 수 없다. 묘도 크기는 남북 길이 70cm, 동서 너비 58cm이며, 높이는 동벽 32cm, 서벽 25cm이다.

묘실 평면 생김새는 남북으로 긴 장방형이며, 크기는 남북 길이가 204cm, 동서 너비는 묘실 입구 부분이 124cm, 북쪽 부분이 76cm이다.

동벽은 남쪽 끝부분에서부터 중간 부분까지 점차 안쪽으로 약간 들어가게 쌓다가 중간 부분에서 바깥쪽으로 10cm 정도 꺾은 다음 다시 앞에서와 같이 안쪽으로 들어가게 쌓았다. 동벽은 현재 한두 돌기 남아 있으며, 남쪽 부분이 북쪽 부분에 비해 비교적 품을 들여 쌓은 것 같다. 이것을 보면 먼저 아랫 돌기에 두께가 12cm 정도의 고른 돌들을 놓아 윗면이 수평이 되도록 하였으며, 혹 두께가 고르지 않은 돌인 경우에는 돌과 돌 사이에 쐐기돌을 박아놓았다. 돌들의 크기는 대체로 길이 24~44cm, 너비

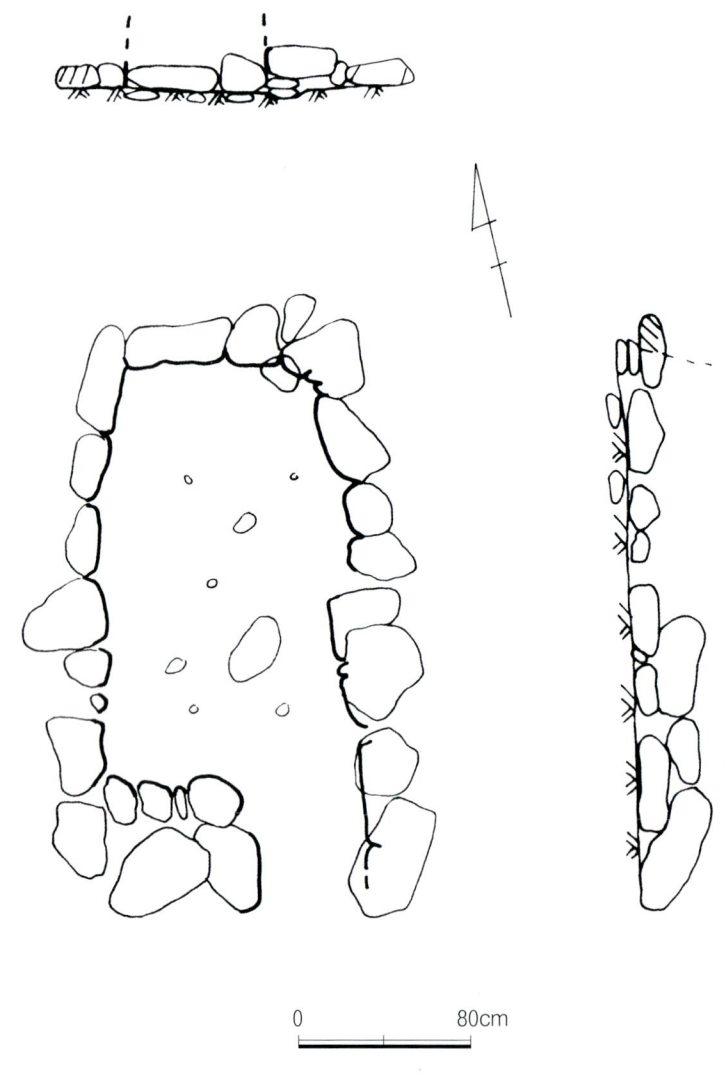

그림 69 • 평리28호분 평단면도

28~36cm, 두께 12~24cm이다. 북쪽 부분은 전반적으로 한 돌기 정도 남아 있다. 돌들의 크기는 대체로 길이 13~34cm, 너비 25~43cm, 두께 8~20cm이다. 북쪽 모서리 부분은 두 돌기가 남아 있다. 먼저 묘실 바닥에 자그마한 강돌을 깔고, 그 위에 벽체를 쌓았으며, 아랫돌기에 자그마한 강돌을 깔아 수평을 맞춘 다음 큰 돌을 올려놓았다. 아랫돌기에 사용된 돌의 크기는 대체로 길이 12cm, 너비 5cm, 두께 8cm 정도이다. 동벽 높이는 남쪽 부분이 36cm, 북쪽 부분이 20cm이다.

북벽은 비교적 직선으로 쌓았으나 파괴되어 현재는 아랫돌기에 쌓았던 두 개의 돌만 남아 있다. 서쪽 부분의 돌은 생김새가 장방형으로서 긴 측면이 벽이 되도록 쌓았다. 돌 크기는 길이 40cm, 너비 20cm, 두께 12cm이다. 동쪽 부분의 돌 크기는 길이 32cm, 너비 28cm, 두께 12~18cm이다. 북벽 높이는 12~18cm이다.

서벽은 남쪽 끝부분에서 중간 부분까지 거의 직선으로 쌓았고, 그다음 중간 부분에서 북쪽 끝부분까지 점차 안쪽으로 들어오게 쌓았다. 서벽도 다른 벽과 같이 파괴되어 한두 돌기만 남아 있다. 돌 크기는 길이 32~36cm, 너비 28~35cm, 두께 8~12cm이다. 서벽 높이는 8~12cm이다.

남벽도 북벽과 같이 비교적 직선으로 쌓았으며, 한 돌기가 남아 있다. 돌들의 크기는 대체로 길이 12~24cm, 너비 8~16cm, 두께 4~10cm로서 다른 벽들에 비하여 비교적 작은 돌들로 쌓았다. 남벽 높이는 10~15cm이다.

묘실 바닥은 묘도 바닥과 같이 본래 땅을 다지고 자그마한 강돌을 깔았다. 묘실 천정은 묘도 천정과 같이 파괴되었기 때문에 본래 상태를 알 수 없다(그림 69. 사진 370~376).

무덤에서는 유물이 발견되지 않았다.

29호분

무덤은 13호분으로부터 북쪽으로 4m 떨어진 곳에 자리하고 있다(사진 377).

무덤은 땅을 파고, 돌로 묘실을 마련한 다음, 천정을 덮은 반지하식 단실석실봉토분으로서 방향은 195°이다.

무덤은 묘도와 묘실로 되어 있다. 묘도는 동쪽으로 완전히 치우쳐 있다. 발굴 당시 묘도 입구에는 폐쇄돌들이 발견되었는데, 세 개의 큰 돌이 동서로 가지런히 놓여 있었다.

동벽은 세 돌기가 남아 있었다. 가장 아랫돌기에는 한 개의 돌만 남아 있으며, 윗면을 매끈하게 가공하였다. 크기는 48×16cm이다. 두 번째 돌기도 길고 납작한 한 개의 돌만 남아 있다. 세 번째 돌기는 두 개의 돌로 쌓은 것으로 북쪽의 것은 큰 돌이고, 남쪽의 것은 작은 돌이다.

묘도 바닥은 원토층 위에 강자갈을 깔아 만들었다. 묘도 바닥은 묘도 입구에서부터 묘실 쪽으로 가면서 점차 낮아지며, 묘도 입구에서 그 차이는 16cm이다. 묘도 크기는 남북 길이 60cm, 동서 너비 98cm이다.

묘실의 평면 생김새는 남북으로 긴 장방형이며, 남쪽에서 북쪽으로 가면서 점차 좁아진다. 묘실 크기는 남북 길이 248cm, 동서 너비 202cm이다.

묘실의 네 벽체는 강돌들을 서로 어긋물림 하면서 쌓아 올렸다. 동벽은 남쪽에서 북쪽으로 가면서 점차 안쪽으로 들어가게 쌓았다. 동벽은 세 돌기가 남아 있다. 맨 아랫돌기는 크기가 비슷한 여섯 개의 돌로 쌓았으며, 안쪽 면과 윗면을 비교적 매끈하게 가공하였다. 두 번째 돌기는 일곱 개의 돌로 쌓았으며, 북쪽에서 세 번째, 네 번째, 다섯 번째 돌 사이에는 서로 맞물리도록 작은 돌을 쐐기 형식으로 박아 넣었다. 북쪽에서 세 번째, 다섯 번째, 여섯 번째 돌들은 안쪽 앞면을 매끈하게 가공하였다. 세 번째 돌기는 여섯 개의 돌로 쌓았으며, 안쪽 면과 윗면을 비교적 매끈하게 가공하였다. 동벽 축조에 쓴 돌들의 크기는 길이 28~56cm, 너비 22~48cm, 두께 10~20cm 정도이다. 동벽의 현재 남은 높이는 56cm이다.

서벽도 동벽과 같이 남쪽 모서리 부분부터 북쪽으로 가면서 점차 안쪽으로 들어가게 쌓았다. 서벽은 서넛 돌기로 쌓은 벽체가 남아 있다. 첫 번째 돌기는 여덟 개의 돌로 축조하였으며, 안쪽 면과 윗면을 비교적 매끈하게 가공하였다. 두 번째 돌기는 일곱 개의 돌로 축조하였다. 북쪽 세 번째 돌기까지는 바깥쪽으로 조금씩 밀려 나갔고, 네 번째 돌부터는 안쪽으로 조금씩 밀려 나갔다. 두 번째 돌기를 축조하는 데 쓴 돌들은 안쪽 면을 가공하지 않고 그대로 이용하였다. 세 번째 돌기는 여섯 개의 돌로 축조하였으며, 두 번째 돌기의 돌들처럼 가공하지 않은 강돌을 그대로 올려 쌓았다. 북쪽에는 작은 돌들이 여러 개 무질서하게 겹쌓여 있으며, 원래 있던 큰 돌이 빠져 없어지고, 보강 돌들이 흘러들어 온 것으로 짐작된다. 네 번째 돌기는 북쪽에 두 개가 남았으며, 보강 돌들의 중압에 의하여 안쪽으로 약간 밀려나 있다. 서벽을 쌓는 데 쓴 돌들의 크기는 길이 20~44cm, 너비 18~38cm, 두께 12~20cm 정도이다. 서벽의 현재 남은 높이는 84cm이다.

북벽은 동쪽 모서리 부분에서부터 서쪽으로 가면서 바깥쪽으로 벌어지게 쌓았다. 북벽은 세 돌기로 쌓은 벽체가 남아 있다. 첫 번째 돌기에는 길고 납작한 다섯 개의 돌로 쌓았으며, 각각의 돌 안쪽 면과 윗면을 매끈하게 가공하였다. 두 번째 돌기는 여섯 개의 돌로 축조하였으며, 동쪽 끝에 있는 돌은 아랫돌기에 놓여 있는 돌보다 8cm 정도 안쪽으로 들어왔고, 나머지 돌들은 바깥쪽으로 4~6cm 정도 밀려 나갔다. 세 번째 돌기는 네 개의 돌이 남아 있다. 동쪽 끝의 돌은 안쪽 면과 윗면을 매끈하게 가공하였으며, 밑돌보다 4cm 정도 바깥으로 밀려 나갔고, 두 번째 돌은 밑돌보다 16cm 정도 밀려 나갔고, 세 번째 돌은 밑돌보다 안쪽으로 12cm 정도 들어왔다. 북벽을 축조하는 데 사용된 돌들의 크기는 길이

28~40cm, 너비 28~38cm, 두께 8~20cm 정도이다. 북벽의 현재 남은 높이는 58cm이다.

남벽은 서쪽에서부터 동쪽으로 가면서 안쪽으로 들어가게 쌓았다. 남벽은 세 돌기로 쌓은 벽체가 남아 있다. 첫 번째 돌기는 세 개의 돌로 쌓았으며, 안쪽 면과 윗면을 매끈하게 가공하였으며, 두께가 모두 비슷하다. 두 번째 돌기는 두 개의 돌로 쌓았으며, 가공하지 않고 비교적 반듯한 면을 맞추어 쌓았다. 세 번째 돌기는 세 개의 돌로 쌓았으며, 두 번째 돌기처럼 가공하지 않은 강돌의 평평한 면을 안쪽 면으로 이용하였다. 남벽의 현재 남은 높이는 56cm이다.

묘실 바닥은 원토층 위에 강자갈을 깔아 만들었다. 바닥돌의 크기는 길이 4~10cm, 너비 3~7cm, 두께 4~6cm 정도이다.

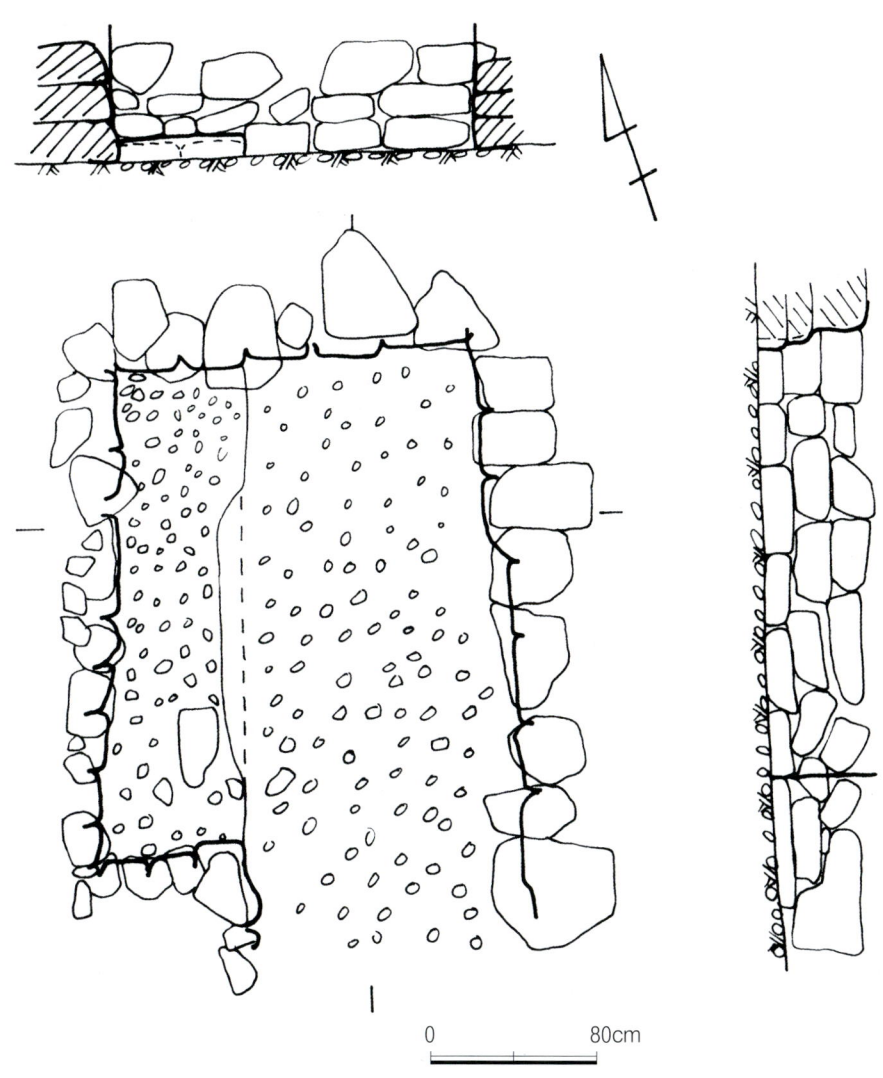

그림 70 · 평리29호분 평단면도

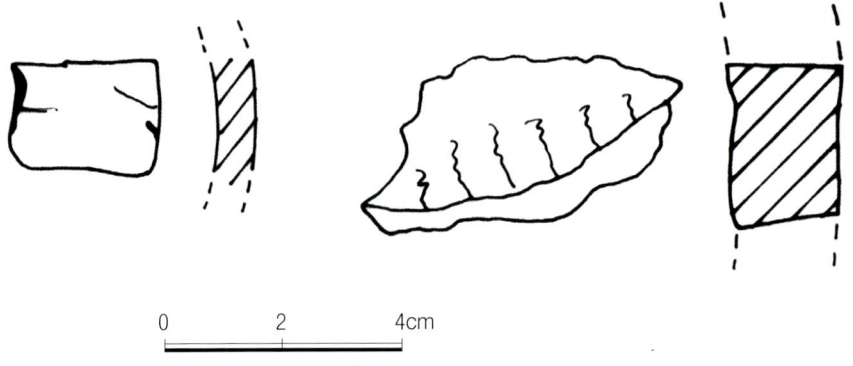

그림 73-5 • 평리 2015년도 발굴 출토 유물(29호분)

묘실에는 서쪽에 치우쳐 관대시설이 있다. 관대는 강돌들로 바닥면보다 높여 축조하였다. 관대를 쌓는 데 쓴 돌들의 크기는 대체로 길이 6~32cm, 너비 4~28cm, 두께 4~20cm이다. 관대는 북쪽 부분이 파괴되어 낮아졌고, 관대 동쪽 가운데 부분이 없어진 상태이지만 관대의 크기는 짐작할 수 있었다. 관대의 크기는 길이 248cm, 너비 64cm, 높이 16cm이다(그림 70, 사진 378~383).

묘실에서는 기와 파편과 질그릇 파편이 나왔다. 기와 파편은 붉은색 기와 파편으로서 안쪽 면에는 베천무늬가 찍혀 있고, 외면에는 노끈무늬를 새겼다. 질그릇은 진흙으로 구웠으며, 색깔은 붉은 밤색을 띤다(그림 73-5, 사진 401).

30호분

무덤은 13호분으로부터 서쪽으로 3m 떨어진 곳에 자리하고 있다. 봉분은 이미 파괴되어 없어진 상태이다(사진 384).

무덤은 땅을 파고, 돌로 관을 만든 다음, 천정을 덮은 석관묘이다. 무덤의 평면 생김새는 남북으로 긴 장방형이다. 무덤의 남북 길이는 200~220cm, 동서 너비는 44cm이다.

석관의 네 벽체는 강돌로 축조하였다. 동벽은 남쪽에서 북쪽으로 가면서 안쪽으로 들어가게 쌓았다. 동벽은 두세 돌기가 남아 있다. 축조 방법을 보면 맨 아랫돌기에는 통돌들을 세워서 쌓고, 그 위의 돌기들에는 그보다 작은 돌들을 눕혀서 축조하였다. 맨 아랫돌기는 네 개의 통돌로 쌓았다. 북쪽에서 첫 번째 돌은 안쪽 면이 매끈하며 북벽과 맞물려 있다. 두 번째 돌도 안쪽 면을 매끈하게 하여 세워놓았던 것인데, 천정돌과 윗돌들의 중압으로 밀려 들어오면서 남쪽 끝이 바깥으로 심하게 밀려 나갔다. 세 번째, 네 번째 돌들도 안쪽 면을 매끈하게 하였으며, 세 번째 돌은 윗부분이 안쪽으로 밀려 들어왔고, 네 번째 돌은 첫 번째 돌처럼 바닥면과 수직을 이루고 있다. 두 번째 돌기를 보면 북쪽의 첫 번째 돌은 밑돌과 거의 수직을 이루면서 북벽과 맞물리게 쌓았다. 두 번째, 세 번째, 네 번째 돌들은 안쪽 면을 가공하였으며, 밑돌들이 안쪽으로 밀리면서 바깥쪽으로 밀려 나갔다. 네 번째 돌 다음에는 작은 돌들로 축조하였다. 남쪽의 돌은 매끈한 안쪽 면이 밑돌과 수직을 이룬다. 세 번째 돌기의 돌들은 바깥으로 밀리거나 안쪽으로 밀려 들어왔다. 벽체 돌들의 상태로 보아 벽체를 곧추 쌓아 올렸던 것임을 알 수 있다. 동벽을 축조하는 데 사용된 돌들의 크기는 길이 22~60cm, 너비 20~43cm, 두께 23~36cm이다. 현재 남은 높이는 64cm이다.

서벽은 현재 두 돌기가 남아 있다. 축조 방법은 동벽과 같이 맨 아래에는 큰 돌을 세우고, 그 위에 작은 돌들을 올려 쌓았는데, 그 정형을 보면 다음과 같다. 맨 아랫돌기는 여섯 개의 돌로 축조하였으며, 북쪽의 돌 두 개는 다른 돌들에 비해 좀 작으며, 길이가 비슷하다. 북벽과 맞물리는 첫 번째 돌은 안쪽으로 약간 밀려 들어왔다. 두 번째 돌은 점판암질의 돌로서 바닥면과 수직을 이룬다. 이 두 돌은 동벽의 맨 아랫돌기와 거의 평행을 이룬다. 세 번째 돌은 윗부분이 안쪽으로 밀려 들어왔으며, 네 번째, 다섯 번째 돌들은 밑부분이 안쪽으로 밀려 들어오고 윗부분이 바깥쪽으로 쳐졌다. 여섯 번째 돌도 안쪽으로 약간 밀려 들어왔다. 웃돌기를 보면 첫 번째 돌은 크고 납작한 돌로서 북벽과 서벽에 맞물리게 놓았다. 나머지 돌들은 바깥으로 밀려 나갔다. 서벽을 쌓는 데 쓴 돌들의 크기는 길이 24~40cm, 너비 18~32cm, 두께 12~32cm이다. 서벽의 남은 높이는 60cm이다.

북벽은 동쪽에서 서쪽으로 가면서 바깥으로 벌어지게 쌓았다. 북벽은 두 돌기가 남아 있으며, 아랫돌기에는 통돌을 세우고, 웃돌기에는 작은 돌들을 올려 쌓았다. 아랫돌기는 안쪽 면을 매끈하게 가공하였다. 웃돌기의 돌은 한 개 남았으며, 돌 양옆에 작은 돌들을 쐐기 형식으로 끼워놓았다. 북벽을 축조하는 데 사용된 돌들의 크기는 길이 10~44cm, 너비 24~36cm, 두께 6~26cm이다. 북벽의 남은 높이는 68cm이다.

남벽은 다른 벽들과 달리 크고 납작한 돌들을 눕혀 쌓았다. 발굴 당시 두 돌기의 벽체가 남아 있었으며, 모두 안쪽으로 밀려 들어왔다. 남벽을 축조하는 데 사용된 돌들의 크기를 보면 하나는 길이 36cm, 두께 36cm이고, 다른 하나는 길이 40cm, 두께 20cm이다. 남벽의 높이는 현재 32cm이다.

석관의 바닥은 강자갈을 깔아 만들었다. 바닥돌의 크기는 길이 6~10cm, 너비 4~8cm, 두께 4~6cm 정도이다. 천정은 평평하며, 가운데 부분의 판돌 한 개만 남아 있다. 판돌은 점판암으로서 크기가 104×64×16cm이다(그림 71, 사진 385~390).

무덤의 북쪽 부분에서 사람의 머리뼈와 여러 개의 치아가 나왔다.

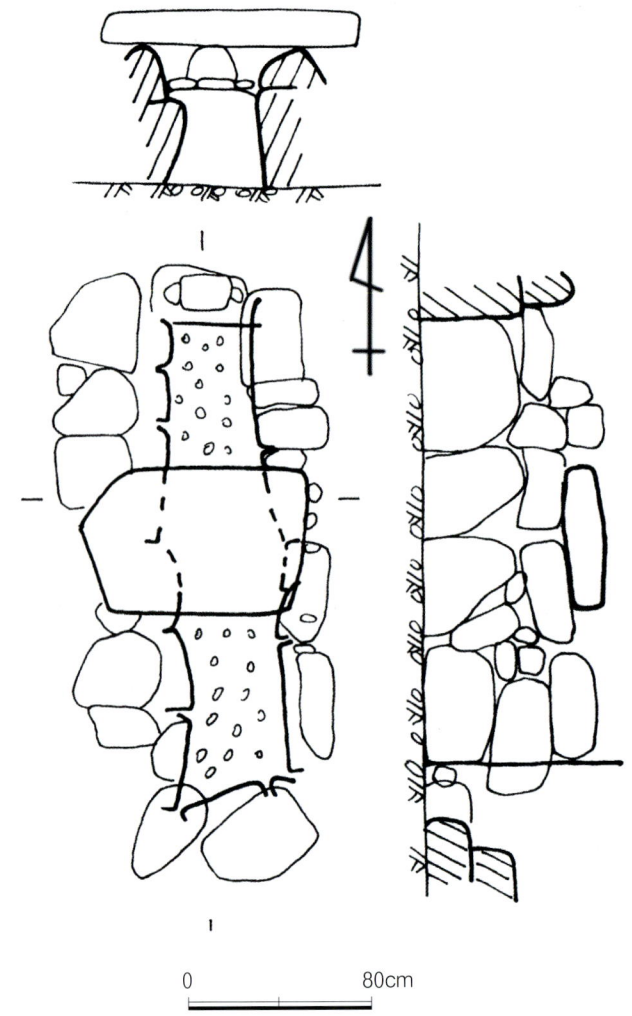

그림 71 • 평리30호분 평단면도

31호분

무덤은 7호분으로부터 동쪽으로 34m 정도 떨어진 곳에 자리하고 있다.

봉분은 현재 파괴되어 지표면과 거의 같게 되어 있다. 발굴 당시 봉분 위에는 벽체돌로 인정되는 돌이 드러나 있었다(사진 391).

무덤은 땅을 파고, 강돌로 네 벽을 만든 다음, 천정돌을 덮은 석곽묘이다. 무덤 방향은 긴 축이 동북—서남 방향이다.

무덤은 많이 파괴되어 동벽은 이미 없어진 상태이고, 북벽과 서벽, 남벽 일부분만 남아 있다. 무덤의 남북 길이는 약 212cm, 동서 너비는 파괴되어 알 수 없다.

북벽은 서쪽 부분에 쌓았던 한 개의 돌만 남아 있다. 돌 크기는 길이 60cm, 너비 40cm, 두께 8~20cm이다. 현재 남아 있는 북벽의 높이는 8~20cm 정도이다. 서벽은 거의 직선으로 쌓았으나 현재 파괴되어 한 돌기 정도만 남아 있다. 돌들은 비교적 아랫면과 윗면이 평평하며, 크기는 길이 30~50cm, 너비 32~40cm, 두께 12~16cm이다. 서벽 높이는 남쪽 부분이 16cm, 중간 부분이 10cm, 북쪽 부분이 14cm이다.

남벽도 다 파괴되고 서쪽 모서리 부분에 쌓았던 한 개의 돌만 남아 있다. 이 돌은 서벽 남쪽 모서리와 서로 잇대어 길게 놓였다. 생김새는 장방형으로 크기는 길이 40cm, 너비 20cm, 두께 8cm 정도이다. 또한 남벽의 중간 부분에서 벽체돌로 인정되는 한 개의 돌이 안쪽으로 밀려나 있었다. 돌 크기는 길이 46.4cm, 너비 45cm, 두께 14~34cm이다.

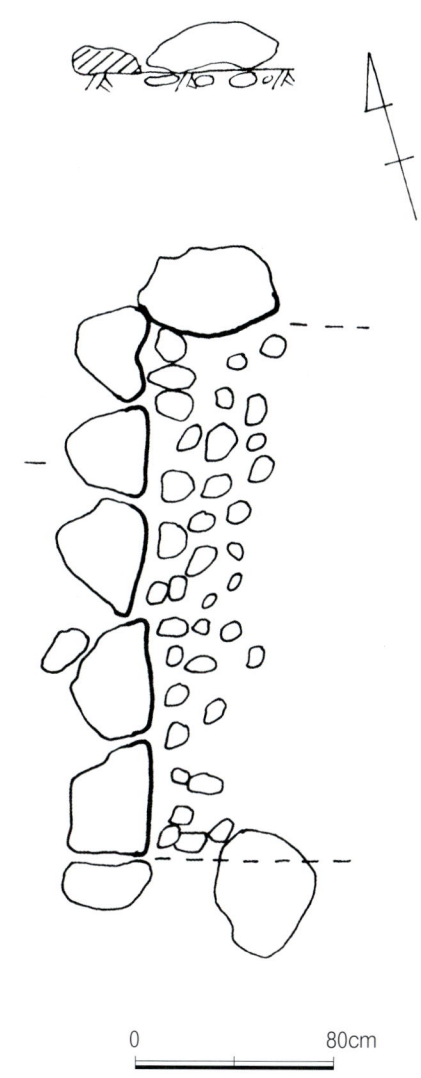

그림 72 • 평리31호분 평단면도

묘실 바닥은 이미 잘려나간 상태였다. 원래 땅을 다지고 강자갈을 한 벌 깔았으며, 돌 크기는 대체로 길이 12cm, 너비 8cm, 두께 3~4cm 정도이다. 이 무덤은 파괴되었기 때문에 천정시설은 알 수 없다(그림 72, 사진 392, 사진 393).

무덤에서는 유물이 발견되지 않았다.

VI 북청 일대의 발해유적

맺음말

함경남도 북청군 일대의 발해유적에 대한 조사와 발굴은 이전에도 이루어졌고, 간단한 발굴조사 성과도 보도된 바 있다. 그러나 이번처럼 체계적으로 발굴조사 자료를 완벽하게 보고한 것은 처음이다. 특히 이번 발굴조사와 함께 이전에 실시한 오매리절터 및 부근의 건축지 등 유적에 대한 발굴 자료를 상세하게 보고하여 공개한 것은 더욱 의미가 크다. 이번에 공개된 발굴조사 자료는 발해 역사와 문화를 연구하는 데 있어서 중요한 실물 자료가 될 것이라 확신하며, 이번 발굴조사를 통하여 아래와 같은 몇 가지 인식을 얻을 수 있었다.

1. 청해토성의 규모와 형식

북한에서 제출한 청해토성에 관한 자료에 따르면 이 토성의 평면 형태는 장방형이며, 동벽과 서벽의 길이는 각각 342m, 남벽과 북벽의 길이는 각각 724m, 둘레 길이는 2,132m라고 하였다. 그러나 청해토성에 세워진 표시판 해설문에는 동벽의 길이 332m, 남벽의 길이 328m, 북벽의 길이 340m, 둘레 길이 1,342m라 하였고, 지금 지상에 복원되어 있는 토성 네 벽은 방형이며, 둘레 길이도 1,342m이다. 이러한 차이에 대해 조사 당시에도 이의를 제기하고, 2015년 7월 발굴조사 성과 토론회 및 자료

교환 때도 이 점을 제기하였다. 하지만 북한의 답변은 1980년대 조사에 따르면 지금 동벽으로 복원된 바깥에 '동경수'라 불리는 우물이 있고, 건축 자리도 있기에 이를 성곽 안으로 편입시켜 확정한 것으로서 표시판 해설문이 잘못된 것이라고 하였다.

청해토성에 대한 가장 오래된 기록은 『신증동국여지승람』이라고 할 수 있으며, 여기에 따르면 청해토성은 3,497척이다. 그다음으로 『문화유산』 1970년 4월호에 실린 기록에는 청해토성 둘레 길이는 1,289m이다. 이러한 점은 이 기록들이 형성될 당시에는 청해토성의 성곽이 비교적 잘 남아 있었음을 말해준다. 특히 지금 청해토성에 세워진 표시판 해설문에는 서벽에 대한 기록은 없지만 파괴되어 없어졌다는 동벽은 332m라고 명시하였다. 이 보고서에 제시된 청해토성 네 벽의 사진도 지금 복원되어 있는 성벽의 사진이다. 청해토성의 규모와 형식은 지금으로 보면 방형에 가까운 성곽이고, 크기도 둘레 길이는 표시판에 제시된 1,342m가 합당하다. 앞으로 더욱 세밀한 조사와 발굴이 필요하다(그림 74).

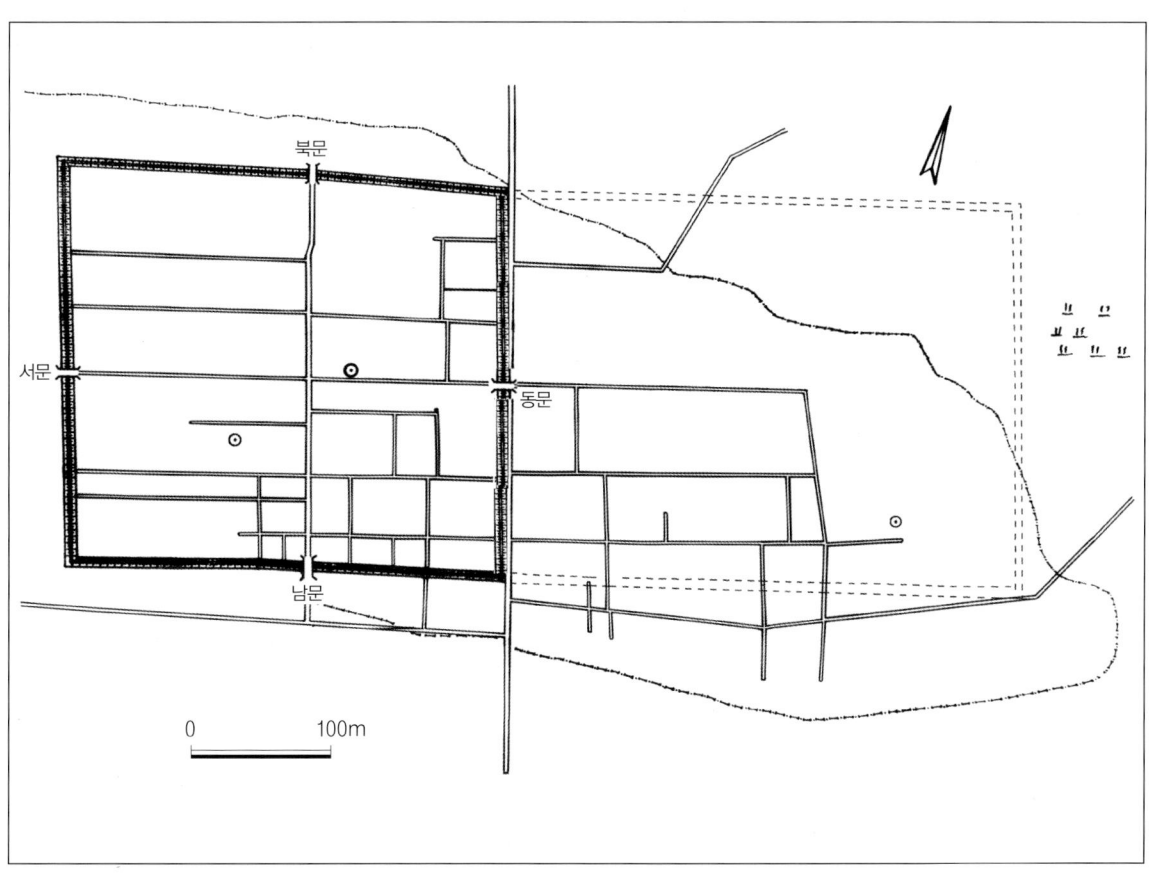

그림 74 · 복원된 청해토성 평면도

2. 청해토성의 연대와 성격

청해토성에서는 앞에서 본 바와 같이 건축부재, 생산도구, 무기, 수레 부속, 마구, 도자기, 치레거리, 도장, 불교 관계 유물 등 많은 유물들이 출토되었다. 출토된 유물들을 보면 고구려 유물로 볼 수 있는 것은 거의 없고, 전부 다 전형적인 발해시대 유물임이 틀림없다.

청해토성은 발해시대 5경의 하나였던 남경남해부의 소재지가 자리하였던 곳이다. 지금까지 남경남해부의 위치에 대하여 여러 가지 견해들이 있었다. 우선 18세기의 실학자 정약용은 『아방강역고』에서 남경남해부의 소재지를 오늘의 함흥시로 비정하였으며, 일부 논자들은 함경남도 영광군에 있는 백운산성으로, 일부는 함경북도 경성으로 보기도 했다. 그러나 이러한 견해들에서는 남경남해부로 볼 수 있는 정확한 근거 자료들을 찾아볼 수 없었다. 하지만 청해토성에 대한 고고학적인 발굴과 그 일대의 발해유적조사발굴사업이 이루어지며 청해토성이 남경남해부 소재지라는 것을 확정할 수 있었다. 그러기 위해서는 다음과 같은 문제들이 해명되어야 했다.

첫째, 청해토성이 발해의 성인가 아닌가 하는 문제부터 해명하여야 한다. 그러자면 청해토성에서 발해의 관청터를 비롯한 집자리들과 건물에 이용하였던 건축부재들도 찾아야 한다.

둘째, 청해토성이 발해의 성이라면 토성 주변에서 지배 계층의 고분군을 찾아야 한다.

셋째, 발해의 경들에는 위성방위체계가 있었기 때문에 청해토성 주변에서도 남경남해부를 보위하던 산성들을 찾아내야 한다.

넷째, 발해 산성들과 함께 그 주위에서 봉수대를 찾아야 한다.

다섯째, 발해의 경들에는 불교 사찰들이 있었으므로 발해 절터를 찾아야 한다.

여섯째, 남경남해부에 있었다는 '토호포'라는 항구를 청해토성 가까이에서 찾아야 한다.

지난 시기에는 이 여섯 가지 문제 가운데 어느 하나도 올바로 해명하지 못하였다. 하지만 청해토성과 그 주변 유적에 대한 전면적인 발굴을 통하여 이러한 문제들에 완벽한 해답을 할 수 있게 되었다.

우선 발굴 결과를 종합해 보면 토성 안에서는 관청터, 병영터, 살림집터, 우물 등이 여러 곳에서 드러났으며, 발해 유물들이 적지 않게 드러났다. 서문 동쪽에서 드러난 건축지에서는 수천 점의 발해기와들과 여러 개의 치미 파편 등이 드러났다. 치미는 대체로 왕궁이나 관청, 사찰 등 건물에 있었던 것이다.

다음으로 건축지에서 주목되는 것은 북문 남쪽에서 드러난 건축지이다. 이 건축지에서는 옥돌로 만든 사각도장이 나왔다. 도장의 사각 테두리가 마모된 것을 보면 오랫동안 사용된 것으로 인정된다. 이 도장은 관청터에서 사용한 것으로 볼 수 있다. 건축지에서 주목되는 것은 가마를 걸었던 부엌시설이 드러난 것이다. 여기서는 비교적 넙적한 쇠칼과 버치, 쌀 함박, 시루, 단지, 사발, 접시, 대접 등 도기와 자기가 많이 나왔다. 그 옆에서는 창을 비롯한 쇠 활촉이 여러 점 나왔다.

토성 안에서는 왕이 물을 마셨다는 전설이 있는 우물과 '동경수' 그리고 못 자리 옆에 있는 우물 등 세 개의 우물이 발굴되었다.

청해토성이 발해의 성이라는 것은 토성에서 나온 유적과 유물이 말해준다. 청해토성에서 발굴된 온돌시설은 두 고래로 되었으며, 'ㄱ'자로 구부러진 평면 구조는 중국 흑룡강성 영안현 상경용천부터에서 발굴된 온돌시설과 같고 우물 구조도 '팔보유리정'과 같다. 그리고 수키와 막새를 비롯한 기와의 무늬와 제작 수법도 같으며, 질그릇과 청동제 유물들도 같다. 이상의 사실을 통하여 청해토성이 발해의 토성이라는 것과 토성 안에 발해의 관청터가 있었다는 것을 새롭게 밝혀냈다.

다음으로 청해토성을 발해의 남경남해부로 볼 수 있는 근거는 청해토성 주변에서 발해시대 지배계층의 고분군을 찾아낸 것이다. 청해토성 주변 유적들을 조사하는 과정에 동북쪽으로 8km 떨어진 북청군 평리 벌판에서 수백여 기에 달하는 고분군을 조사하고 그에 대한 발굴을 진행한 결과 발해시대 지배계층들이 남긴 것임을 확인하였다. 특히 평리고분군의 발해시대 석실봉토분에서 나온 도기와 자기, 쇠칼, 청동팔찌 등은 중국 길림성 돈화시 육정산에 있는 발해고분군과 공통한 점이 많으며, 또 청해토성에서 나온 것들과 같은 것들이다. 이외 북청군 오매리, 속후리, 지만리, 홍원군 부상리, 리원군 곡창리 등에서도 발해시대 고분군을 발견하여 청해토성 주변에 많은 주민들이 생활하였음을 증명하였다.

청해토성을 남경남해부의 소재지로 볼 수 있는 또 하나는 성 주변에 여러 개의 산성유적들이 조사되었고, 이 성들이 남경남해부를 보위하는 위성방위체계에 속하는 것으로 확인되었기 때문이다. 청해토성 주변의 산성유적들로는 용전리산성, 안곡산성, 거산성 등이 있다. 청해토성 서북쪽 북청강 우안에는 용전리산성이 있고, 좌안에는 안곡산성이 있으며, 동북쪽으로 약 8km되는 곳에는 거산성이 있다. 이 세 개의 성은 동서로 일직선상에 놓여 있으면서 리원, 북청, 함흥으로 통하는 도로를 지키는 교통의 요충지에 있으며, 바다를 통하여 북청강을 따라 들어오는 적을 감시하고 방어하는 역할도 수행하였다. 용전리산성과 거산성의 건축지들에서는 고구려와 발해시대 기와를 비롯한 많은 유물들이 알려졌으며, 이것은 이 성들이 고구려시대에 축조되어 발해시대까지 이용되었음을 보여 준다.

청해토성을 남경남해부 소재지로 볼 수 있는 또 하나는 이 주변에서 당시 통신수단의 하나인 봉수대들이 알려진 것이다. 청해토성에서 남쪽으로 4.5km 떨어진 곳에는 연대봉(133m) 봉수대가 있고, 동북쪽으로 4.5km 떨어진 곳에는 석매봉(396m) 봉수대가 있다. 주목되는 것은 석매봉 봉수대 주변에서 발해시대 쇠 활촉과 함께 시루 파편, 자기 파편이 드러난 것이다. 이러한 유물들은 용전리산성이나 오매리 절터, 청해토성에서 나온 것들과 같은 것으로서 이 봉수대들이 발해시대에 이용된 것임을 보여 준다.

청해토성을 남경남해부 소재지로 볼 수 있는 또 하나는 청해토성과 그리 멀지 않은 금호지구 오매리에서 발해시대 절터를 발견한 것이다. 특히 이곳에서 금동판에 글이 새겨진 유물이 발견되어 학계의 이목을 집중시켰으며, 금동불상 파편, 금동화로 등의 유물들이 알려져 이 사찰이 대단히 높은 급이었음을 알 수 있게 하였다.

청해토성을 발해의 남경남해부 소재지로 볼 수 있는 또 다른 근거는 발해 사신들이 남해부의 토호포를 떠나 일본으로 또는 신라로 갔다는 항구를 찾아내는 것이었는데, 청해토성에서 제일 가까운 항구는 신창항으로서 이것을 당시의 토호포로 볼 수 있기 때문이다. 옛 기록에는 '776년 발해에서 제9차로 일본으로 가는 대사 사도몽이 187명의 인원을 거느리고 남해부의 토호포에서 출발하여 동해안을 따라 남행하여 대한해협을 건너 일본에 도착하였다.'라고 하였다. 또한 '신라도에는 육로도 있고 해로도 있었는데, 해로는 남해부의 토호포에서 출발하여 동해안을 따라 남행하여 신라의 각 항구에 도착한다.'라는 자료를 통해 청해토성 서쪽으로 흐르는 북청강은 당시 토성 앞을 지나 신창항구를 통하여 바다로 흘렀으며, 배가 토성까지 들어올 수 있었다. 이러한 점들로 미루어 신창항구를 당시의 토호포로 보는 것이 타당하다.

이상에서 본 바와 같이 오랫동안 그 성격을 해명하지 못하였던 청해토성이 발해의 토성이라는 것이 밝혀졌고, 발해 지배계층의 고분군, 산성, 봉수대 등 많은 유적들이 조사·발굴됨으로써 청해토성이 발해시대 남경남해부 소재지임이 확인되었다.

3. 용전리, 안곡, 거산성의 연대와 성격

용전리산성, 안곡산성, 거산성 등에서 나온 유물들을 보면 전형적인 고구려시대 및 발해시대 유물들이 함께 출토되었고, 성벽 축조 상태와 성안에서 나온 유물 등으로 보아 고구려시대에 처음 축조되어 발해시대까지 이용되었음을 알 수 있다.

이들은 자연 지세를 효과적으로 이용하여 쌓은 성으로서 절벽이 있는 곳에는 성벽을 쌓지 않고 절벽을 그대로 이용하였으며, 성벽을 축조하는 경우에도 지형 조건에 맞게 사각추 모양의 돌들과 장방형 모양의 가공한 돌들로 외면 축조 방법과 양면 축조 방법을 배합하면서 규칙 있게 쌓았다. 이러한 성벽 축조 방법은 고구려시대 산성들에서 흔히 볼 수 있는 방법 중 하나이다. 특히 기초 부분에 두세 돌기 굽도리를 조성하고, 그 위에 성벽을 수직으로 축조한 것은 고구려의 평양성, 황룡산성 등 여러 산성에서 찾아볼 수 있다.

용전리산성, 안곡산성, 거산성은 다른 산성들에 비하여 규모가 작지만 서북한 일대의 성 가운데는 강안보루성이나 지역방어성으로 규모가 1000m 미만인 작은 성들이 있다. 대표적으로 장새성이나 보산성을 들 수 있다.

이 성들이 고구려시대에 축조되었다는 것은 성안에서 출토된 붉은색 노끈무늬기와들을 통해서도 알 수 있다. 노끈무늬기와는 1세기경부터 고구려에서 널리 쓰이던 기와의 하나이다. 고구려시대에 축조되어 발해시대까지 이용된 용전리산성은 북청강을 사이에 두고 안곡산성과 마주하고 있으면서, 동해안을 거쳐 이 일대로 들어오는 적을 방어하는 강안보루성이며, 발해 5경의 하나인 남경남해부 청해토성을 방어하는 위성방위체계에 속하는 성으로 볼 수 있다.

4. 오매리절터, 금산 1건축지, 금산 2건축지의 연대와 성격

오매리절터, 금산 1건축지, 금산 2건축지는 하나의 유기적인 조합이다. 오매리절터에는 탑터를 중심으로 두 개의 건축지가 있고, 탑터에서 멀지 않은 금산에는 두 개의 건축지가 있는데, 하나는 집터이고 하나는 정각으로 판정되었다.

고구려의 사찰건축에서 가장 특징적인 것은 지금까지 발굴된 사찰들 모두가 탑 중심식 사찰이라는 점이다. 실례로 금강사, 정릉사, 상오리절터들을 보면 거의 남북 방향을 축으로 하여 그 축 중심에 탑을 배치하고, 탑 남쪽에 문, 북쪽에 금당(부처를 설치한 건물), 동쪽과 서쪽에 각각 또 금당을 배치하였다. 탑, 금당, 동 금당, 서 금당을 중심으로 주위에는 회랑을 둘렀는데, 이러한 형식의 사찰을 1탑3금당 사찰이라고도 한다.

이와 마찬가지로 오매리절터는 건축 구성으로 볼 때 고구려 사찰건축의 특징을 그대로 계승한 것으로서 탑을 중심으로 북쪽에 중 금당을 배치하고, 남쪽과 북쪽에 각각 우 금당과 좌 금당을 배치하였다. 그것은 탑터를 중심으로 서쪽으로 10m 정도 떨어진 곳에 중 금당으로 이용된 건물터의 주춧돌들과 시설물들이 알려졌으며, 북쪽으로 10m 떨어진 지점에서 북쪽 2건물터가 발굴되었으며, 좌 금당으로 볼 수 있다. 그리고 그 서쪽에 강당으로 이용한 건물의 주춧돌들이 발굴되었다. 이것은 오매리절터의 건축 구성이 1탑3금당임을 보여 주며, 이 사찰이 동쪽을 향하고 있음을 말해준다. 여기서 북쪽 1건물터와 서쪽 건물은 발굴된 상태로 보아 당시 사찰의 중들이 이용하였던 승방으로 볼 수 있다.

고구려시대 건물들에서 드러나는 온돌시설은 우리 민족 고유의 생활풍습을 보여 주는 독특한 것으로서, 특히 고구려의 여러 유적에서 알려진 온돌시설은 이러한 사실을 잘 증명해 준다. 실례로 자강도 중강군 토성리 유적의 4구에서 발굴된 네 개의 온돌시설과 자강도 시중군 로남리 유적, 평안남도 북창군 대평리 유적 등에서 알려진 온돌시설들을 통하여 알 수 있다. 오매리절터 1건축지에서도 이와 같은 온돌시설이 발굴되었으며, 고래가 세 개로 된 온돌시설로서 발전된 형식이다. 이것은 오매리절터의 온돌 형식이 고구려의 온돌을 계승·발전시켰음을 알려준다.

오매리절터에서 발굴된 기와들 가운데는 고구려시대 기와들과 무늬와 형태가 같은 것이 있는가 하면 고구려의 기와무늬를 기본으로 하여 발전시킨 것도 있다. 고구려시대 기와들과 같은 무늬가 있는 기와에는 암키와도 있고 수키와도 있다.

먼저 암키와를 보면 손끝누름무늬기와, 노끈무늬기와, 그물무늬기와 등을 들 수 있다. 손끝누름무늬기와는 고구려시대 유적들인 중국 길림성 집안시에 있는 서대묘와 천추묘에서 나온 것과 동명왕릉 정릉사터에서 나온 것을 들 수 있다. 그런데 오매리절터의 고구려 문화층에서는 암키와의 끝을 3~4cm 간격으로 어인 고구려 노끈무늬기와가 나왔다. 이것은 손끝누름무늬기와의 초기 형태의 것으로 볼 수 있으며, 발해시대에 완성도가 높아졌다. 그리고 노끈무늬와 능형무늬가 있는 기와는 오매리절터의 부속 건물인 금산1·2건축지에서 적지 않게 알려졌다.

기와의 무늬와 형태가 고구려의 것과 같은 실례는 기와막새에서도 찾아볼 수 있다. 금산 1건축지에서 나온 방사선무늬 막새기와는 황해남도 신원군 장수산 고구려 유적에서 나온 것과 같은 것들이며, 네 개의 꽃잎과 네 개의 겨우살이무늬를 엇바꾸어 돋친 것은 대성산 고구려 유적에서 알려진 것과 같다. 특히 탑터에서 나온 글자가 새겨진 금동유물은 오매리절터가 546년, 즉 고구려 양원왕 2년에 건립되었음을 확실하게 하며, 여기에서 나온 발해시대 유물, 특히 각양각색의 발해시대 전형적인 연꽃무늬 막새기와는 오매리절터가 발해시대까지 이용된 유서 깊은 곳이었음을 여실히 증명해준다.

금산 1건축지에서는 동·서로 긴 장방형 건축이 들어서 있었으며, 두 개의 칸에서 온돌시설과 아궁이시설이 알려졌다. 이것은 이 건물이 당시 살림집으로 이용되었다는 것을 보여 준다. 또한 금산 1건축지와 그리 멀리 떨어져 있지 않은 금산의 제일 높은 봉우리에서 발굴된 평면이 팔각형으로 된 2건축지는 정각터로 판명되어 오매리절터가 정각까지 있는 매우 큰 사찰이었음을 말해준다.

5. 평리고분군의 연대와 성격

평리고분군에는 몇 백 기의 고분이 분포되어 있으며, 지난 시기에도 50여 기가 발굴되었으나 발표된 자료는 몇 기에 불과하다. 이번에 발굴된 31기의 고분을 보면 주요하게 석실봉토분, 석곽묘, 석관묘 등으로서 기타 지역에서 흔히 볼 수 있는 발해시대 무덤 형식과 같다. 평리고분군의 무덤은 심하게 파괴되어 무덤에서는 유물이 거의 출토되지 않지만 제한된 유물로 보면 전부 발해시대 것이다. 이로써 평리고분군은 남경남해부 소재지였던 청해토성의 주인들이 형성한 발해시대 무덤으로 인정된다.

북청 일대의 발해유적에 대한 조사와 발굴은 부거리 일대의 조사와 발굴, 회령 일대의 조사와 발굴에 이어 우리가 북한 경내의 발해유적을 파악하고, 발해 역사와 문화를 연구하는 데 귀중한 자료가 될 것이다.

부록 <small>북 청 일 대 의 발 해 유 적</small>

1. 지름골 고려시대 고분

2014년도에 평리고분군에서 발해 고분을 발굴하던 중 이 지역에서 고려시대 고분군을 발견하였고, 그 중 2기를 발굴하였다. 지금까지 이 일대에서 고려시대 고분이 발견된 실례는 없었다. 그러나 평리 일대에 대한 조사 과정에서 고려시대 고분들의 존재를 확인하고 발굴한 결과 고분에서 고려시대 유물들이 발견됨으로써 고려시대 문화를 연구하는데 새로운 자료를 획득할 수 있었다.

고분군은 평리 소재지에서 서북쪽으로 약 1km 떨어진 책바위산 동남쪽으로 나 있는 지름골 중턱에 위치하고 있다. 고분군 북쪽과 서쪽, 서남쪽은 책바위산에 의하여 둘러싸여 있고, 동쪽은 지름골과 잇닿아 있는 성천동마을이 있다. 고분에서 북쪽으로 책바위산의 북쪽 능선을 넘어 동북쪽으로 100m 떨어진 곳에는 거산성이 있고, 서쪽으로 책바위산을 넘으면 북쪽에서 동남쪽으로 흘러 바다로 들어가는 서대천이 있다(사진 402).

1호분

봉분은 흙을 방형으로 높이 쌓았던 것인데, 오랜 세월이 흐르는 과정에 윗부분이 많이 낮아졌다(사진 403).

고분은 장방형의 구덩이를 파고, 화강암으로 가공한 판돌로 네 벽을 세운 다음, 천정을 덮은 단실 석실봉토분이며, 긴 축은 남북으로 놓여 있다.

고분의 남쪽 벽 입구에는 크기가 50×40cm 정도인 돌들로 폐쇄되어 있다. 바닥은 굳은 석비레땅 위에 숯을 깔아 마련하였다.

남벽은 판돌을 세운 것으로 서북 모서리가 깨져 있다. 남벽의 크기는 길이 0.9m, 높이 1.1m, 두께 0.14m이다.

동벽은 세 개의 판돌을 이어대면서 만들었으며, 남쪽에서 첫 번째 판돌은 바깥쪽이 안쪽보다 사선으로 약간 들어와 있고, 그 북쪽의 나머지 벽체들은 직선으로 세워져 있다. 판돌들은 안쪽 면이 평탄하게 가공되어 있으며, 크기는 첫 번째 것이 길이 50cm, 높이 60cm, 두께 14cm이고, 두 번째 것은 길이 120cm, 높이 70cm, 두께 34cm이며, 세 번째 것은 길이 110cm, 높이 60cm, 두께 20cm이다.

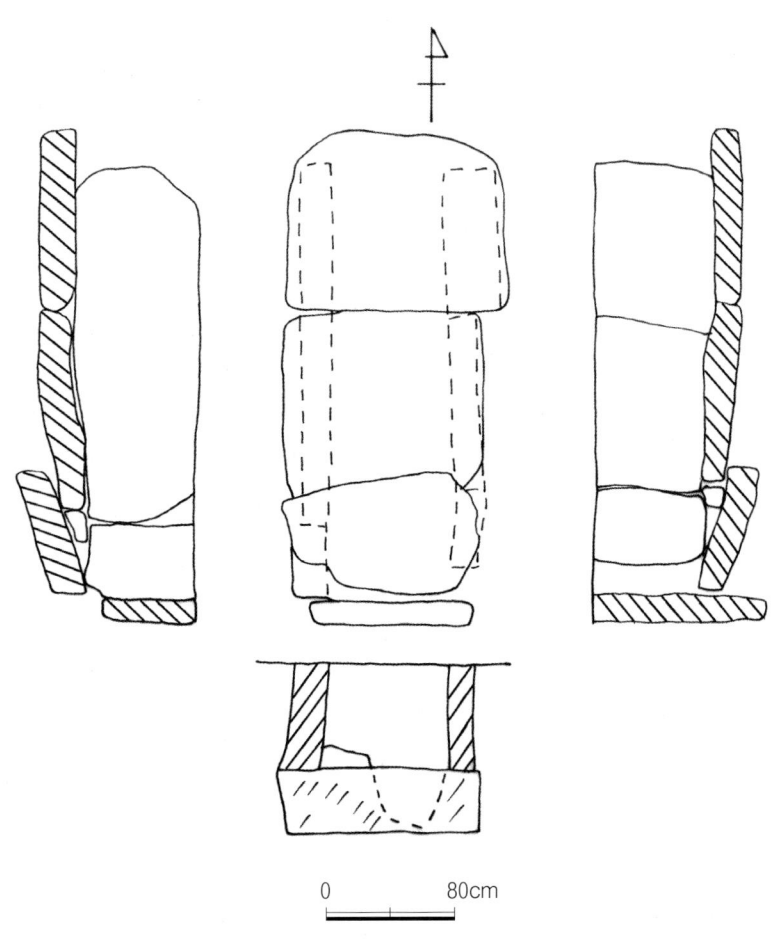

그림 75 · 지름골1호분 평단면도

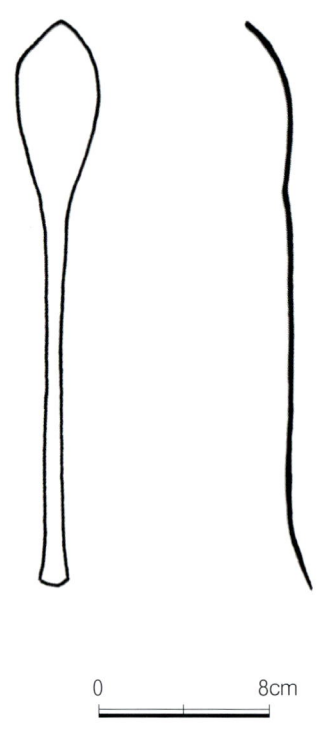

그림 76 • 지름골1호분 출토 유물

서벽은 두 개의 판돌을 이어대면서 만들었다. 벽체는 거의 직선으로 세워져 있으며, 남쪽의 첫 번째 판돌이 북쪽의 판돌보다 두 배 정도 작지만 두께는 더 두껍다. 크기를 보면 첫 번째 것은 길이 100cm, 높이 60cm, 두께 32cm이고, 두 번째 것은 길이 210cm, 높이 70cm, 두께 16cm이다. 북벽은 없어졌다.

천정은 동서로 가로 놓은 세 개의 판돌을 남북으로 나란히 덮어놓았다. 남쪽의 첫 번째 천정돌은 가운데 놓인 천정돌 위에 놓였으며, 비뚜름히 덮이어져 있다. 천정돌 크기는 첫 번째 것이 길이 130cm, 너비 80cm, 두께 20cm이고, 두 번째 것은 길이 130cm, 너비 112cm, 두께 20cm이며, 세 번째 것은 길이 130cm, 너비 120cm, 두께 20cm이다.

석실 크기는 남북 길이 288cm, 동서 너비 80cm, 높이 70cm이다(그림 75, 사진 404~409).

발굴 과정 중에 묘실 바닥에서 놋숟가락 한 개가 나왔다. 놋숟가락은 앞이 뾰족한 나뭇잎형으로 술 부분에 좁고 긴 손잡이가 달렸다. 꼭지 부분은 손잡이 부분보다 폭이 약간 넓게 퍼졌으며, 끝부분은 호선을 이루고 있다. 이 놋숟가락은 현재 부식되어 푸른빛을 띠고 있다. 술 부분의 앞쪽 왼쪽 면은 닳아서 얇아졌으며, 손잡이 윗면은 둥글고, 단면은 반원형이다. 크기는 술 부분이 길이 9cm, 폭이 넓은 앞부분은 너비 3cm, 손잡이 길이는 17.5cm, 너비 0.8cm, 꼭지 너비는 1.3cm로서 숟가락 총길이는 26.5cm이다(그림 76, 사진 413).

2호분

이 고분은 책바위산 동남쪽으로 나 있는 지름골 중턱에 위치하고 있다. 고분의 동남쪽으로 약 7~8m 떨어진 곳에 1호분이 있다.

고분은 서쪽 능선에서 동쪽으로 내려오는 경사면을 파고, 여기에 판돌로 석실을 마련한 석실묘이다. 무덤의 긴 축은 서남-동북 방향으로 놓였다.

봉분은 오랜 세월이 흐르는 과정에 많이 씻기고 유실되어 없어진 상태이고, 뚜껑돌이 지표면에 드러난 상태이다(사진 410).

석실 바닥은 석비레땅을 그대로 다져서 만들었다. 남쪽에서 북쪽으로 가면서 약간 경사졌으며, 그 차이는 약 8cm 정도이다.

묘실 벽체는 화강암을 가공하여 만들었다.

동벽은 두 개의 큰 판돌을 이어대면서 만들었으며, 남쪽 돌은 아래 모서리 부분이 깨어져 없어진 상태이다. 북쪽에 세운 돌도 남쪽 것과 같이 모서리가 깨져 있었다. 크기는 남쪽 첫 번째 판돌이 길이 80cm, 높이 50cm, 두께 24cm이고, 북쪽의 두 번째 판돌이 길이 120cm, 높이 64~72cm, 두께 24cm 이다.

북벽은 큰 돌과 작은 돌을 배합하여 쌓았으며, 먼저 크기가 길이 108cm, 높이 56cm, 두께 20cm 정도의 판돌을 놓고, 그 위에 길이 40cm, 두께 4~12cm인 판돌을 올려 벽체를 마련하였다.

서벽은 두 개의 큰 판돌을 이어대여 만들었다. 벽체들 가운데 북쪽의 것이 크고, 남쪽의 것이 작다. 크기는 북쪽의 것이 길이 140cm, 높이 80cm, 두께 8~28cm이고, 남쪽의 것이 길이 48cm, 높이

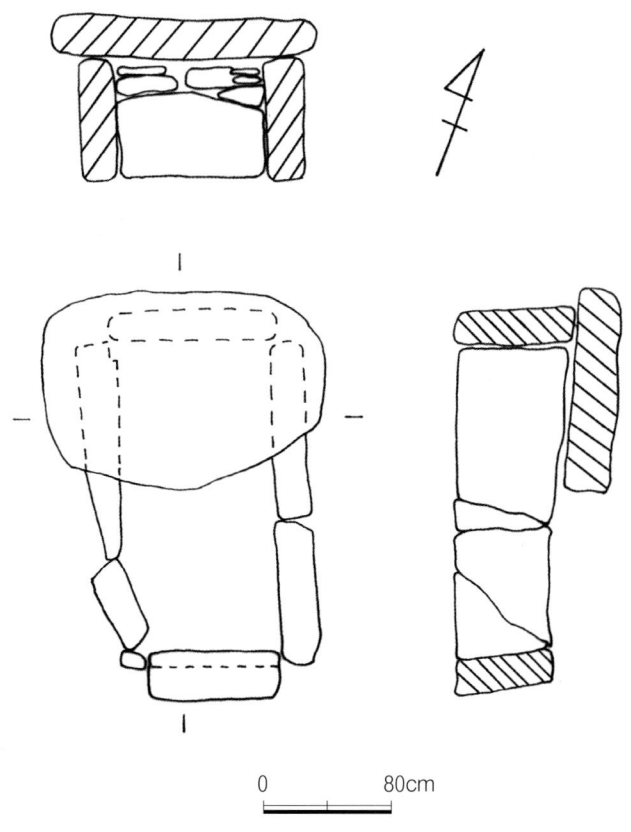

그림 77 • 지름골2호분 평단면도

64cm, 두께 20cm이다.

남벽은 큰 판돌 한 개를 이용하여 만들었고, 안쪽으로 약간 경사져 있으며, 그 차이는 약 12cm 정도이다. 판돌 크기는 길이 84cm, 높이 68cm, 두께 32cm이다. 그리고 서쪽 모서리 부분에 작은 돌을 끼워 서벽의 남쪽 부분과 접하게 하였는데, 그 크기는 길이 16cm, 두께 12cm이다.

묘실 천정은 큰 판돌 두 개를 이용하여 남쪽과 북쪽에 나란히 덮어 놓았으며, 북쪽의 돌은 벽체 위에 덮어져 있고, 남쪽의 돌은 묘실 안으로 내려앉아 있었다.

북쪽에 덮여 있는 천정돌 크기는 길이 180cm, 동서 너비 80~128cm, 두께 24cm이고, 내려앉은 남쪽의 돌은 길이 160cm, 동서 너비 90cm, 두께 24cm이다.

석실 크기는 남북 길이 212cm, 동서 너비 100cm, 높이 80cm이다(그림 77, 사진 411, 사진 412).

발굴 과정 중에 묘실 안에서 자기, 구슬, 관못 등의 유물들이 나왔다.

자기는 그릇의 몸체 파편으로 색깔은 붉은 밤색을 띤다. 그릇살 두께는 0.6~1cm 정도이다(그림 78-3, 사진 416).

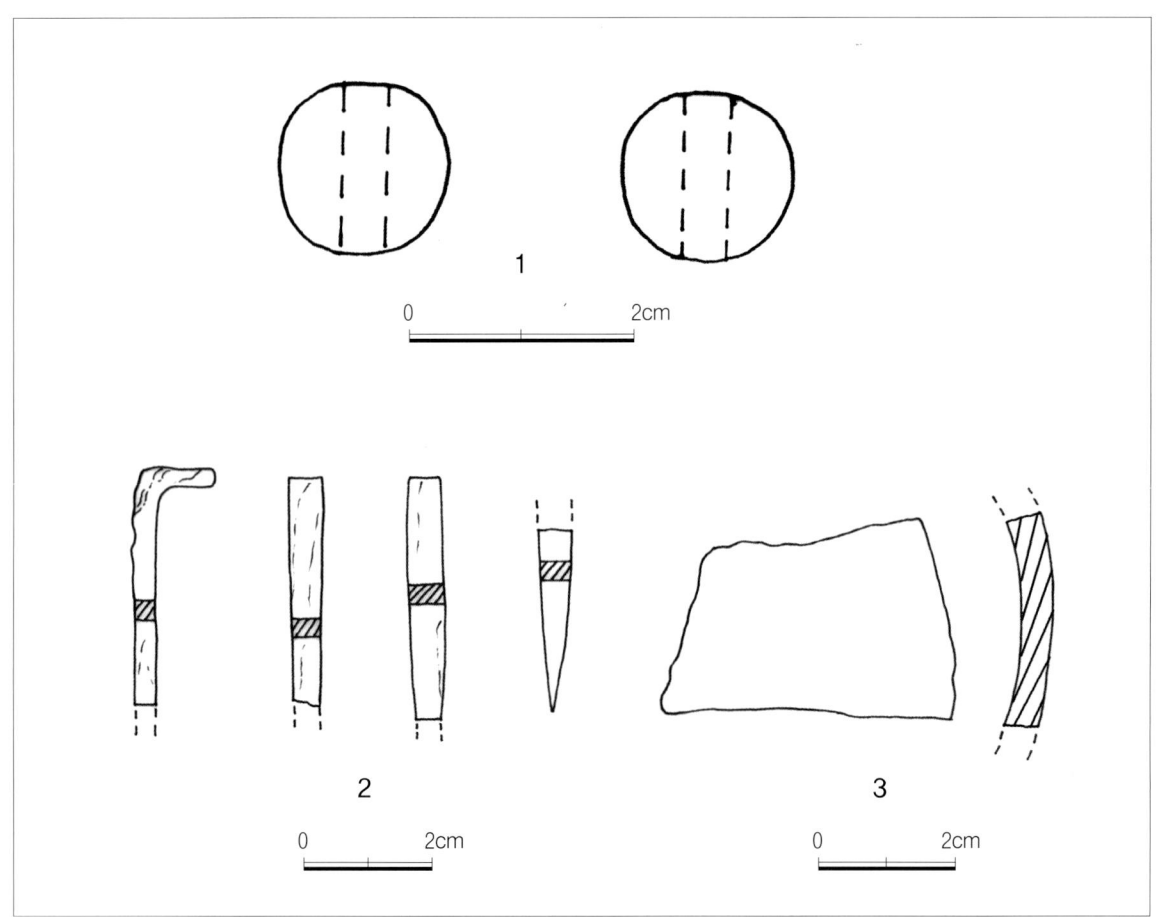

그림 78 • 지름골2호분 출토 유물(1. 구슬, 2. 쇠판못, 3. 질그릇조각)

구슬은 두 개이며, 호박으로 만들었다. 형태는 원형이며, 색은 보라색을 띤다. 가운데 실을 꿰기 위한 구멍이 뚫려 있다. 크기는 직경 1.5cm, 구멍 직경 0.5cm이다(그림 78-1, 사진 414).

관못은 석실 바닥에서 15개 정도 나왔으나 많이 부식되어 온전한 크기는 알 수 없다. 대가리의 생김새에 따라 대가리를 굽혀서 만든 것과 납작하게 때려서 만든 것으로 나눌 수 있다. 꺾인 대가리의 크기는 길이 2.8cm, 너비 2cm, 두께 0.6cm이다. 몸체는 단면이 방형으로서 두께는 0.6cm, 남아 있는 길이는 3.2cm이다. 납작한 대가리의 크기는 직경 1cm, 대의 길이는 3.5cm, 너비 0.7cm, 두께 0.4cm이다(그림 78-2, 사진 415).

2. 비석골 고려시대 고분

비석골 고려시대 고분은 백학산줄기가 남쪽으로 뻗어 내린 나지막한 능선에서 발견되었다. 여기에는 여러 기의 고려시대 고분들이 떼를 지어 분포되어 있다. 이곳은 거산성 서쪽으로 뻗어 내린 능선지대로 일명 비석골이라고 부른다. 2015년도에 비석골에서 3기의 고분을 발굴하였다(사진 417).

1호분

무덤은 평리 소재지에서 서북쪽으로 1.7km 떨어진 백학산줄기가 남쪽으로 뻗어내려 오다가 거의 끝나는 능선마루에 4개의 무덤들이 남북선상에 한 줄로 있다. 무덤이 있는 능선의 동쪽과 서쪽은 나지막한 산줄기들에 의하여 둘러싸여 있다. 무덤에서 동쪽으로 50m 떨어진 능선에는 거산성이 있고, 그 동쪽의 평리 벌에는 발해 고분군이 있다. 무덤이 있는 능선의 남쪽으로는 동해선 철길과 도로가 나 있다.

무덤은 무덤구역을 설치하고 그 가운데 앉히었다. 무덤구역은 북쪽에서 남쪽으로 뻗어내려 온 능선의 경사면에 남북으로 길게 자리하고 있으며, 크기는 남북 길이 22.5m, 동서 너비 6.5m이다. 무덤구역의 제일 높은 곳에는 봉분을 중심으로 그 바깥와 동·서·남·북쪽 면에 기단을 축조하였으며, 거기에서 남쪽으로 좀 떨어진 곳에는 축대를 쌓았다. 기단 크기는 남북 길이 13m, 동서 너비 6.5m이다. 남쪽 기단은 화강암으로 두세 돌기 정도 쌓았으며, 크기는 길이 6.5m, 높이 0.2m이다. 동·서·북쪽에도 화강암들로 기단을 쌓았는데, 경사진 서쪽 면에는 세 돌기, 북쪽 면은 두세 돌기, 동쪽 면은 두 돌기

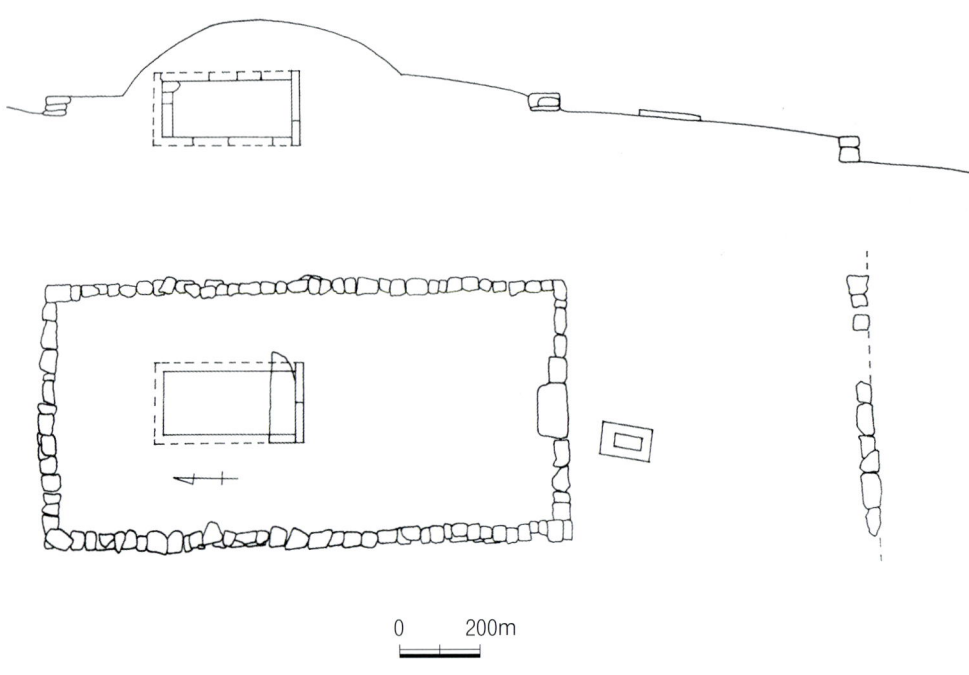

그림 79 • 비석골1호분 무덤구역 시설 평면도

로 쌓았다. 동쪽 면은 50~60cm로 쌓았으며, 돌들의 크기는 65×20cm, 60×30cm, 40×20cm, 32× 24cm이다. 서쪽과 북쪽 기단의 축조 방법과 돌 크기는 동쪽 면과 같다(그림 79, 사진 418).

봉분은 남쪽 기단에서 북쪽으로 7.5m 떨어진 곳에 있으며, 남쪽이 좀 허물어져 있다. 봉분 크기는 지표면에서 남북 길이 7m, 동서 너비 4.2m, 높이 1.8m이다. 축대는 남쪽 기단에서 남쪽으로 7.5m 떨어진 곳에 축조되어 있으며, 기단보다 1.5m 정도 낮게 설치되어 있다. 축대는 거칠게 다듬은 화강암을 두 돌기 정도 쌓은 것이다. 축대는 길이 40~50cm, 너비 40cm, 높이 30~40cm 크기의 돌로 쌓았으며, 길이 6.5m, 높이 0.7m이다. 남쪽 기단과 축대 사이에는 비와 망주석이 세워져 있다.

비는 남쪽 기단의 가운데 부분에서 남쪽으로 1.5m 떨어진 곳에 있다. 비는 받침돌과 몸돌, 지붕돌로 구성되어 있다. 받침돌은 장방형의 화강암으로 만들었으며, 가운데에 몸돌을 세우기 위한 장방형 구멍이 있다. 이 구멍의 크기는 남북 길이 70cm, 동서 너비 130cm, 깊이 30cm이다. 몸돌은 화강암 판돌을 장방형으로 가공한 것이다. 몸돌에는 앞면과 옆면에 글자가 새겨져 있다. 앞면에는 '고려지신사 염정수무덤', 오른쪽 측면에는 '립 건륭무오'(건륭 무오년에 세웠다)라고 새겨져 있다. 지붕돌은 합각지붕으로 되어 있다. 비의 크기는 받침돌이 길이 1.2m 너비 0.8m이고, 몸돌이 길이 0.6m, 너비 0.3m, 높이 1.6m이며, 지붕돌은 길이 1m, 너비 0.4m이다.

망주석은 기단 남쪽 좌우에 대칭으로 한 개씩 세워져 있었으며, 현재는 좌우 경사면에 넘어져 있다. 망주석은 받침돌, 몸돌로 이루어져 있다. 받침돌은 네모나고 길쭉한 돌들로 되어 있고, 몸돌은 받침돌보다 폭이 좁은 네모난 기둥 위에 장고 모양의 돌로 이루어져 있다. 장고 모양의 돌 위에는 꽃잎을 아래로 드리운 복연이 새겨져 있다. 망주석의 크기는 총 높이가 1.32m이고, 받침돌의 높이는 0.5m, 너비 0.2m, 네모 기둥석의 높이는 0.36m, 너비 0.16m이며, 장고 모양의 돌 높이는 0.48m, 제일 넓은 부분의 너비는 0.2m, 좁은 부분의 너비는 0.16m이다(그림 80, 사진 425~431).

무덤은 기단 안의 북쪽 부분에 축조되어 있다. 무덤은 문시설과 묘실로 이루어진 반지하식 단실 석실봉토분이며, 방향은 180°이다. 문시설은 묘실 동·서벽 남쪽 끝에 잇대어 있다. 가공한 화강암으로 만들어진 문시설은 밑에 가로로 놓인 문턱돌과 돌문으로 이루어져 있다. 크기는 길이 1.6m, 높이 0.38m이다. 돌문은 두 개의 가공한 화강암 판돌을 세운 것이다. 동쪽 돌문의 크기는 너비 0.82m, 높이 1.17m, 두께 0.16m이고, 서쪽 돌문의 크기는 너비 0.78m, 높이 1.23m, 두께 0.16m이다.

묘실의 평면 생김새는 남북으로 긴 장방형이다. 바닥은 석비레를 다져 만들었다. 묘실은 세 벽면을 가공한 판돌들로 세운 다음, 위에 세 개의 판돌을 나란히 올려 만들었다. 동벽은 네 개의 가공한 판돌로 세워져 있다. 벽에 세운 가공한 판돌들의 크기를 남쪽에서부터 120×140cm, 94×140cm, 60×120cm, 60×140cm이다.

서벽 역시 네 개의 가공한 판돌들로 세워져 있으며, 그 크기를 남쪽에서부터 보면 80×140cm, 108×140cm, 72×140cm이고, 네 번째 판돌은 북벽의 판돌이 안쪽으로 들어와 있어 폭이 28cm 정도만 보인다. 벽 두께는 모두 20cm이다.

북벽은 두 겹으로 되어 있으며, 바깥벽은 통 판돌로 동·서벽 북쪽 면에 잇대어 있고, 안벽은 좀 들어와 있다. 이 벽은 밑에 156×90cm 크기의 돌을 놓고, 그 위에 72×30cm, 60×30cm, 24×30cm의 돌이 올려진 상태이다.

천정돌은 가공한 네 개의 판돌을 가로로 나란히 올려놓은 것이다. 남쪽 천정돌은 동남 모서리 부분이 약간 깨져 있다. 남쪽에서부터 천정돌 크기를 보면 너비가 80cm, 60cm, 72cm, 100cm이고, 길이는 모두 190cm이다.

묘실 크기는 남북 길이 3.3m, 동서 너비 1.6m, 높이 1.4m이다(그림 81, 사진 419~424).

묘실에서는 쇠로 만든 관 고리와 관 못이 각각 네 개 나왔으며, 사람의 머리뼈도 나왔다.

관 고리는 자름 면이 원형인 둥근 쇠고리에 짜개못이 붙어 있는 것으로 큰 것과 작은 것으로 갈라진다. 큰 것은 고리 직경 9.2cm, 쇠줄 직경 1.2cm, 짜개못 길이 7.8cm이고, 작은 것은 고리 직경 6.4cm, 쇠줄 직경 1.2cm, 짜개못 길이 8cm이다(그림 82, 사진 442).

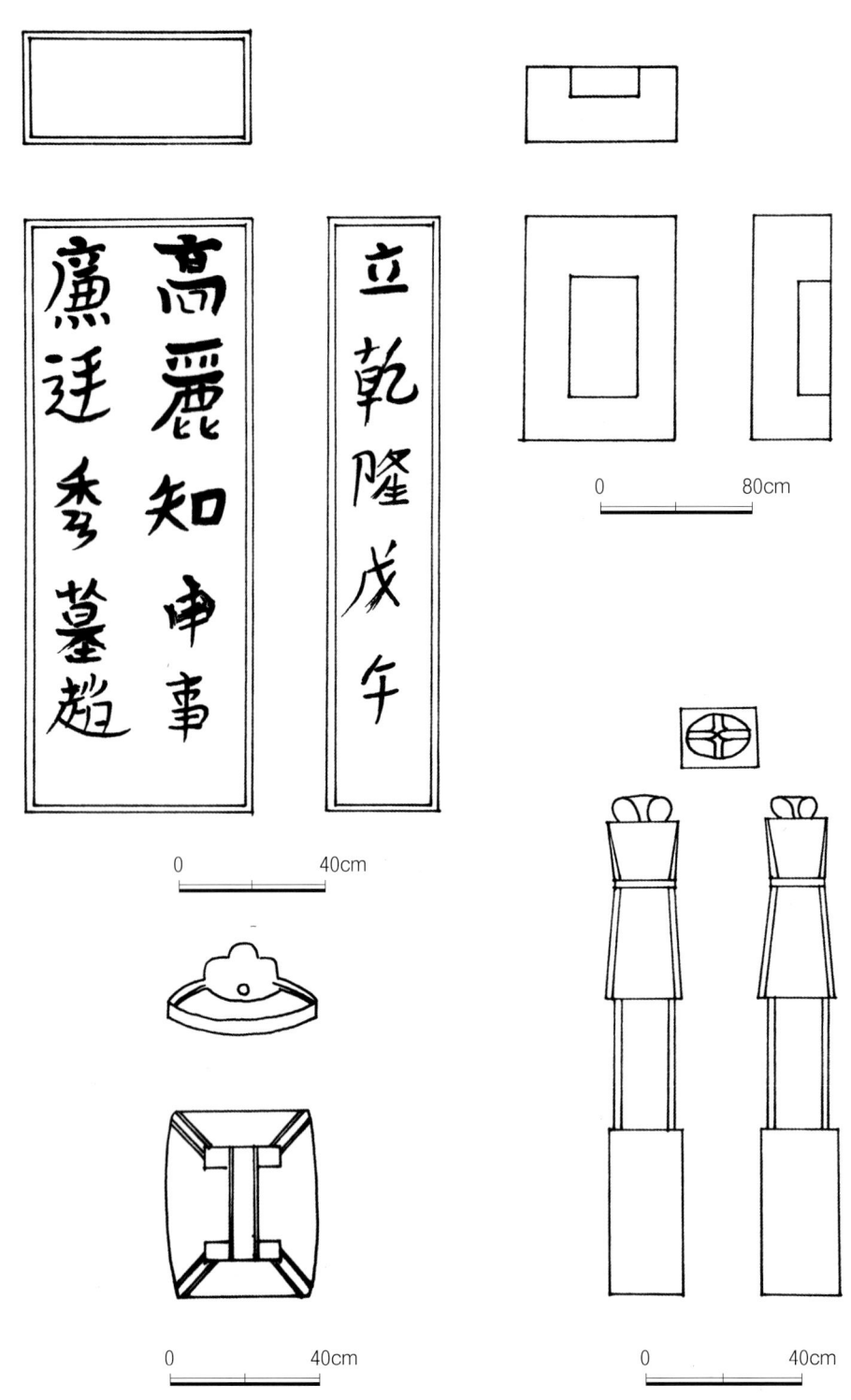

그림 80 · 비석골1호분 비석, 망주석 실측도

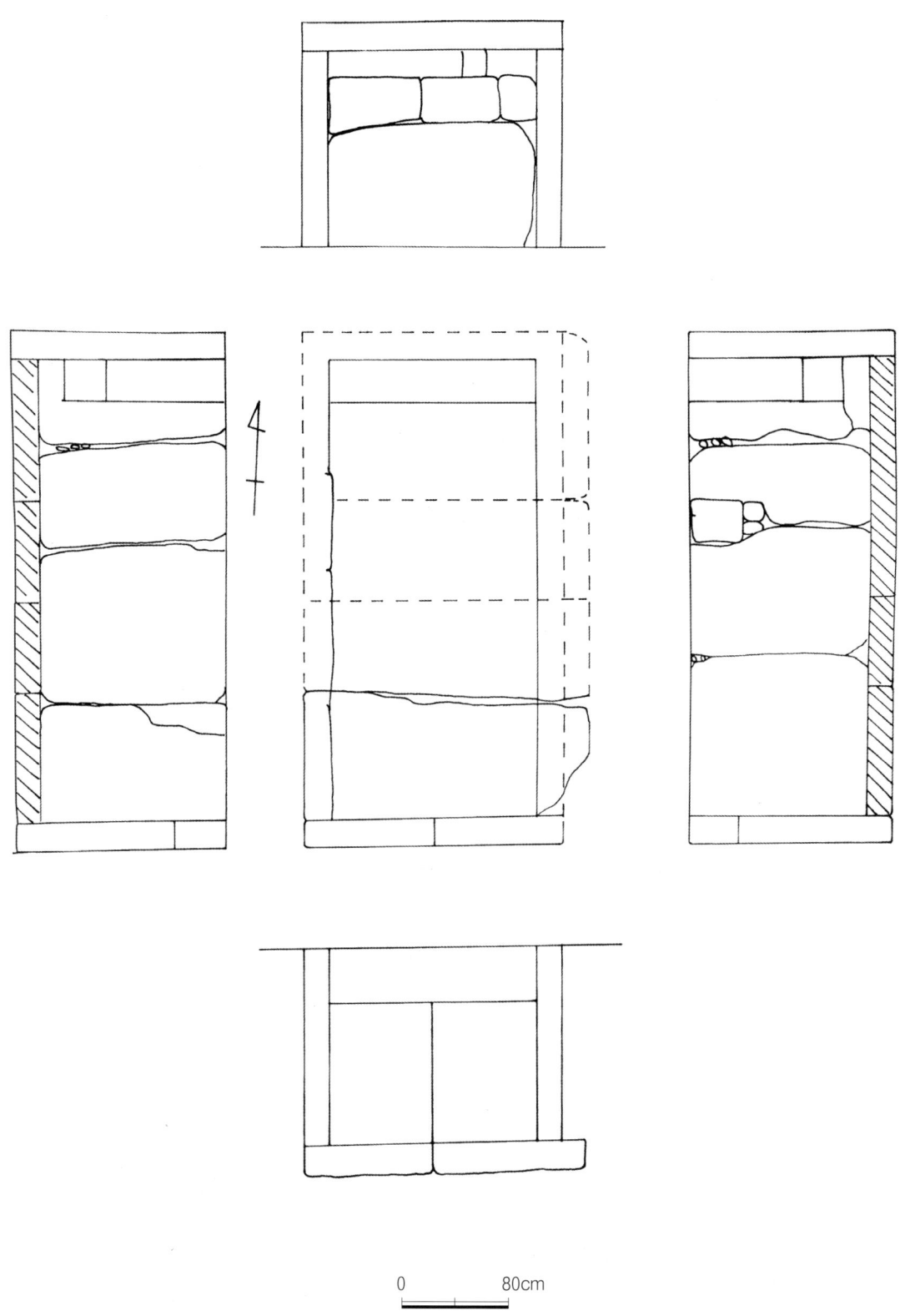

그림 81 • 비석골1호분 평단면도

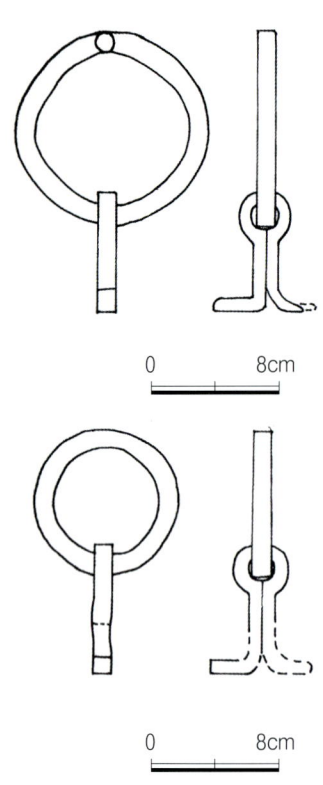

그림 82 • 비석골1호분 출토 관고리

관 못은 대가리가 못대 위에서 한쪽으로 치우쳐 있는 것으로 크기는 대가리 길이 1cm, 못대 길이 8cm, 두께 0.8cm이다.

사람머리뼈는 위 머리뼈와 아래턱뼈로 되어 있다. 위 머리뼈 길이는 1.4cm, 너비 14cm이다. 아래턱뼈는 어금니로부터 앞니까지 가쭌하게 붙어 있다. 아래턱뼈 사이는 9.8cm, 턱 높이는 3.5cm이다.

이 무덤은 고려 말기에 밀직사 지신사겸 사헌부 대사헌 우문관대제학을 지낸 염정수의 무덤이다. 염정수는 벼슬에 있으면서 이인임, 임견미, 염흥방 등의 세력에 붙어서 갖은 전횡을 부리다가 위의 일당과 같이 1388년 1월에 처단되었다(『고려사』 권126, 〈열전〉 제39, 〈임견미조〉).

무덤의 비는 1738년에 6대 손자에 의하여 세워졌다.

2호분

무덤은 1호분에서 능선을 따라 남쪽으로 100m 내려온 곳에 위치하고 있다. 무덤은 기단 안에 석실을 만든 지상식 단실석실봉토분이며, 방향은 180°이다.

기단은 장방형으로 되어 있었으나 거의 다 허물어지고 남쪽 면과 동·서 면에 흔적으로 남아 있다. 남쪽면의 기단 가운데에 화강암 한 개만 남아 있으며, 그 크기는 68×24×20cm이다. 서쪽면 기단석은 남쪽 부분에 두 개 있다. 남쪽으로부터 첫 번째 기단석 크기는 60×49×20cm이고, 두 번째 것은 40×30×15cm이다. 동쪽면 기단석은 가운데 부분에서 2.8m 길이로 남아 있다. 동쪽면의 남쪽 첫 번째 돌의 크기는 40×40×25cm이고, 두 번째 것은 60×28×25cm, 세 번째 것은 60×25×10cm, 네 번째 것은 52×32×10cm이다. 남쪽 면 기단 가운데 북쪽으로 2.5m 떨어진 곳에는 화강암으로 만든 제단석이 있다. 제단석은 밑에 세 개의 작은 화강암을 놓고, 그 위에 동서로 긴 장방형의 큰 화강암 판돌을 올려놓은 것이다. 위에 놓인 상돌의 크기는 145×70×24cm이다.

무덤은 남쪽 기단에서 북쪽으로 4.8m 떨어진 곳에 축조하였다. 남쪽 입구는 판돌과 강돌로 폐쇄하

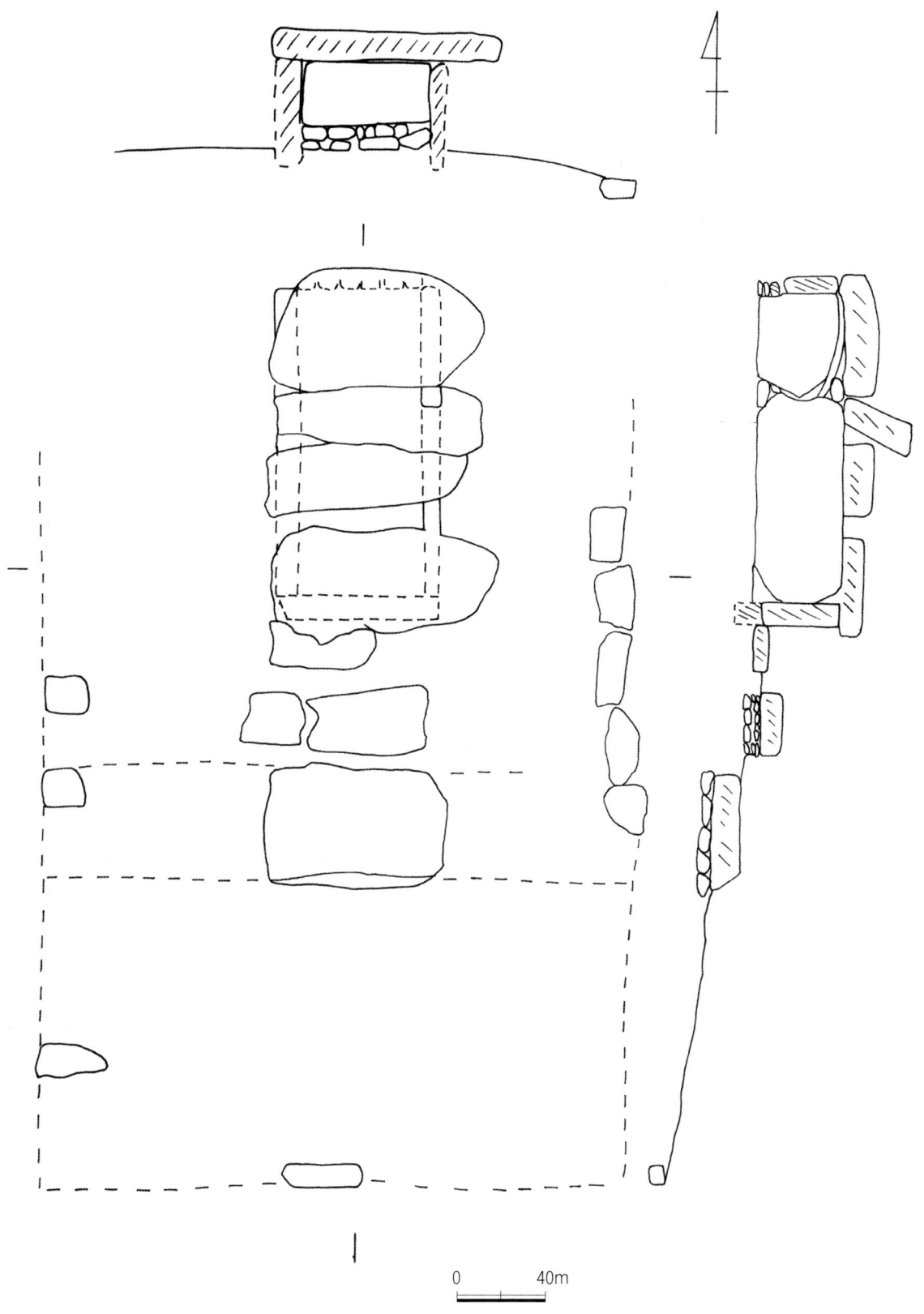

그림 83 · 비석골2호분 평단면도

였다. 남쪽 입구에 동서로 놓인 판돌의 크기는 110×42×20cm이고, 강돌들의 크기는 65×25×20cm, 73×25×20cm이다. 무덤은 문시설과 묘실로 이루어져 있다. 문시설은 문턱과 문 돌로 되어 있다. 문턱돌은 가공한 장방형의 화강암으로 만들었으며, 크기는 120×20×10cm이다. 문턱돌 위에는 한 개의 문돌이 동·서벽 남쪽 면에 세워져 있으며, 크기는 140×70×20cm이다.

바닥은 석비레를 그대로 다진 상태이고, 벽체는 판돌로 세워놓은 것이다. 동벽에는 판돌 두 개가 세워져 있다. 남쪽에서 첫 번째 판돌의 크기는 170×72×18cm이고, 두 번째는 85×76×18cm이다. 서벽에도 두 개의 판돌이 세워져 있다. 서벽의 남쪽 부분은 130×56×20cm의 판돌 위에 100×20cm의 돌이 있고, 그 북쪽의 벽체는 128×76cm의 판돌로 되었다. 북벽은 밑에 강돌을 놓고, 위에 큰 판돌은 올려놓은 것이다. 밑에 놓인 강돌은 두 돌기로 쌓았으며, 크기는 40×10cm, 30×16cm이다. 그 위에 놓인 판돌의 크기는 102×50cm이다.

천정에는 가공한 네 개의 판돌을 나란히 올려놓았다. 남쪽의 첫 번째 돌은 남쪽 부분의 벽체보다 25cm 나와 있고, 세 번째 돌은 모로 세워져 있다. 첫 번째 돌의 크기는 200×90×25cm이고, 두 번째는 170×56×35cm, 세 번째는 188×50×30cm, 네 번째는 170×100×30cm이다.

묘실 벽체 바깥은 강돌로 보강시설을 하였다. 현재 서벽의 보강시설이 50cm 폭으로 좀 남아 있으며, 그 돌들의 크기는 30×25×15cm, 35×15×12cm이다(그림 83, 사진 432~438).

이 무덤에서는 아무런 유물도 나오지 않았다.

3호분

무덤은 백학산줄기가 남쪽으로 내려오다가 끝나는 능선의 아래 경사면에 위치하고 있다. 이 능선은 비석골 1호분, 2호분이 있는 능선에서 서남쪽으로 80m 떨어진 다른 능선의 아래 경사면에 위치하고 있다(사진 439).

무덤은 반지하식 석곽묘이며, 긴 축은 동북-서남 선상에 놓여 있다. 무덤은 구덩이를 파고, 곽을 마련한 다음, 그 위에 천정돌을 덮어 놓은 것이다. 석곽 바닥은 원토층을 굳게 다져 마련하였다. 벽체의 동·서·북벽은 굳은 석비레 벽을 그대로 이용하였고, 남쪽에만 돌로 쌓았다. 크기는 60×35×25cm이다. 천정에는 가공한 납작한 판돌 세 개를 덮었다. 뚜껑돌의 크기는 남쪽에서 보면 첫 번째 돌이 150×76×12cm, 두 번째 돌이 150×80×12cm, 세 번째 돌이 160×80×12cm이다. 석곽 크기는 길이 235cm, 너비 60cm, 높이 70cm이다(그림 84, 사진 440, 사진 441).

무덤에서는 쇠로 만든 관 못 세 개가 대가리 없이 못대만 드러났다. 단면의 평면 생김새는 장방형

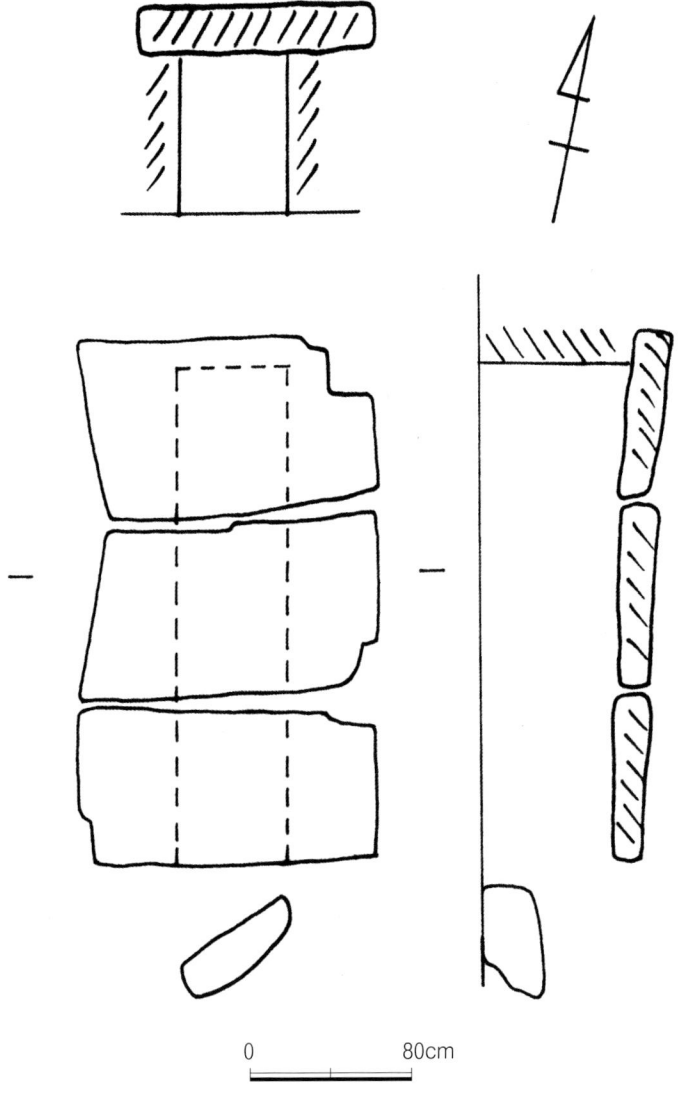

그림 84 • 비석골3호분 평단면도

이고, 끝이 뾰족하며, 모두 심하게 부식되어 있다(사진 443).

    이번에 새로 발굴한 고려시대의 석실, 석곽묘들의 구조 형식과 유물 그리고 이 지역의 역사자료들을 종합해 보면 이 무덤들은 고려 말기의 것들로 볼 수 있다. 그것은 첫째로, 이 일대는 고조선 이래로 우리 선조들의 영역이었지만 고려정부가 1109년부터 여진인들에게 고려에 영원히 순종하겠다는 맹세를 다진 것과 관련하여 일정 기간 내주었다가 1356년부터 다시 고려의 영토로 되었기 때문이다.

둘째로, 비석골 1호분의 비와 지름골 1호분에서 나온 고려 후기의 놋숟가락을 통하여 이 일대의 무덤들이 고려 후기의 것임을 알려주기 때문이다.

이상에서 본 바와 같이 평리 일대에서 지난해에 이어 새로 발굴한 고려시대 무덤들은 당시의 역사와 문화를 연구하는 데 귀중한 자료를 주는 역사문화유적이다.

북청 일대의 발해유적 사진

사진 1 • 청해토성 전경(북-남)

사진 2 • 청해토성 전경(동북–서남)

사진 3 • 청해토성 서쪽 부분 전경

사진 4 • 청해토성 표시비

사진 5 • 청해토성 조사에 참가한 전체 인원(2014년)

사진 6 • 청해토성 설명문

사진 7 · 청해토성 동벽

사진 8 • 청해토성 동벽 남쪽 부분

사진 9 • 청해토성 동벽 남쪽 일부(안쪽 면)

사진 10 • 청해토성 동벽 남쪽 일부(바깥 면)

사진 11 • 청해토성 동북 모퉁이

사진 12 • 청해토성 동문 자리

사진 13 • 청해토성 동벽 안쪽 면

사진 14 • 청해토성 동남 모퉁이

북청 일대의 발해유적

사진 15 • 청해토성 서벽

사진 16 • 청해토성 서벽 안쪽 면

사진 17 • 청해토성 서벽 바깥 면

사진 18 • 청해토성 서벽 북쪽 일부

사진 19 • 청해토성 서남 모퉁이

사진 20 • 청해토성 서문 자리

사진 21 • 청해토성 서문 자리(서-동)

사진 22 • 청해토성 서문 자리(북-남)

사진 23 • 청해토성 서벽 남쪽 일부

사진 24 • 청해토성 서벽(안쪽 면)

사진 25 • 청해토성 남벽

사진 26 • 청해토성 남벽 동쪽 부분

사진 27 • 청해토성 남문 자리

사진 28 • 청해토성 남벽 서쪽 부분

사진 29 • 청해토성 동남 모퉁이

사진 30 • 청해토성 북벽

사진 31 • 청해토성 북벽 동쪽 부분

사진 32 • 청해토성 북벽(바깥 면)

사진 33 • 청해토성 북벽 치

북청 일대의 발해유적 사진

사진 34 • 청해토성 북문 자리(북-남)

사진 35 • 청해토성 북문 자리(남-북)

사진 36 • 청해토성 북벽(안쪽 면)

사진 37 • 청해토성 동북 모퉁이

북청 일대의 발해유적 사진

사진 38 • 청해토성에서 출토된 삽

사진 39 • 청해토성에서 출토된 낫

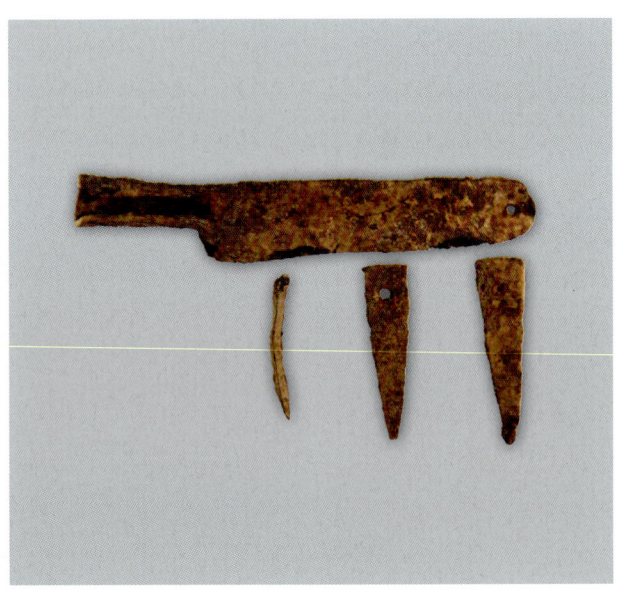

사진 40 • 청해토성에서 출토된 작두, 도끼

사진 41 • 청해토성에서 출토된 도끼

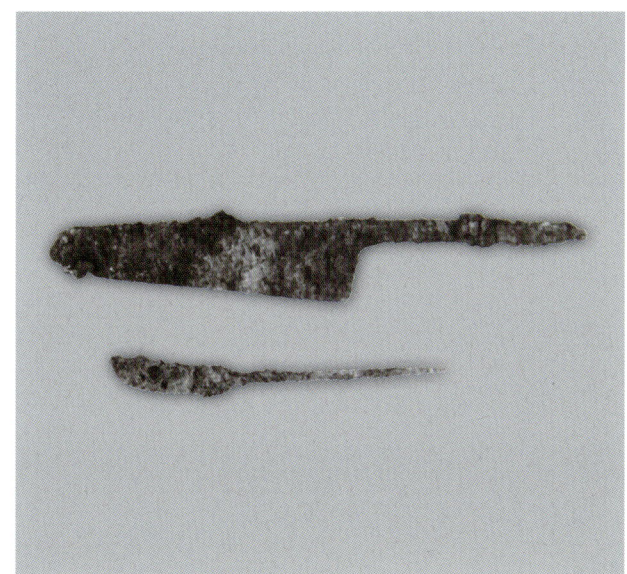

사진 42 • 청해토성에서 출토된 칼, 송곳

사진 43 • 청해토성에서 출토된 칼

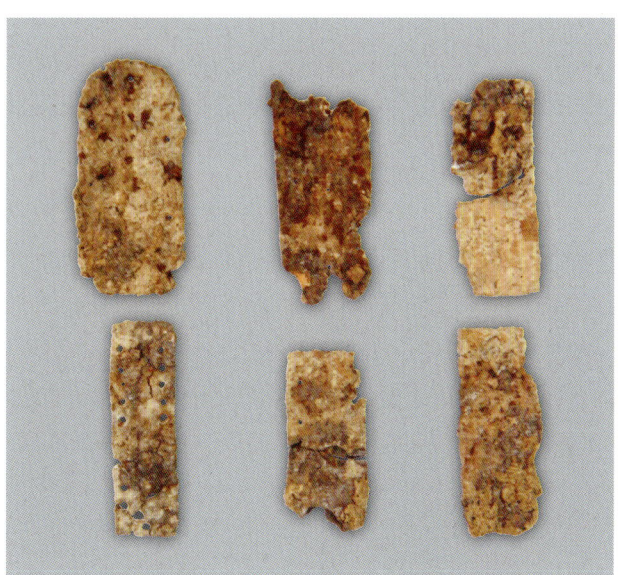

사진 44 • 청해토성에서 출토된 갑옷 파편

사진 45 • 청해토성에서 출토된 마구

사진 46 • 청해토성에서 출토된 수레 굴통쇠

사진 47 • 청해토성에서 출토된 활촉

사진 48 • 청해토성에서 출토된 기타유물

북청 일대의 발해유적 사진 201

사진 49 • 안곡산성 전경

사진 50 • 안곡산성 근경

사진 51 • 안곡산성 표시비

사진 52 • 안곡산성 조사에 참가한 전체 인원(2015년)

사진 53 • 안곡산성 동북 모퉁이 부분

사진 54 • 안곡산성 동벽 일부

사진 55 • 안곡산성 동벽 축조 상태

사진 56 • 안곡산성 동벽 축조 상태

사진 57 • 안곡산성 동벽 자리

사진 58 • 안곡산성 서남 모퉁이 부분

사진 59 • 안곡산성 서벽 자리 흔적

사진 60 • 안곡산성 서벽 자리 흔적

사진 61 • 안곡산성 서벽 축조 상태

사진 62 • 안곡산성 서벽 축조 상태

사진 63 • 안곡산성 남벽 일부

사진 64 • 안곡산성 남벽 기초 부분

사진 65 • 안곡산성 남벽 일부

사진 66 • 안곡산성 남벽 비탈면

사진 67 • 안곡산성 남벽 벽체 흔적

사진 68 • 안곡산성 서북 모퉁이

사진 69 • 안곡산성 북벽 일부

사진 70 • 안곡산성 북벽 축조 상태

사진 71 • 안곡산성 동남 모퉁이

사진 72 • 용전리산성 전경

북청 일대의 발해유적 사진

사진 73 · 용전리산성 근경

사진 74 • 용전리산성 표시비

사진 75 • 용전리산성 해설문

사진 76 • 용전리산성 조사에 참가한 연구소 인원들(2014년)

사진 77 • 용전리산성 동벽 절벽 부분

사진 78 • 용전리산성 서벽 일부

사진 79 • 용전리산성 서벽 남쪽 부분 일부

사진 80 • 용전리산성 서벽 남쪽 부분 일부

북청 일대의 발해유적 사진 217

사진 81 • 용전리산성 서벽 축조 상태

사진 82 • 용전리산성 서벽 축조 상태

사진 83 • 용전리산성 서벽 북쪽 부분

사진 84 • 용전리산성 서남 모퉁이 부분

사진 85 • 용전리산성 남벽 동쪽 부분 일부

사진 86 • 용전리산성 남벽 동쪽 부분 축조 상태

사진 87 • 용전리산성 북문 자리(북-남)

사진 88 • 용전리산성 북문 자리(남-북)

사진 89 • 용전리산성 북벽 서쪽 부분 일부

사진 90 • 용전리산성 북벽 동쪽 부분 일부

사진 95 • 용전리산성 북벽 서쪽 부분 성벽 축조 상태

사진 92 • 용전리산성 북벽 중간 부분 성벽 축조 상태

사진 93 • 용전리산성 북벽 동쪽 부분 성벽

사진 94 • 용전리산성 북벽 서쪽 부분 성벽

사진 95 • 용전리산성 북벽 서쪽 부분 성벽 축조 상태

사진 96 • 거산성 서쪽 부분 성벽

사진 97 • 거산성 전경(동-서)

사진 98 • 거산성 표시비

사진 99 • 거산성 조사에 참가한 전체 인원(2014년)

사진 100 • 거산성 설명문

북청 일대의 발해유적 사진

사진 101 • 거산성 남쪽 부분 성벽

사진 102 • 거산성 남쪽 부분 성벽 기초 부분

사진 103 • 거산성 서벽 남쪽 부분 성벽

사진 104 • 거산성 서벽 남쪽 부분 성벽

사진 105 • 거산성 서벽 남쪽 부분 성벽 안쪽 면

사진 106 • 거산성 서벽 중간 부분 성벽

사진 107 • 거산성 서벽 중간 부분 성벽 축조 상태

사진 108 • 거산성 서벽 북쪽 부분 성벽

사진 109 • 거산성 북벽 일부

사진 110 • 거산성 북벽 장대

사진 111 • 거산성 북벽 축조 상태

사진 112 • 거산성 동북 모퉁이

사진 113 • 거산성 동벽 일부

사진 114 • 거산성 동벽 일부

사진 115 • 거산성 동벽 축조 상태

사진 116 • 거산성 동벽 절벽에 쌓은 성벽

사진 117 • 거산성 동벽 절벽에 쌓은 성벽

사진 118 • 거산성 동북 모퉁이 부분

사진 119 • 오매리절골 전경(남-북)

사진 120 • 오매리절터 축대석

사진 121 • 오매리절터 주춧돌 자리

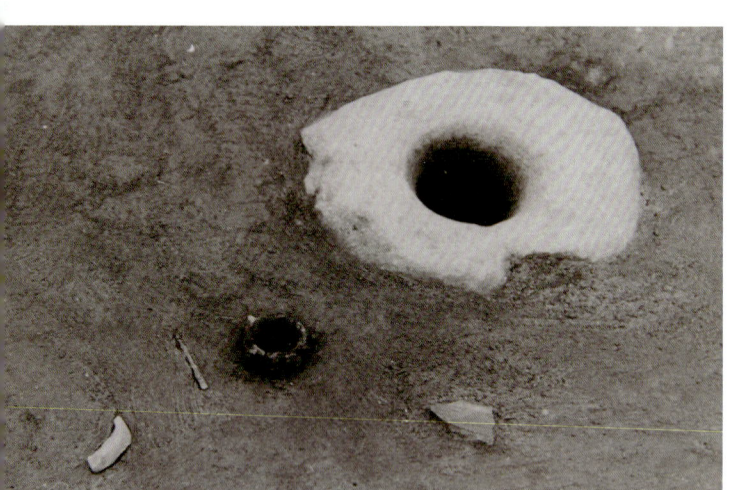

사진 122 • 오매리절터 문확

사진 123 • 오매리절터 우물 자리

사진 124 • 오매리절터 본전 앞 도랑

사진 125 • 오매리절터 북쪽 1건물터

사진 126 • 오매리절터 북쪽 1건물터

사진 127 • 오매리절터 북쪽 1건물터 기와 출토 상태

사진 128 • 오매리절터 북쪽 1건물터 기와, 괴면 출토 상태

사진 129 • 오매리절터 북쪽1건물터 기와, 부처 출토 상태

사진 130 • 오매리절터에서 출토된 막새기와

사진 131 • 오매리절터에서 출토된 암키와

사진 132 • 오매리절터에서 출토된 기와

사진 133 • 오매리절터에서 출토된 수키와

사진 134 • 오매리절터에서 출토된 암키와 파편

사진 135 • 오매리절터에서 출토된 독

사진 136 • 오매리절터에서 출토된 사발

사진 137 • 오매리절터에서 출토된 철그릇

사진 138 • 오매리절터에서 출토된 수레 굴통쇠

□□□□□□ 三輪垂世耳
□□□□ 所階 是故 如來唱圓教於金河
□□□□ 神之妙宅 現闊維□□□□
□□ 後代是以 □□ 慧郎奉爲圓覺
大王謹造玆塔 表刻五層 相輪相副
顧王神昇兜率 查觀彌勒 天孫俱會
四生蒙慶 於是頌曰
聖智契眞 妙應摩生
形言輝世 □□育道成
迷□□□稟生死形
□神會性 則登聖明
□和三年歲次丙寅二月卄六日
□戌朝 記首

사진 139 • 오매리절터에서 출토된 금동판에 새긴 원문

사진 140 • 금산 1건축지 발굴 당시 전경

사진 141 • 금산 1건축지 발굴 후의 전경

사진 142 • 금산 1건축지 동남 모퉁이

사진 143 • 금산 1건축지 온돌 시설

사진 144 • 금산 1건축지 온돌 고래

북청 일대의 발해유적 사진   251

사진 145 • 금산 1건축지 서쪽칸 온돌 고래 축조 상태

사진 146 • 금산 1건축지 동쪽칸 온돌 고래 축조 상태

사진 147 • 금산건축지에서 출토된 이형기와

사진 148 • 금산건축지에서 출토된 막새기와

사진 149 • 금산건축지에서 출토된 수키와

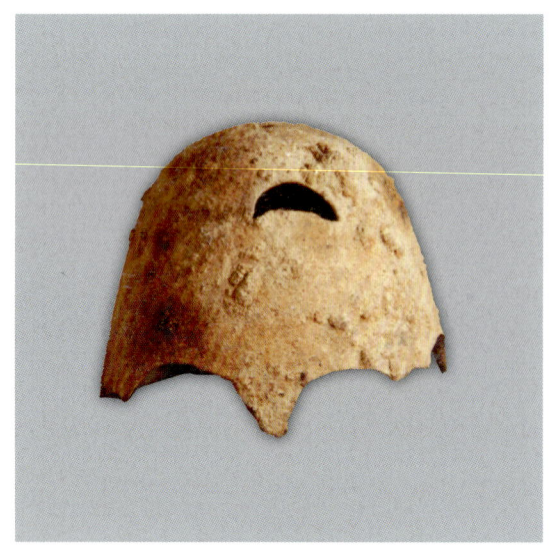

사진 150 • 금산건축지에서 출토된 투구

사진 151 • 금산건축지에서 출토된 자물쇠

사진 152 • 금산건축지에서 출토된 기와막새

사진 153 • 평리고분군 전경

사진 154 · 평리고분군 근경

사진 155 • 평리고분군 표시비

사진 156 • 평리고분군 발굴에 참가한 전체 인원(2015년)

사진 157 • 평리고분군 설명문

북청 일대의 발해유적 사진

사진 158 • 평리1호분 봉분

사진 159 • 평리1호분(남-북)

사진 160 • 평리1호분(북-남)

사진 161 • 평리1호분 묘도

사진 162 • 평리1호분 묘실

사진 163 • 평리1호분 묘실 북벽

사진 164 • 평리1호분 묘실 동벽

사진 165 • 평리1호분 묘실 남벽

사진 166 • 평리1호분 묘실 서벽

사진 167 • 평리2호분 봉분

사진 168 • 평리2호분(남-북)

사진 169 • 평리2호분(북-남)

사진 170 • 평리2호분 묘도

사진 171 • 평리2호분 묘실 북벽

사진 172 • 평리2호분 묘실 동벽

사진 173 • 평리2호분 묘실 남벽

사진 174 • 평리2호분 묘실 서벽

사진 175 • 평리2호분 묘도 동벽

사진 176 • 평리2호분 묘도 서벽

사진 177 • 평리3호분 봉분

사진 178 • 평리3호분(남-북)

사진 179 • 평리3호분(북-남)

사진 180 • 평리3호분 묘도

사진 181 • 평리3호분 묘도 동벽

사진 182 • 평리3호분 묘도 서벽

사진 183 • 평리3호분 묘실 북벽

사진 184 • 평리3호분 묘실 동벽

사진 185 • 평리3호분 묘실 남벽

사진 186 • 평리3호분 묘실 서벽

사진 187 • 평리4호분 봉분

사진 188 • 평리4호분 천정돌

사진 189 • 평리4호분(남-북) 사진 190 • 평리4호분(북-남)

사진 191 • 평리4호분 묘실

사진 192 • 평리4호분 묘실 동벽

사진 193 • 평리4호분 묘실 북벽

사진 194 • 평리4호분 묘실 서벽

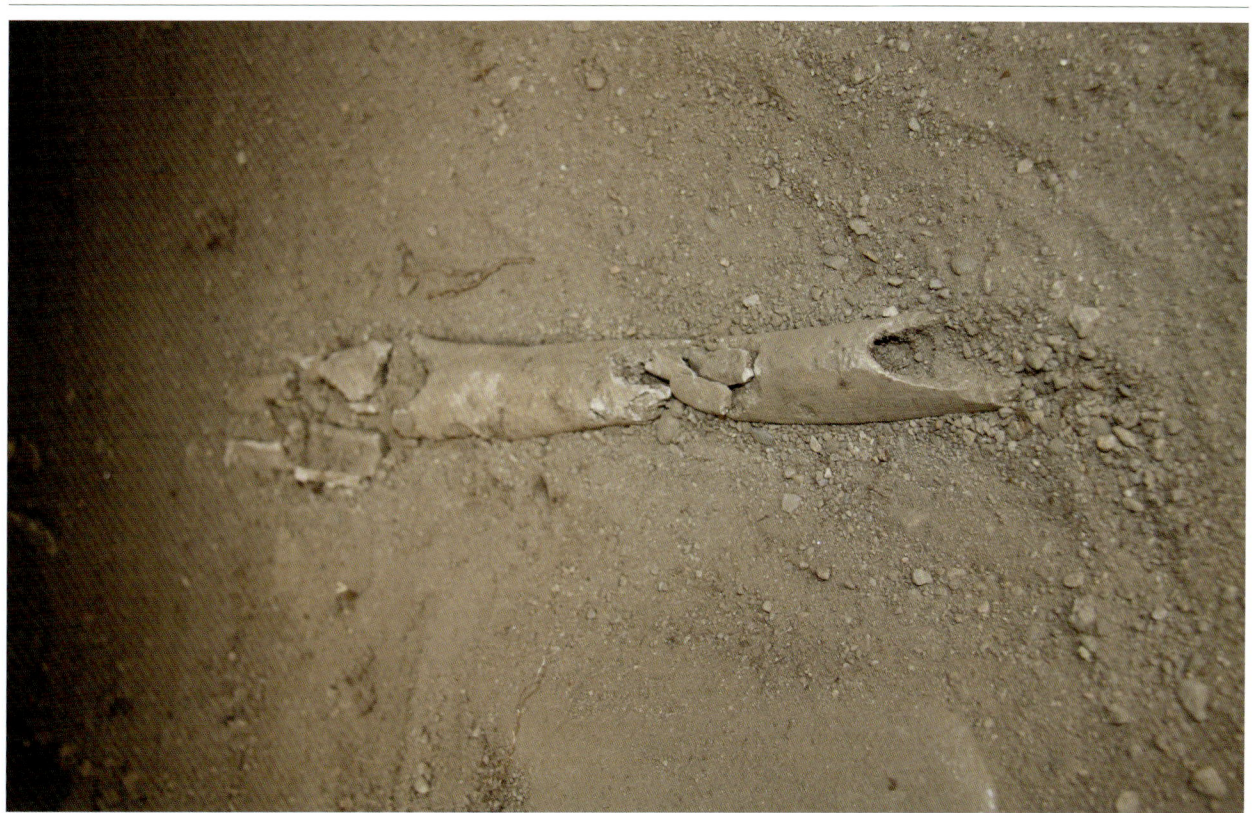

사진 195 • 평리4호분 인골 출토 상태

사진 196 • 평리4호분 유물 출토 상태

사진 197 • 평리5호분 봉분

사진 198 • 평리5호분(남-북)

사진 199 • 평리5호분(북-남)

북청 일대의 발해유적 사진

사진 200 • 평리5호분 묘도

사진 201 • 평리5호분 묘도 폐쇄 상태

사진 202 • 평리5호분 묘실

사진 203 • 평리5호분 묘실 북벽

사진 204 • 평리5호분 묘실 동벽

사진 205 • 평리5호분 남벽 폐쇄 상태

사진 206 • 평리5호분 묘실 남벽

사진 207 • 평리5호분 묘실 서벽

사진 208 • 평리6호분 봉분

사진 209 • 평리6호분(남-북)

사진 210 • 평리6호분(북-남)

사진 211 • 평리6호분 묘도

사진 212 • 평리6호분 묘실

사진 213 • 평리6호분 묘실 북벽

사진 214 • 평리6호분 묘실 동벽

사진 215 • 평리6호분 묘실 남벽

북청 일대의 발해유적 사진 287

사진 216 • 평리6호분 묘실 서벽

사진 217 • 평리6호분 묘도 동벽

사진 218 • 평리6호분 묘도 서벽

사진 219 • 평리6호분 묘도 폐쇄 상태

사진 220 • 평리7호분 봉분

사진 221 • 평리7호분(남-북)   사진 222 • 평리7호분(북-남)

사진 223 • 평리7호분 묘실 북벽

사진 224 • 평리7호분 묘실 동벽

사진 225 • 평리7호분 묘실 남벽

사진 226 • 평리7호분 묘실 서벽

사진 227 • 평리8호분 봉분

사진 228 • 평리8호분(남-북)   사진 229 • 평리8호분(북-남)

사진 230 • 평리8호분 묘실 북벽

사진 231 • 평리8호분 묘실 동벽

사진 232 • 평리8호분 묘실 남벽

사진 233 • 평리8호분 묘실 서벽

사진 234 • 평리9호분 봉분

사진 235 • 평리9호분(남-북)

사진 236 • 평리9호분(북-남)

사진 237 • 평리9호분 묘도

사진 238 • 평리9호분 묘실

사진 239 • 평리9호분 묘실 관대 시설

사진 240 • 평리9호분 묘실 북벽

사진 241 • 평리9호분 묘실 동벽

사진 242 • 평리9호분 묘실 남벽

사진 243 • 평리9호분 묘실 서벽

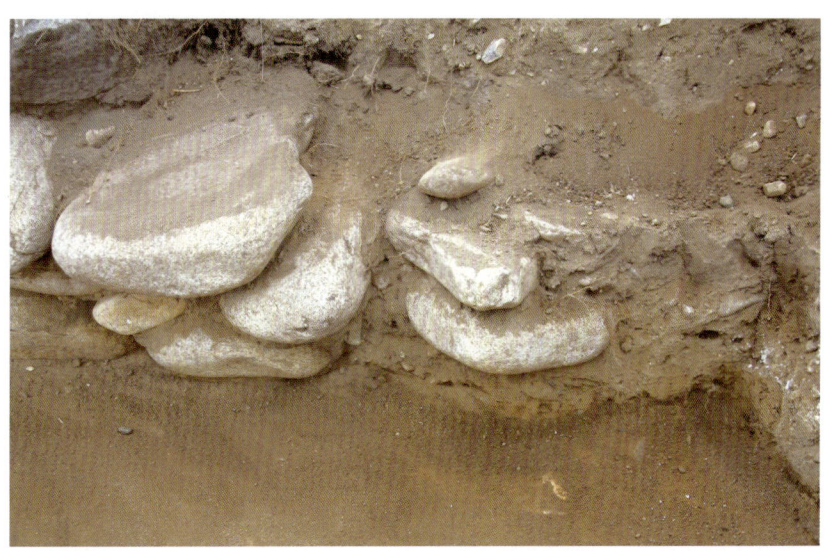

사진 244 • 평리9호분 묘도 동벽

사진 245 • 평리9호분 묘도 서벽

사진 246 • 평리10호분 봉분

사진 247 • 평리10호분(남-북)

사진 248 • 평리10호분(북-남)

사진 249 • 평리10호분 묘실 북벽

사진 250 • 평리10호분 묘실 동벽

사진 251 • 평리10호분 묘실 서벽

사진 252 • 평리11호분 봉분

사진 253 • 평리11호분(남-북)

사진 254 • 평리11호분(북-남)

사진 255 • 평리11호분 묘실 북벽

사진 256 • 평리11호분 묘실 동벽

사진 257 • 평리11호분 묘실 남벽

사진 258 • 평리11호분 묘실 서벽

사진 259 • 평리12호분 봉분

사진 260 • 평리12호분(남-북)

사진 261 • 평리12호분(북-남)

사진 262 • 평리12호분 묘실 북벽

사진 263 • 평리12호분 묘실 동벽

사진 264 • 평리12호분 묘실 남벽

사진 265 • 평리12호분 묘실 서벽

사진 266 • 평리13호분 봉분

사진 267 • 평리13호분(남-북)

사진 268 • 평리13호분(북-남)

사진 269 • 평리13호분 묘실 북벽

사진 270 • 평리13호분 묘실 동벽

사진 271 • 평리13호분 묘실 남벽

사진 272 • 평리13호분 묘실 서벽

사진 273 • 평리14호분 봉분

사진 274 • 평리14호분(남-북)

사진 275 • 평리14호분(북-남)

사진 276 • 평리14호분 묘도

사진 277 • 평리14호분 묘실

사진 278 • 평리14호분 묘실 북벽

사진 279 • 평리14호분 묘실 동벽

사진 280 • 평리14호분 묘실 남벽

사진 281 • 평리14호분 묘실 서벽

사진 282 • 평리15호분 봉분

사진 283 • 평리15호분(남-북)   사진 284 • 평리15호분(북-남)

사진 285 • 평리15호분 묘실 북벽

사진 286 • 평리15호분 묘실 동벽

사진 287 • 평리15호분 묘실 남벽

사진 288 • 평리15호분 묘실 서벽

사진 289 • 평리16호분 봉분

사진 290 • 평리16호분(남-북)

사진 291 • 평리16호분(북-남)

사진 292 • 평리16호분 묘실 북벽

사진 293 • 평리16호분 묘실 동벽

사진 294 • 평리16호분 묘실 남벽

사진 295 • 평리16호분 유물 출토 상태

사진 296 • 평리17호분(남-북)

사진 297 • 평리17호분(북-남)

사진 298 • 평리17호분 묘실 북벽

사진 299 • 평리17호분 묘실 동벽

사진 300 • 평리17호분 묘실 남벽

북청 일대의 발해유적 사진 331

사진 301 • 평리18호분 봉분

사진 302 · 평리18호분(남-북)

사진 303 · 평리18호분(북-남)

사진 304 • 평리18호분 묘실 남벽

사진 305 • 평리18호분 묘실 북벽

사진 306 • 평리18호분 묘실 동벽

사진 307 • 평리18호분 묘실 서벽

사진 308 • 평리19호분 봉분

사진 309 • 평리19호분(남-북)

사진 310 • 평리19호분(북-남)

사진 311 • 평리19호분 묘실

사진 312 • 평리19호분 묘실 남벽

사진 313 • 평리19호분 묘실 북벽

사진 314 • 평리19호분 묘실 동벽

사진 315 • 평리19호분 묘실 서벽

사진 316 • 평리19호분 묘도 동벽

사진 317 • 평리19호분 묘도 서벽

사진 318 • 평리20호분 봉분

사진 319 • 평리20호분(남—북)

사진 320 • 평리20호분(북—남)

북청 일대의 발해유적 사진 341

사진 321 • 평리20호분 묘도

사진 322 • 평리20호분 묘실 남벽

사진 323 • 평리20호분 묘실 북벽

사진 324 • 평리20호분 묘실 동벽

사진 325 • 평리20호분 묘실 서벽

사진 326 • 평리20호분 묘도 서벽

사진 327 • 평리20호분 묘도 동벽

사진 328 • 평리20호분 묘도 폐쇄 상태

사진 329 • 평리21호분 봉분

사진 330 • 평리21호분(남-북)

사진 331 • 평리21호분(북-남)

북청 일대의 발해유적 사진

사진 332 • 평리21호분 묘실 남벽

사진 333 • 평리21호분 묘실 북벽

사진 334 • 평리21호분 묘실 동벽

사진 335 • 평리21호분 묘실 서벽

사진 336 • 평리22호분 봉분

사진 337 • 평리22호분(남-북)

사진 338 • 평리22호분(북-남)

사진 339 • 평리22호분 묘실 남벽

사진 340 • 평리22호분 묘실 북벽

사진 341 • 평리22호분 묘실 서벽

사진 342 • 평리22호분 묘실 동벽

사진 343 • 평리23호분 봉분

사진 344 • 평리23호분(남-북)

사진 345 • 평리23호분(북-남)

사진 346 • 평리23호분 묘실 남벽

사진 347 • 평리23호분 묘실 북벽

사진 348 • 평리23호분 묘실 동벽

사진 349 • 평리23호분 묘실 서벽

사진 350 • 평리24호분 봉분

사진 351 • 평리24호분(남-북)

사진 352 • 평리24호분(북-남)

사진 353 • 평리25호분 봉분

사진 354 • 평리25호분(남-북)

사진 355 • 평리25호분(북-남)

사진 356 • 평리25호분 묘실 북벽

사진 357 • 평리25호분 묘실 동벽

사진 358 • 평리25호분 묘실 서벽

사진 359 • 평리26호분 봉분

사진 360 • 평리26호분(남-북)

사진 361 • 평리26호분(북-남)

사진 362 • 평리27호분 봉분

사진 363 • 평리27호분(남-북)

사진 364 • 평리27호분(북-남)

사진 365 • 평리27호분 묘실 남벽

사진 366 • 평리27호분 묘실 북벽

사진 367 • 평리27호분 묘실 동벽

사진 368 • 평리27호분 묘실 서벽

사진 369 • 평리28호분 봉분

사진 370 • 평리28호분(남-북)

사진 371 • 평리28호분(북-남)

사진 372 • 평리28호분 묘도 폐쇄 상태

북청 일대의 발해유적 사진   369

사진 373 • 평리28호분 묘실 북벽

사진 374 • 평리28호분 묘실 동벽

사진 375 • 평리28호분 묘실 서벽

사진 376 • 평리28호분 묘실 남벽

북청 일대의 발해유적 사진

사진 377 • 평리29호분 봉분

사진 378 • 평리29호분(남-북)

사진 379 • 평리29호분(북-남)

사진 380 • 평리29호분 묘실 남벽

사진 381 • 평리29호분 묘실 북벽

사진 382 • 평리29호분 묘실 서벽

사진 383 • 평리29호분 묘실 동벽

사진 384 • 평리30호분 봉분

사진 385 • 평리30호분(남-북)   사진 386 • 평리30호분(북-남)

사진 387 • 평리30호분 묘실 남벽

사진 388 • 평리30호분 묘실 북벽

사진 389 • 평리30호분 묘실 동벽

사진 390 • 평리30호분 묘실 서벽

사진 391 • 평리31호분 봉분

사진 392 • 평리31호분(남-북)

사진 393 • 평리31호분(북-남)

사진 394 • 평리4호분에서 출토된 토기 파편

사진 395 • 평리5호분에서 출토된 유물

사진 396 • 평리16호분에서 출토된 단지

사진 397 • 평리18호분에서 출토된 토기 파편

사진 398 • 평리22호분에서 출토된 토기 파편

사진 399 • 평리23호분에서 출토된 토기 파편

사진 400 • 평리24호분에서 출토된 토기 파편

사진 401 • 평리29호분에서 출토된 유물

사진 402 • 지름골 고려시대 고분군 전경

사진 403 • 지름골1호분 봉분

사진 404 • 지름골1호분(남-북)

사진 405 • 지름골1호분 묘실

북청 일대의 발해유적 사진　389

사진 406 • 지름골1호분 묘실 북벽

사진 407 • 지름골1호분 묘실 동벽

사진 408 • 지름골1호분 묘실 서벽

사진 409 • 지름골1호분 묘실 천정

사진 410 • 지름골2호분 봉분

사진 411 • 지름골2호분(동남-서북)

사진 412 • 지름골2호분(서북-동남)

사진 413 • 지름골1호분에서 출토된 유물

사진 414 • 지름골2호분에서 출토된 유물

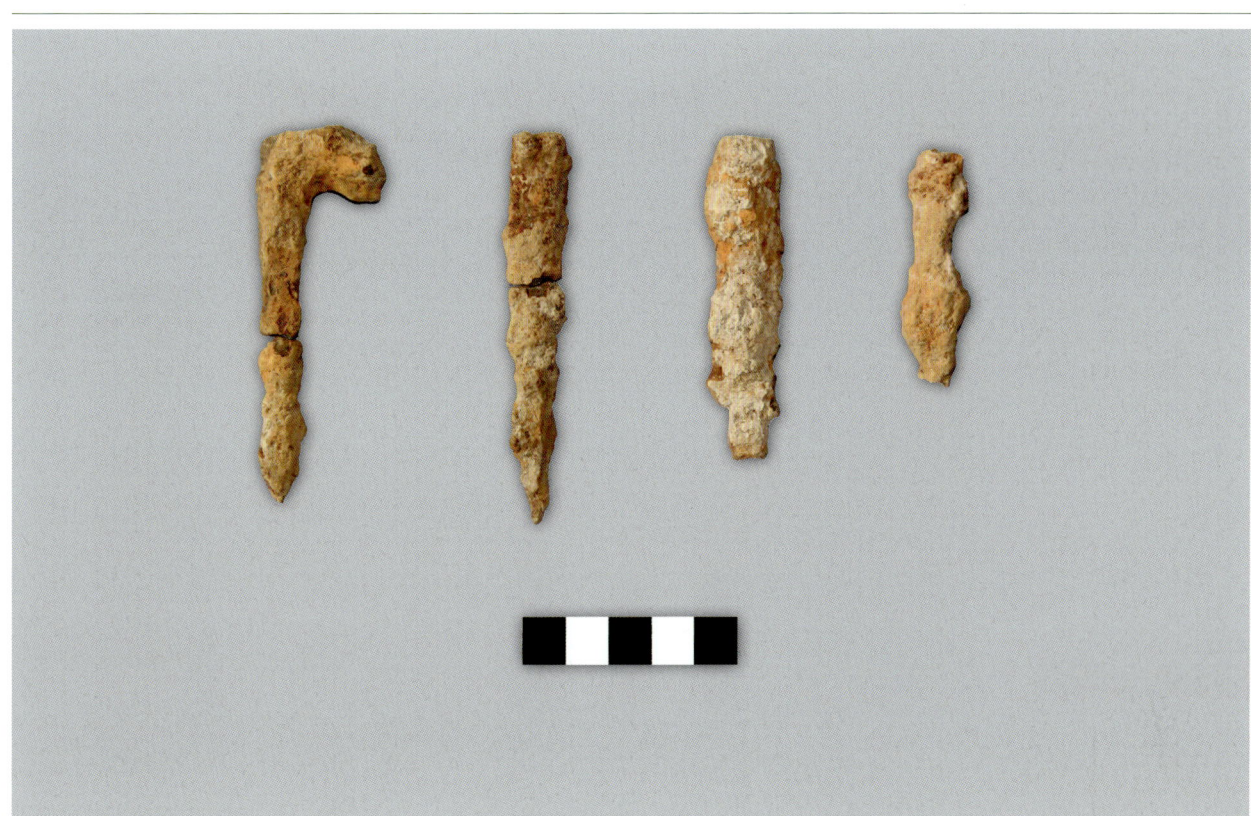

사진 415 • 지름골2호분에서 출토된 유물

사진 416 • 지름골2호분에서 출토된 유물

사진 417 • 비석골 고려시대 고분군 전경

사진 418 • 비석골1호분 봉분

사진 419 • 비석골1호분 묘실 입구 폐쇄 상태(남쪽)

사진 420 • 비석골1호분 묘실 남벽

사진 421 • 비석골1호분 묘실 북벽

사진 422 • 비석골1호분 묘실 서벽

사진 423 • 비석골1호분 묘실 동벽

사진 424 • 비석골1호분 묘실 천정

사진 425 • 비석골1호분 비석(앞면)   사진 426 • 비석골1호분 비석(뒷면)   사진 427 • 비석골1호분 비석(측면)

사진 428 • 비석골1호분 비석(측면)

사진 429 • 비석골1호분 비석 지붕돌

사진 430 • 비석골1호분 망주석

사진 431 • 비석골1호분 망주석 머리 장식

북청 일대의 발해유적 사진

사진 432 • 비석골2호분

사진 433 • 비석골2호분 입구 폐쇄 상태

사진 434 • 비석골2호분 천정

사진 435 • 비석골2호분 묘실 입구

사진 436 • 비석골2호분 묘실

사진 437 • 비석골2호분 묘실 북벽

사진 438 • 비석골2호분 묘실 동벽

사진 439 • 비석골3호분 봉분

사진 440 • 비석골3호분(남-북)

사진 441 • 비석골3호분 묘실

사진 442 • 비석골1호분에서 출토된 관고리

사진 443 • 비석골3호분에서 출토된 관못